PETER HIESS CHRISTIAN LUNZER
MORD-EXPRESS

MORD-EXPRESS

PETER HIESS/CHRISTIAN LUNZER

Die größten Verbrechen
in der Geschichte der Eisenbahn

Deuticke

Ohne Hilfe hätte dieses Buch in der kurzen, uns zur Verfügung stehenden Zeit nicht geschrieben werden können. Wir danken daher – in der Reihenfolge der Arbeit – Michael Zappe für Hilfe bei den Recherchen, Andrea Baumer und Angelika Hergovich für Schreib- und Korrekturarbeiten, den Damen und Herren der Österreichischen Nationalbibliothek, der Wiener Stadt- und Landesbibliothek und der Bibliothek des Instituts für Strafrecht und Kriminologie der Universität Wien, Richard Heinersdorff für alle Hinweise und Korrekturen den Betrieb der Eisenbahn betreffend und, nicht zuletzt natürlich, allen Damen und Herren im Verlag für ihr richtiges Maß an Vertrauen und Forderung, Zuckerbrot und Peitsche.

Peter Hiess widmet dieses Buch A., seiner großen Liebe – und allen Gegnern der neuen Rechtschreibung.

INHALT

TATORT BAHNHOF

TATORT STRECKE

»Mord im Fahrpreis inbegriffen«
VORWORT

»*Until it's over, one way or another, don't travel on your own when the trains are empty. Don't wait at the station unless it's busy. Try to have someone with you.*«

Danuta Reah: Only Darkness (1999)

»Mord im Orientexpress«, »16 Uhr 50 ab Paddington« – Agatha Christie hat mit diesen Romanen und den danach gedrehten Filmen die Eisenbahn als Schauplatz für Mord und Gewaltverbrechen berühmt gemacht. Sie selbst hatte, wie sie in ihrer Autobiographie eingesteht, immer schon eine besondere Beziehung zu diesem Verkehrsmittel gehabt. Den Orientexpress kannte sie von ihren Reisen nach Damaskus, wo sie ihren Mann, den Archäologen Max Mallowan, besuchte. Einmal wäre sie, wie Mallowan erzählt, beinahe selbst Opfer dieses Zuges geworden. Auf dem vereisten Perron des Bahnhofs von Calais stürzte sie und fiel unter die Räder der abfahrbereiten Garnitur. In letzter Sekunde wurde sie von einem aufmerksamen Träger gerettet.

Was Agatha Christie und den klassischen englischen Kriminalroman so am Schauplatz Eisenbahn faszinierte, ist leicht erklärt: Zum einen bilden das Abteil, der Waggon und der Zug insgesamt nach dem Schließen der Türen und der Abfahrt ein sich zwar in Bewegung befindendes, aber doch völlig geschlossenes System. Wenn sich darin ein Verbrechen ereignet, sind Opfer, Verdächtige, Zeugen und Täter auf engstem Raum – eingeschlossen, ohne Fluchtmöglichkeit und in einer erzwungenen, anfangs völlig rätselhaften Beziehung zueinander. Zum anderen ist es natürlich auch die Faszination des Verkehrsmittels selbst, die auf den Beobachter wirkt – die Romantik der großen Dampflokomotiven, der Luxus internationaler Züge, die opulent gestalteten Bahnhöfe. Diese Faszination bleibt jedoch keineswegs auf den klassischen Kriminalroman beschränkt, sondern ist auch in neuerer Zeit noch zu finden. Sébastién Japrisots Thriller »Compartiment tueurs« (»Mord im Fahrpreis inbegriffen«, 1962), der drei Jahre nach seinem Erscheinen von Costa-Gavras verfilmt wurde, nimmt ironischen Bezug auf das Motiv des »geschlossenen Systems«: Die Mitreisenden des Opfers im Liegewagenabteil Nr. 264 des Nachtzugs Nizza–Paris sind eben gerade nicht die Täter, sondern dienen nur als Vorwand für den Versuch eines perfekten Mordes. Und in Danuta Reahs Romanerstling »Only Darkness« (1999) sind die dunklen, einsamen Vorortebahnhöfe der englischen Provinz Schauplätze für das furchtbare Wirken eines Serienkillers.

Ein Mord in der Bahn ist schließlich auch das zentrale Motiv in dem klassischen Eisenbahnroman der Weltliteratur des 19. Jahrhunderts – in Émile Zolas 1890 erschienenem »La bête humaine«. Der Autor hatte sich durch ausführliche Recherchen mit den Schauplätzen und dem Personal für seinen Roman vertraut gemacht, eingehend Betriebsabläufe und die Aufgaben der einzelnen Beamten recherchiert und war selbst auch auf der Schnellzugslokomotive von Paris nach Le Havre mitgefahren – auf jener Strecke, die im Roman beschrieben wird. Das Verbrechen – der Mord am Gerichtspräsidenten durch die von ihm als Kind verführte Severine und ihren Ehemann in einem Abteil des Schnellzugs – geht daher sicher auch auf reale Vorbilder zurück.

▭

»Zug-Mörder vor Gericht

Wegen Sexualmordes an einer 20-jährigen Röntgenassistentin muss sich seit gestern ein 29-jähriger Mann aus Sachsen (D) vor einem Gericht verantworten. Er soll die junge Frau vor viereinhalb Jahren in einem Regionalzug vergewaltigt und dann aus

dem Fenster des fahrenden Zuges geworfen haben. Vorher war
das Opfer an einem Knebel erstickt.
Der Tod der Frau hatte für Aufsehen in ganz Deutschland
gesorgt. Trotz intensiver Ermittlungen, Beiträgen in Fernseh-
Fahndungssendungen und Hunderten Hinweisen aus der Bevöl-
kerung konnte der Täter jahrelang nicht ermittelt werden.
Dann wurde der Mann wegen Mordes an einer Prostituierten
verhaftet und dafür zu lebenslanger Haft verurteilt. Weitere
Ermittlungen ergaben, dass es sich bei dem 29-jährigen auch um
den ›Zug-Mörder‹ handelt.«

Aus: *täglich Alles* vom 21. 7. 2000

Um reale Verbrechen in und mit der Eisenbahn geht es auch in
diesem Buch. Die Faszination des »geschlossenen Systems« und
das abenteuerlich-romantische Flair der traditionellen Eisenbahn
gelten naturgemäß für die Wirklichkeit ebenso wie für die Fik-
tion. Doch auch in diesem Fall erweist sich die Realität (was fast
schon eine Binsenweisheit geworden ist) der Erfindung als
durchaus ebenbürtig, wenn nicht gar überlegen, was die Motive
für Eisenbahnverbrechen, die Wahl der Schauplätze, den Ablauf
der Ereignisse und die Spannung vor der Lösung eines Falls
betrifft. Schließlich hatte sich ja auch Zola für seinen berühmten
Roman von der Realität beeinflussen lassen ...
Kriminalgeschichte ist – auch das dürfte mittlerweile hinrei-
chend bekannt sein – immer auch Sozialgeschichte, wenn auch
freilich in sehr greller, dafür aber ausgesprochen detaillierter und
präziser Form. Eine Zusammenstellung verschiedener Eisenbahnverbrechen, wie wir sie in diesem Buch präsentieren, spie-
gelt daher auch die Geschichte des Massentransports am Beispiel
der Eisenbahn sowie der in und mit ihr arbeitenden und reisenden Menschen wider. Da jedes Aufsehen erregende Verbrechen
direkte Konsequenzen für den künftigen Betrieb der Bahn hatte,
erhalten wir dadurch auch interessante Einblicke in die Geschichte der Sicherheit des Reisens. Schon die Romangestalt Tante Pha-
sie wies mit ihrer skeptischen Aussage in Zolas Buch auf dieses
Problem hin: »Die Eisenbahn ist eine schöne Erfindung. Man

kommt schnell und bequem überall hin, man erfährt viel und kann viel lernen. Aber die Menschen da draußen – außerhalb Ihres Blockwärterhäuschens – sind wilde Tiere. Und wenn sie mit der Eisenbahn fahren, auch wenn die Erfindung laufend verbessert wird, sie bleiben doch die wilden Tiere.«

Die makabre Anziehungskraft, die Verbrechen im Zug auf uns alle ausüben, hat natürlich immer auch mit solchen Ängsten zu tun. In der Eisenbahn sitzen wir (zumindest war das bis zur Erfindung des Großraumwaggons der Fall) alleine in einem Abteil – während das Auto nichts als eine mobile Erweiterung des eigenen Zuhauses ist und wir uns im Flugzeug meist mehr Abstand von unseren Mitmenschen wünschen. Wenn ein anderer Fahrgast zusteigt, sitzt uns plötzlich jemand gegenüber, der sich in den nächsten Stunden als Freund oder Feind, Störfaktor oder romantische Begegnung erweisen könnte. Die Furcht, von diesem Fremden der mitgeführten Besitztümer oder gar des Lebens beraubt zu werden, macht gerade die »klassischen« Eisenbahnmorde zu jenen Geschichten, die den Leser am meisten berühren und ihm wohlige Schauer über den Rücken jagen.

In unserem Buch ziehen sich diese Abteilmorde durch die gesamte Eisenbahnhistorie – vom Mordfall Briggs im Jahr 1864 bis zu den Bluttaten Donato Bilancias (1998) und Sid Ahmed Rezalas (1999). Der Mord am Börsenmakler Gold konnte letztlich erst durch eine unfreiwillige Zeugin aufgeklärt werden, die das Verbrechen, das sich im vorbeifahrenden Zug abspielte, von einem Fenster ihres Hauses aus beobachtet hatte. Diese Situation des unabsichtlichen, machtlosen Voyeurs entspricht der in Zolas erwähntem Roman, als der Lokomotivführer Jacques im vorbeirasenden Express Paris–Le Havre das Verbrechen beobachten muss; ebenso ergeht es Mrs. Gilliccudy in Christies »16 Uhr 50 ab Paddington«, als sie Zeugin eines Mordes in einem parallel fahrenden Schnellzug wird.

»Die British Transport Police meldet, dass allein in Großbritannien täglich über hundert Fälle von Eisenbahnverbrechen gemel-

det werden. Neunzig Prozent dieser Verbrechen werden von – in erster Linie männlichen – Jugendlichen verübt, die unter siebzehn sind.«

Zeitungsbericht aus dem Jahr 2000

Durch den Eisenbahnbetrieb ergeben sich aber für Täter und Opfer noch zwei zusätzliche, ebenso spezifische Schauplätze, mit allerdings völlig unterschiedlichen Voraussetzungen: Bahnhöfe und Strecken. Erstere sind Orte, an denen für kurze Zeit völlig verschiedene Menschen zusammenkommen, die sich alle in Bewegung zu einem anderen Ort befinden oder gerade von einem solchen kommen. Wer die Bahnhöfe in den meisten Großstädten der Welt kennt, der weiß auch, dass dieses permanente Treiben das Verbrechen in vielerlei Spielarten anlockt – vom Diebstahl über Prostitution und Zuhälterei bis zu Vergewaltigung und Mord. Der bekannte russische Serienmörder Andrej Tschikatilo war nicht der einzige Killer, der sich seine Opfer bevorzugt aus der Population der Bahnhöfe aussuchte. Außerdem gab es immer wieder Täter, die ihre Opfer in große Schrankkoffer steckten und so mit Hilfe des Bahnpostsystems zu beseitigen versuchten.

Die Strecke selbst eignet sich wiederum vor allem dazu, Züge zu sabotieren – was, wie Sie auf den folgenden Seiten nachlesen werden, aus purem Übermut, aus Geldgier oder auch aus mörderischer Lust an der Katastrophe passieren kann – oder sie zu überfallen und Paketwaggons beziehungsweise die Passagiere zu berauben.

Um die ganze Bandbreite der Eisenbahnverbrechen zu illustrieren, haben wir nach den berühmten Morden im Abteil, die der Bahn von allem Anfang an einen schlechten Ruf eintrugen, diverse Koffermorde – eine heute wegen der geänderten Gepäckgröße fast ausgestorbene kriminalistische Spezies – und Gewalttaten rund um Bahnhöfe und Gleiskörper behandelt. Im Anschluss daran widmen wir uns Posträubern und Eisenbahnerpressern in aller Welt, beleuchten dann die Saboteure und einen berühmten »Eisenbahn-Lustmörder«, um schließlich und endlich ins Land der unbegrenzten Möglichkeiten zu reisen, wo es bis in die Jetztzeit mehr als genug wahre Geschichten über Outlaws, Hobos und mit der Bahn reisende Serienmörder gibt.

Auf zwei Themenbereiche wurde allerdings ganz bewusst verzichtet. Einerseits ist das die wirtschaftliche Kriminalität in Zusammenhang mit der Eisenbahn. – Eisenbahnaktien galten in der Gründerzeit als besonders beliebte und risikoreiche Spekulationspapiere, ähnlich wie High-Tech-Aktien heute. Sie waren daher ein beliebtes Tätigkeitsfeld für Betrüger und kriminelle Glücksritter. Ungesicherte Eisenbahnpapiere waren übrigens mit schuld am großen Bankkrach des Jahres 1873. Der Bericht über derartige Wirtschaftsverbrechen verlangt jedoch umfangreiche Informationen über zeitgenössische Finanzoperationen, die für den Leser der Gegenwart kaum relevant und von Interesse sein dürften. Bewusst verzichtet wurde andererseits auch auf Berichte über politisch motivierte Verbrechen in Zusammenhang mit der Bahn. Schon eine Auswahl dieser Attentate auf Personen und Einrichtungen würde ja eine Art Wertung darstellen – und genau diese soll ja heutzutage tunlichst vermieden werden.

Zum Abschluss noch eine Beobachtung: Eisenbahnverbrechen scheinen eine rein männliche Domäne zu sein. Liegt die Frauenquote bei Gewaltverbrechen im Allgemeinen bei etwa zehn Prozent, so ist es uns nicht gelungen, auch nur bei einem der großen Eisenbahnverbrechen eine Frau als Täterin zu finden. Das »schwache Geschlecht« taucht in diesem Bereich der Kriminalistik stets nur in der Opferrolle auf. Von dieser Regel gibt es möglicherweise eine einzige Ausnahme – aber diese ist nicht überprüfbar:

Im Spätherbst 1948 beunruhigte eine rätselhafte Mordserie Schweden. An vier aufeinander folgenden Wochenenden wurden tote junge Männer an einer der Bahnlinien in Südschweden aufgefunden. Dass es sich nicht um Unfälle, sondern um eine Mordserie handelte, war erst eindeutig nachweisbar, als das letzte Opfer, der Kampfsportler Carl Nilsson, überlebte. Seine schweren Kopfverletzungen hatten jedoch zur Folge, dass er sich an die dem Angriff vorausgehenden Stunden nicht mehr erinnern konnte. Am 29. November 1948 veröffentlichten die Behörden ein zusammenfassendes Dossier, aber der Mordversuch an Nilsson hatte die Serie ohnehin beendet – ebenso rätselhaft, wie sie begonnen hatte. Ein Täter konnte nie eruiert werden; es gab aber in der Folge eine Reihe von Gerüchten. Am beliebtesten beim Publikum und in der Boulevardpresse war die Version, eine junge Frau, die sich generell am männlichen Geschlecht rächen wollte, hätte die jungen Männer im Abteil angesprochen, mit einem Medikament im angebotenen Drink betäubt und dann aus dem Zug geworfen. Hinweise für die Richtigkeit dieser Theorie gibt es allerdings keine – und der Fall blieb bis heute ungelöst.

Christian Lunzer & Peter Hiess
Wien, im September 2000

Il serial killer
DONATO BILANCIA – DAS MONSTER DER RIVIERA

Im Intercity »Tigullio« von La Spezia nach Venedig waren am Nachmittag des Ostersonntags, des 12. April 1998, nur wenige Passagiere unterwegs. Wohl auch deswegen fiel einem der Zugbegleiter auf, dass der Waschraum des Erste-Klasse-Waggons 630 schon seit unüblich langer Zeit, mindestens seit Genua, besetzt war. Bei seinem Kontrollgang nach dem Verlassen des Mailänder Hauptbahnhofs um 17 Uhr 05 bemerkte er außerdem, dass in einem ansonsten leeren Abteil in der Nähe des immer noch besetzten Waschraums eine Reisetasche und eine Damengeldbörse lagen. War etwa einer Reisenden schlecht geworden, brauchte sie Hilfe? Nach kurzem Zuwarten klopfte er an die von innen versperrte Tür. Keine Antwort. Als er auch auf wiederholtes Klopfen und Fragen keine Reaktion erhielt, öffnete er mit einem Nachschlüssel. Vor ihm, auf dem Boden des Waschraums, lag eine junge Frau auf den Knien, den Kopf in die Ecke gebeugt. Als sich der Beamte hinunterbeugte, um ihr seine Hilfe anzubieten, musste er entsetzt festellen, dass dies nicht mehr möglich war. Der Kopf, von halblangen brünetten Haaren bedeckt, war eine einzige blutige Masse.

Er alarmierte den Zugführer, der sofort die Bahnpolizei verständigte. Im Bahnhof von Verona wurde der Waggon mit der Toten abgekoppelt. Um Aufsehen zu vermeiden, ersuchte man die wenigen Reisenden, in einen anderen Zug umzusteigen. Die Beamten von der »Polfer« (für »polizia ferroviale«) begannen mit ihren Untersuchungen. Die Identität des Opfers ergab sich aus den Papieren in ihrer Handtasche. Die Frau hieß Elisabetta Zoppetti, hätte in vierzehn Tagen ihren 33. Geburtstag gefeiert, war verheiratet und arbeitete als Krankenschwester im Krebsinstitut in Mailand. Das Foto eines kleinen Mädchens, offenbar ihrer Tochter, steckte in ihrem Portemonnaie. Ihrer Fahrkarte zufolge war sie in Chiavari an der Riviera, westlich von Genua, zugestiegen und hatte bis Mailand fahren wollen.

Die erste medizinische Untersuchung des Opfers ergab einen seltsamen Befund: Signora Zoppetti war in kniender Stellung durch einen im Nacken angesetzten Schuss aus einer Handfeuerwaffe getötet worden, wie starke Schmauchspuren an der Einschusswunde bewiesen. Eine Jacke und ein Pullover der Toten, die neben der Leiche lagen, wiesen ebenfalls starke Schmauchspuren auf. Der Täter hatte sie offenbar benutzt, um das laute Schussgeräusch zu dämpfen. Der tödliche Schuss war zweifellos erst im Waschraum abgegeben worden; Projektil fand sich allerdings keines. Die Leiche wies keine zusätzlichen Verletzungen – etwa Abwehrwunden an Händen oder im Gesicht – auf.

Der Täter hatte sein Opfer offensichtlich genötigt, vor ihm aus dem Abteil in den Waschraum zu gehen, es dort in die Knie gezwungen und dann von hinten überraschend erschossen. Daraufhin hatte er allem Anschein nach mit einem Nachschlüssel die Türe von außen versperrt. Dass er nicht im Waschraum gelauert hatte, war offensichtlich; Elisabetta hätte sonst sicher nicht ihre Handtasche im Abteil liegen gelassen. Tötung durch Genickschuss also, wie bei einer Hinrichtung – aber wer sollte eine junge Frau auf derart brutale Weise hinrichten und warum?

Die Einvernahme des völlig verzweifelten Ehemannes der Ermordeten brachte keine Hinweise auf ein mögliches Motiv. Er hatte mit seiner Frau und seiner Tochter Kurzferien an der Riviera gemacht; Elisabetta aber musste früher nach Mailand zurück, da sie von Sonntag auf Montag Nachtdienst hatte. Ehemann und Tochter hatten sie zum Zug begleitet. Sie hatten noch eine Fahrkarte erster Klasse gekauft, da sie angenommen hatten, der Zug würde wegen der Feiertage besonders frequentiert sein. Das war jedoch nicht der Fall gewesen: Signora Zoppetti hatte seit der Abfahrt in Chiavari allein im Abteil gesessen. Einen Grund für die Tat, beispielsweise irgendeine Verwicklung in Unterweltgeschäfte, wies der Ehemann glaubwürdig und entrüstet zurück.

Von den Mitreisenden, die zum großen Teil erst ausgeforscht werden mussten, da man sie dummerweise weiterfahren hatte lassen, hatte keiner den Schuss gehört oder gesehen, wie die junge Frau aus ihrem Abteil zum Waschraum entführt worden war. Immerhin meldete sich ein Zeuge, dem ein Mann aufgefallen war, der ebenfalls in Chiavari zugestiegen war und den zärtlichen Abschied des Ehepaares am Bahnhof auffallend eindringlich beobachtet hatte. Es habe sich um einen Menschen von »nicht sehr empfehlenswertem Äußerem« (»poco raccommandabile«), mit »besonders verkniffenen, wütenden« Gesichtszügen gehandelt. Nach den Angaben des Zeugen wurde ein Phantombild gezeichnet, mit dessen Hilfe die Polizei weitere Zeugen im Zug oder an den Stationen von Genua bis Verona zu finden hoffte. Irgendwo dazwischen musste der Täter ausgestiegen sein und vielleicht war er ja dabei doch jemandem aufgefallen.

Die Obduktion der Toten im gerichtsmedizinischen Institut von Verona bestätigte den ersten Befund: Signora Zoppetti war in kniender Stellung im Waschraum durch einen angesetzten Schuss in den Nacken getötet worden. Eigenartig war die Munition, die aus einer großkalibrigen Waffe, wahrscheinlich Kaliber .38, stammen musste: ein Bleigeschoss ohne Mantel, das beim Auftreffen auf härtere Substanzen, z. B. Knochen, ähnlich einem Dumdum-Geschoss sofort in Hunderte kleine Partikel zersplittert und bei einem relativ kleinen Einschussloch riesige Ausschusswunden verursacht. Solche Geschosse werden normalerweise bei Schießwettbewerben und Preisschießen verwendet, da sie in der Zielscheibe aus Papier ein exaktes, rundes Einschussloch hinterlassen; sie sind unter dem Namen »Wadecutter« im Handel. Da nach dem Schuss kein Projektil zurückbleibt, kann der Typus der verwendeten Waffe bei Untersuchungen nicht bestimmt werden, ebenso wenig wie anhand der Zugspuren die Zuordnung zu einer ganz bestimmten Waffe möglich ist.

Die Verwendung dieser besonders heimtückischen Munition und die ungewöhnliche Inszenierung der Tat rückten die Ermittlungen für die Polizei in ein völlig neues Licht. Seit einigen Monaten terrorisierte ein bisher unbekannter Serienmörder die Riviera zwischen Savona und Genua. Drei junge Frauen waren ihm bisher zum Opfer gefallen, alle auf dieselbe charakteristische Weise getötet, mit einem angesetzten Schuss von hinten; zwei davon ebenfalls in kniender Stellung und alle mit demselben Munitionstyp, wahrscheinlich sogar mit derselben Waffe.

Das erste Opfer war die fünfundzwanzigjährige Albanerin Stela Truya gewesen. Ihre unbekleidete Leiche wurde am 9. März an der Straße zwischen Savona und Genua in Cogoleto gefunden; Todesursache: Genickschuss. Auf dieselbe Weise wurde am 18. März in Pietra Ligure die siebenundzwanzig Jahre alte Ukrainerin Ljudmyla Zuskova getötet; ihr Körper lag neben dem Eingang zum Friedhof der Stadt. Elf Tage später fiel in Cogoleto die gleichaltrige Evelyn Edsohe aus Nigeria dem Täter zum Opfer.

Ein Unterschied bestand jedoch zwischen dem Mord an Elisabetta Zoppetti und den vorangegangenen Morden, abgesehen vom Tatort: Alle bisherigen Opfer stammten aus den Straßen Genuas. Im Täterprofil hatte die Polizei daher angenommen, es müsse sich um einen Mann handeln, der aus irgendwelchen Gründen Prostituierte hasste – vielleicht war er von ihnen angesteckt oder wegen Impotenz verspottet worden – und der sich mit einem Hinrichtungsfeldzug zu rächen suchte. Verwertbare oder weiterführende Spuren hatte es in keinem einzigen Fall gegeben, der Täter war stets sehr überlegt zu Werke gegangen. Morde an Prostituierten gehören ja an sich zu den am schwierigsten aufzuklärenden Fällen, da die Täter-Opfer-Beziehung fehlt. Hatte der Serienmörder jetzt seinen Rachefeldzug über das Milieu hinaus auf alle Frauen ausgedehnt und sich als Tatort die Eisenbahn ausgesucht?

Der Verdacht, es könne sich um ein und denselben Täter handeln, wurde zur drohenden Gewissheit, als nur zwei Tage nach dem Mord im Zug, am 14. April, die Leiche der mazedonischen Prostituierten Kristina Kvalla gefunden wurde, wieder in Pietra Ligure, wieder die gleiche grausame Tötungsart: Genickschuss von hinten auf das zum Knien gezwungene Opfer. Die Zeit zwischen den Morden des Riviera-Monsters wurde offenbar immer kürzer – nach den Erkenntnissen des FBI typisch für einen Serienmörder, der sich sicher fühlt. Die sich beschleunigende Frequenz setzte die Polizei, die kaum Spuren hatte, begreiflicherweise unter Druck, auch wenn man den Mord zunächst nicht bekannt gab.

Alle ermittelnden Polizeidienststellen – sowohl die, die den Mord an Elisabetta Zoppetti im Intercity untersuchten, als auch jene, die sich bisher mit dem Serienmörder befasst hatten – wurden zu einer »Task-Force« zusammengefasst. Die Fahndungen konzentrierten sich auf die Personenbeschreibung, das »Identikit«, das aufgrund der Zeugenbeschreibung im Zug erstellt worden war. Es konnte durch Angaben eines Bahnbediensteten wesentlich ergänzt werden, dem der finster blickende Typ im Zug ebenfalls aufgefallen war. Er beschrieb ihn als etwa vierzigjährigen, leicht verwahrlost wirkenden Mann mit olivfarbigem Teint und dunklem Haar. Auch hatte er bemerkt, wie hasserfüllt der Verdächtige den Abschied des Ehepaares Zoppetti am Bahnhof Chiavari beobachtet hatte.

Von der Task-Force wurde ein weiterer, bisher nicht aufgeklärter Mordfall in die Ermittlungen aufgenommen, der nach dem damaligen Untersuchungsstand ebenfalls in das Schema der bisherigen Verbrechen passte und bei dem dieselbe Munition verwendet worden war. Am 23. März war in Nova Ligure der Transsexuelle Julio Castro, genannt Lorena, ein Venezueler, von einem Mann in einem schwarzen Mercedes angesprochen und dann auf freiem Feld mit einer Pistole niedergeschlagen und schwer verletzt worden. Auf seine Hilferufe kamen zwei Nachtwächter, Candido Randò und Massimo Gualillo, die ihre Hilfsbereitschaft mit dem Leben bezahlten. Beide wurden von dem Mann im Mercedes erschossen, mit derselben Munition wie die Prostituierten, nämlich mantellosen Bleigeschossen aus einer großkalibrigen Feuerwaffe. Castro, den der Täter wahrscheinlich für tot gehalten hatte, überlebte den Angriff. Offenbar hatte sich der Täter in der Person des gut gekleideten und geschminkten Transsexuellen geirrt und ihn für das gehalten, was er zu sein vorgab. Die unerwartete männliche Gegenwehr und die Hilferufe hatten die geplante Hinrichtung verhindert. Der Fall – vor allem die Zeugenaussagen Castros – sollte später wesentlich zur Aufklärung der Mordserie beitragen.

Auf jeden Fall aber war zu befürchten, dass der Täter seinen

Rachefeldzug keineswegs einstellen würde. Weitere Opfer waren möglich; der Serienmörder schien einen bestimmten zeitlichen Rhythmus einzuhalten: einmal wöchentlich, zu Feiertagen oder am Sonntag. Polizei und Eisenbahnverwaltung dachten noch über Sicherheitsvorkehrungen nach, als sich ihre Befürchtungen schon bewahrheiteten.

Am 18. April, nur sechs Tage nach dem Mord an Elisabetta Zoppetti, kontrollierten zwei Bahnbeamte, Carmelo Matroni und Antonello Nicodemi, gegen halb elf Uhr abends am Bahnhof von Ventimiglia die Wagen des seit einer Stunde abgestellten Regionalzuges Nr. 2888 aus Genua. Die Toilette im Waggon Nr. 4 war von innen verschlossen. Sie holten einen Schlüssel, öffneten die Tür und prallten entsetzt zurück. Eine junge, blonde Frau lag seltsam verkrümmt und vornübergebeugt auf dem Boden; die Wand vor ihr war blutbespritzt, ihre Haare blutgetränkt. Sofort liefen die beiden Bahnbeamten los, um Hilfe zu holen sowie Vorgesetzte und Polizei zu verständigen. Ein Schaffner hatte schon bei der Ankunft des Zuges eine im selben Waggon offenbar vergessene Damentasche abgegeben, die – wie das Foto im Ausweis bestätigte – der Toten gehört hatte. Die verschlossene Toilettentür war ihm nicht aufgefallen.

Das Opfer hieß Maria Angela Rubino, war gleich alt wie Elisabetta Zoppetti, hatte als Hausangestellte bei einer französischen Familie in Mentone gearbeitet und war mit einem Beamten der Grenzpolizei verlobt gewesen; auch sie hatte also eindeutig keine Verbindung zur Unterwelt gehabt. Sie war um 20 Uhr 40 in Albinga in den Zug gestiegen und hatte eine Fahrkarte zweiter Klasse bis Ventimiglia gelöst. Auch das Billett fand sich in ihrer Tasche.

Die Tat glich fast völlig dem Mord im Intercity: der angesetzte Todesschuss von hinten in den Nacken, die kniende Stellung des Opfers, die Jacke, die als Schalldämpfer verwendet worden war, die zurückgelassene Tasche. Auch die Munition war dieselbe, wie die Autopsie ergab. Der Schuss war durch das Genick in den Schädel gegangen und hatte die Kontaktlinsen des Opfers herausgeschleudert. Ein paar Bleipartikel des Geschosses steckten noch im Boden der Toilette. Ohne Frage steckte derselbe Täter hinter dem Blutverbrechen.

Dass sich nach Bekanntwerden des zweiten Mordes in einem Zug innerhalb kürzester Zeit Panik in der Bevölkerung breit zu machen begann, versteht sich fast von selbst. Die Bahndirektion und das Innenministerium suchten zu beruhigen, widersprachen aber heftig, als der Gouverneur von Genua seinen Mitbürgern nahe legte, Bahnfahrten in Zukunft besser überhaupt zu unterlassen oder nur in dringenden Notfällen zu unternehmen. Der Tourismusdirektor der Region befürchtete Schäden für den Fremdenverkehr, da der Fall auch international bekannt geworden war.

Besonders für den 25. April, wiederum ein Wochenende, wurden daher umfangreiche Sicherheitsmaßnahmen angeordnet und verlautbart. Unter Führung des Innenministeriums sollten Bahnpolizei, Polizei und Carabinieri zusammenarbeiten, was bürokratisch nicht immer sehr einfach war. Jedem Zug in der Region wurden Sicherheitskräfte beigestellt; sämtliche Bahnhöfe, Stationen und Haltestellen wurden rund um die Uhr überwacht. Die Bahnbediensteten hatten das Recht, Einzelreisende in Abteilen oder Waggons zu Gruppen zusammenzusetzen. Ganz allgemein wurde empfohlen, Reisen nicht allein, sondern – wenn möglich – immer in Gruppen zu unternehmen und besonders auf verdächtig wirkende, finster blickende, etwa vierzigjährige Männer mit dunkler Hautfarbe zu achten. Nach dem »Identikit« erstellte Steckbriefe wurden überall in der Region verteilt und angeschlagen.

Dass die allgemeine Aufregung die Arbeit der Task-Force und den Betrieb der Eisenbahn nicht einfacher machte, war klar. Tausenden Hinweisen aus der Bevölkerung musste nachgegangen werden; Zeuginnen meldeten sich, die früher schon in Zügen beim Betreten von Toiletten und Waschräumen von Unbekannten überfallen worden waren – möglicherweise hatte der Täter an ihnen seine Methode erprobt. Die Hinweise aber waren wenig zielführend, da die damaligen Vergehen nicht angezeigt worden waren und die nachträglichen Personenbeschreibungen durch die veröffentlichten Angaben beeinflusst sein konnten. Ein Intercity wurde in der Nähe von Genua auf offener Strecke angehalten und stundenlang von einem Großaufgebot von Bahnpolizei und Gendarmerie durchsucht, nur weil eine Waschraumtür geklemmt hatte.

Wahrscheinlich um den Täter noch mehr aus der Reserve zu locken, gab die Polizei der Presse bekannt, man habe neben der Leiche Elisabetta Zoppettis Körperflüssigkeit des Täters sicherstellen können – welcher Art diese Flüssigkeit war, wurde nicht angegeben –, und zwar in ausreichender Menge, um mit Hilfe der neuen kriminalistischen Wunderwaffe DNS-Analyse den Mörder sicher überführen zu können, selbst wenn alle anderen Beweise fehlen sollten.

Die so groß angelegten und angekündigten Sicherheitsmaßnahmen waren wirkungsvoll; zumindest in der Bahn verging das Wochenende um den 25. April ohne Mord. Die Einsatzgruppe hatte inzwischen fünf verschiedene Täterprofile ausgearbeitet und veröffentlicht; zusätzlich zum »Identikit« sollten sie die mögliche berufliche Stellung des Mörders eingrenzen.

Der Täter konnte demnach Nachtwächter in Genua sein, eine Stellung, die durchaus Bekanntschaft mit Prostituierten und Freizeit am Wochenende nahe legen und somit Opfer und Tatzeit erklären konnte. Vielleicht hatte er die zwei Nachtwächter, die dem Transsexuellen zu Hilfe gekommen waren, nur deshalb erschossen, weil sie ihn als Kollegen wieder erkannt hätten. Es war aber auch möglich, dass er Mitglied einer Wachgesellschaft oder einer offiziellen Ordnungstruppe war. Ein Zeuge hatte angegeben, im Intercity einen Verdächtigen in einer nicht näher spezifizierten Uniform gesehen zu haben. Zweifellos besaß der Mörder Kenntnisse über den Umgang mit Waffen; einem Laien wäre der eigentümliche Munitionstyp unbekannt und unzugänglich gewesen. Ebenso konnte er natürlich Eisenbahner sein, was nicht nur seine ausgezeichnete Fahrplan- und Streckenkenntnis, sondern auch seine Kaltblütigkeit und Sicherheit bei der Bewegung im Waggon erklären würde. Vielleicht handelte es sich auch um einen Pendler, der nur über die Wochenenden in Italien wohnte und in Frankreich, z. B. in der Gastronomie, arbeitete. Am wahrscheinlichsten aber schien der Beruf eines Handelsvertreters, zu dem die gute Ortskenntnis des Gebietes und der Zugverbindungen und der Besitz eines Autos (schwarzer Mercedes) ebenso passten wie die Bekanntschaft mit Damen der Straße oder die Freizeit am Wochenende.

Abgesehen von den Morden an den Prostituierten, die eindeutig einem Täter zugeordnet werden konnten, war die Umgebung Genuas seit Beginn des Jahres von einer erschreckenden, beispiellosen Mordepidemie heimgesucht worden. Alle Taten waren noch ungeklärt, auch die Motive nicht immer eruierbar. Am 16. Oktober 1997 war der polizeilich bekannte Spieler Centanaro Giorgio erwürgt in seiner Wohnung in Genua gefunden worden, getötet vermutlich wegen einer Wettschuld oder unterschlagener Gewinne aus illegalen Spielen. Am 24. Oktober 1997 waren der Videovertreter Maurizio Parenti und seine Frau Carla Scotto erschossen worden, ebenfalls in Genua. Auch sie hatten sich häufig in Kreisen illegalen Glücksspiels bewegt. Drei Tage später waren der Goldschmied Bruno Solari und seine Frau Maria Luigia Pitto in Albenga gestorben. Motiv: Raubmord. Am 13. November war der Geldwechsler und Spieler Luciano Marro in Ventimiglia ermordet worden, am 20. März sein Kollege Enzo Gorni. Dazwischen, am 25. Jänner, war der Nachtwächter Giangiorgio Canu im Lift eines Genueser Palazzo erschossen aufgefunden worden.

Die Task-Force musste sich die Frage stellen, inwieweit nicht auch diese Morde, oder wenigstens einige davon, auf das Konto des Monsters von der Riviera gehen könnten. Bisher hatte man die Täter eher in Kreisen des organisierten Verbrechens, das die Glücksspiel- und Wettszene beherrschte, gesucht. Doch mit Ausnahme des ersten waren alle Opfer durch Schüsse aus einer großkalibrigen Pistole mit der selten verwendeten mantellosen Bleimunition getötet worden. Der Verdacht wurde akut, als am 21. April der Tankwart Giuseppe Mileto an seinem Arbeitsplatz in Arma di Taggia, an der Straße von Ventimiglia nach Pietra Ligure, erschossen wurde. Motiv: Raub. Die Tatwaffe: eine großkalibrige Pistole mit der mittlerweile bekannten Munition. Der Mord an Maria Angela Rubino im Zug nach Ventimiglia lag erst drei

Tage zurück, und Ventimiglia war nur wenige Kilometer von Arma di Taggia entfernt.

Der Öffentlichkeit wurden diese möglichen Zusammenhänge nicht mitgeteilt. *Der Corriere della Sera* erstellte noch in seiner Ausgabe vom 26. April eine makabre Liste darüber, wie viele Morde die einzelnen Tageszeitungen dem noch unbekannten Mörder aufrechneten. *La Stampa* führte mit acht, vor dem *Corriere* selbst mit sechs, *La Repubblica* und *La Nazione* folgten mit fünf, wogegen *Il Giornale* und *Il Secolo XIX* demselben Täter »nur« vier Morde zuschrieben.

Zur Verhaftung des brutalen Mörders, dessen Geständnis die Annahmen der Zeitungen um ein Vielfaches übertreffen sollte, führte aber schließlich die aufwendige Schreibtischarbeit der Ermittler. Sie verglichen das nach den Zeugenangaben gezeichnete Phantombild mit den Porträtphotos aus der Kartei vorbestrafter Sexualverbrecher und legten dann diese Bilder dem einzigen überlebt habenden Tatzeugen, dem Transsexuellen Julio Castro, vor – mit Erfolg.

Am 28. April meldeten die Zeitungen, ein Verdächtiger sei mit achtzigprozentiger Sicherheit auch namentlich identifiziert. Am 7. Mai wurde, zur Erleichterung des ganzen Landes, die Verhaftung von »il serial killer« bekannt gegeben. Er hieß Donato Bilancia und war 47 Jahre alt, ein Kleinkrimineller, der behauptete, vom Glücksspiel zu leben. Geboren in Süditalien, in Potenza, war er schon als Kind mit seinen Eltern nach Ligurien gekommen, hatte Anpassungsschwierigkeiten und kam früh mit dem Gesetz in Konflikt. Er war mehrmals vorbestraft, wegen Eigentumsdelikten, zweier Raubüberfälle und immer wieder wegen betrügerischen Glücksspiels. 1990 hatte er einer Prostituierten, die ihn wegen allzu sadistischer Sexualpraktiken der Polizei melden wollte, mit ihrer Ermordung gedroht, was ihn einschlägig polizeibekannt gemacht und in der Folge zu seiner Identifizierung geführt hatte. Detektive hatten ihn in einer Bar in der Nähe seiner Wohnung in der Via Mondato ohne Widerstand festgenommen. Seine Eltern lebten in Cogoleto, nur zweihundert Meter neben dem Fundort der Leiche der nigerianischen Prostituierten Evelyn Edsohe entfernt.

Eine – allerdings tragische – Beziehung hatte seine Familie bereits zur Eisenbahn. 1987 hatte sich Donatos Bruder Michele mit seinem kleinen Sohn im Arm vor einen Zug auf der Linie Genua–Ventimiglia gestürzt. Beide waren getötet worden. Donato soll zur Identifizierung der verstümmelten Leichen geholt worden sein.

Bilancia besaß einen nachtblauen Mercedes 190 mit dem Kennzeichen AE 106 AW, wie ihn der schwer verletzte Transsexuelle Julio Castro beschrieben hatte. Er hatte auch eine Pistole der Marke Smith & Wesson Special, Kaliber .38, und einige Pakete der Munition Marke »Wadecutter«. Die Kriminalbeamten konnten außerdem bei der Verhaftung in der Bar ein Glas sicherstellen, aus dem Bilancia getrunken hatte, um einen DNS-Vergleich mit den Tatortspuren zu ermöglichen.

Angeklagt wurde Bilancia vorerst nur wegen der Morde an den vier Prostituierten, an den beiden Nachtwächtern und an den zwei Frauen in der Eisenbahn. Am 11. Mai wurden ihm die Morde an Zoppetti und Rubino nachgewiesen, am 12. Mai gestand er die Morde an vierzehn Personen.

Am 14. Mai um 17 Uhr 45 legte der Serienmörder dann in der Carabinieri-Kaserne von Molassana vor dem stellvertretenden Staatsanwalt von Genua, Enrico Zucca, sein endgültiges Geständnis (über siebzehn Opfer) ab.

Er wolle in chronologischer Reihenfolge alle Verbrechen zugeben und würde auf sämtliche Fragen antworten, sagte Bilancia, aber nur jetzt. Einen kompetenten Psychologen oder Psychiater würde er bestenfalls für Fragen nach dem Motiv zulassen. Die ersten Morde, mit denen alles begonnen hätte, seien die an Centanaro Giorgio und dem Ehepaar Parenti gewesen. Der Tod der Frau tue ihm Leid, den beiden Männern wäre jedoch nur recht geschehen, sie hätten ihm Böses angetan, vor allem Parenti, der seine Freundschaft verraten hätte.

Als nächste Tat folgte der Raubmord an dem Juwelierehepaar

Solari. Deren Adresse habe er von dem Mann erhalten, der ihm den Mercedes geliehen habe, als gute Gelegenheit für einen Diebstahl. Dann sei der Geldwechsler in Ventimiglia an der Reihe gewesen. Erst später habe er sich die Prostituierten vorgenommen. Neben den Morden an den vier Prostituierten und den beiden Frauen im Zug gestand Bilancia noch, die Nachtwächter Giangiorgio Canu, Candido Randò umd Massimo Gualillo und den Tankwart Giuseppe Mileto getötet zu haben.

»Das sind alle, mehr habe ich nicht umgebracht«, stellte Bilancia nach dieser Bilanz des Grauens kategorisch fest. »Schon nach den ersten drei Morden hatte ich mir überlegt, mich selbst umzubringen, aber das hätte bedeutet, mir selber Schmerz zuzufügen; etwas, was ich nie konnte.«

Bilancia versuchte, sich auf eine Art »Ausnahmezustand« auszureden, in dem er sich bei den Morden befunden hätte. Im Kopf sei ihm jedesmal ganz kalt gewesen und irgendeine innere Stimme hätte ihn zu den Morden getrieben. Für die Psychiater waren Persönlichkeitsstruktur, Herkunft und Umfeld typisch für einen Serienmörder, auch im Vergleich mit den vom FBI erstellten Psychogrammen: ein grotesk übersteigertes Selbstbewusstsein, das Bilancia auf jede noch so kleine und unbedeutende Einschränkung mit unkontrollierbarer Aggression reagieren ließ. Seine Taten, so unterschiedlich sie auch sein mochten, waren einem zentralen Motiv zuzuordnen – der Rache für eine angeblich erlittene Kränkung. Rache an seinen Kumpanen, die ihn beim Glücksspiel übervorteilt hatten, Rache an dem Juwelierehepaar, das ihn nach seinem missglückten Einbruchsversuch der Polizei übergeben wollte, Rache an den Frauen, denen gegenüber er seine Männlichkeit nicht ausleben hatte können.

Natürlich musste auch seine Umgebung mit in Betracht gezogen werden, die süditalienische Herkunft mit ihren traditionellen Vorstellungen männlicher Identität, die mit den Gegebenheiten seiner neuen Heimat in Konflikt geraten mussten; die familiäre Situation, der autoritäre Vater, mit dem er ständig stritt, die nachgiebige Mutter; und auch das kriminelle Milieu, in das er schon in jungen Jahren geraten war und in dem Aggressionshandlungen als übliche Umgangsform galten. Das traumatische Erlebnis des Todes seines Bruders und Neffen könne – so die Experten –

höchstens als Auslöser, nicht aber als zentrales Motiv für die Morde gesehen werden. Bilancia sei jedenfalls nicht geisteskrank und für seine Taten voll verantwortlich.

Auf den Tag genau zwei Jahre nach dem Mord an Elisabetta Zoppetti im Intercity La Spezia–Venedig wurde Bilancia vom Corte d'Assise in Genua, dem Schwurgericht, schuldig gesprochen. Nach nur fünfstündiger Beratung, eine knappe Viertelstunde für jede Tat, verneinten die Geschworenen einstimmig die Unzurechnungsfähigkeit wegen Geistesstörung und setzten die Höchststrafe fest: dreizehnmal lebenslänglich mit achtundzwanzig Jahren Isolationshaft unter erschwerten Bedingungen. Bilancia war bei der Urteilsverkündung nicht zugelassen, das Urteil wurde ihm ins Untersuchungsgefängnis in Chiavari übermittelt.

»Haltlose Reisende«
EXKURS: DIE KLASSENGESELLSCHAFT IN DER EISENBAHN

Die ersten Personenwagen der Eisenbahn sahen nicht nur wie Kutschen aus, sie waren auch nur geringfügig modifizierte Nachbauten des Modells, das sich seit gut tausend Jahren auf der Straße bewährt hatte; bei der Pferdeeisenbahn hatten sie ja noch zusätzlich das Zugtier gemeinsam.

Breite Trittbretter führten durch eine Seitentür in das Coupé, wo die Sitzbänke einander gegenüber angeordnet waren und meist sechs Personen Platz boten – drei in und drei gegen die Fahrtrichtung. Zusätzliche Sitzplätze, ungeschützt und daher billiger, gab es auf dem Kutschbock, auf dem Dach neben dem Gepäck oder auf der Rückseite, wie bei den alten Postwagen. Um zum Eisenbahnwaggon zu werden, wurde der Kutschkörper auf einen eisernen Rahmen mit vier abgestuften Speichenrädern gestellt, die auf den Geleisen rollten.

Erst als die um viele PS stärkere Lokomotive das Zugpferd ersetzt hatte, konnten die Passagierwaggons entsprechend vergrößert werden. Man reihte einfach ein Kutschenabteil an das andere (meist drei), behielt aber das Prinzip der Mitteltür und der gegenüberliegenden Sitzbänke bei. Verantwortlich für die Emanzipation vom Vorbild waren, wie immer und überall, wirtschaftliche Gründe. Die Wagen mussten leichter und billiger werden, um möglichst viele Personen mit möglichst geringem Aufwand befördern zu können und so den Eisenbahngesellschaften auch im Personenverkehr die Profite zu bringen, die ihre Aktionäre erwarteten. Die Zahl der Achsen und Räder pro Waggon wurde erhöht, um längere Waggons tragen zu können; für besonders kurvenreiche Strecken stellte man die Achsen auf Drehgestelle. Die englische Great Western Railway experimentierte bereits 1840 mit dreiachsigen Waggons, die sechs Sitze an einer Seite hatten und nur mehr sieben Tonnen wogen. Sie konnten in der zweiten Klasse 72 Passagiere befördern.

Die Klasseneinteilung war ebenfalls vom öffentlichen Verkehr auf der Straße übernommen worden. Nur die erste Klasse bot einen Komfort, der in etwa dem in der Kutsche entsprach. Die zweite Klasse, z. B. bei den zitierten Wagen der Great Western, hatte nur Holzbänke und offene Fenster. Immerhin gab es, als Fortschritt zu den Außensitzen der Straßenkutsche, ein Dach über dem Kopf. Der Fahrpreis war geringer als auf der Straße und die Geschwindigkeit – und die daher erzielte Zeitersparnis – doch um einiges größer.

Schlecht ging es den Passagieren, die es wagten, dritter Klasse zu reisen. Anfangs waren fast alle Waggons dieser Klasse ohne Dach. Vielen fehlten auch die Sitzgelegenheiten, was bedeutete, dass die Menschen nicht nur die Fahrt stehend verbringen mussten, sondern auch permanent dem Fahrtwind und dem Rauch der Lokomotive ausgesetzt waren – ganz zu schweigen von plötzlichen Regenschauern, Gewittern oder Stürmen.

Vorbilder im Waggonbau waren, wie bei den Lokomotiven, England und Amerika. Die Komfortverhältnisse der Klassen waren bei allen Gesellschaften – ohne nationale Unterschiede – im Wesentlichen gleich. Die Eisenbahnbetreiber waren Privatunternehmen und mussten daher auf größtmögliche Profitmaximierung zielen. Verdient wurde ohnehin in erster Linie am Güterverkehr, nicht an den Reisenden.

Erste Unfälle machten der frühkapitalistischen Ausbeutung wagemutiger Passagiere ein Ende. In England z. B. führte das Unglück von Sinnington 1841, bei dem vor allem die stehenden, haltlosen Reisenden der dritten Klasse verletzt oder getötet worden waren, zu einer Untersuchung durch das Handelsministerium. Im »Gladstone Act«, der die Eisenbahngesellschaften und ihr Treiben einer verstärkten Staatsaufsicht unterstellte, wurden auch Vorgaben für die Behandlung der Passagiere in den billigen Klassen festgeschrieben: sie sollten künftig wie Menschen, nicht wie Vieh behandelt werden.

Unternehmen, die sie nicht ohnehin schon hatten, führten daraufhin noch eine vierte Klasse ein, die den »Komfort« der ehemaligen dritten übernahm. Die Sheffield und Manchester Railway beispielsweise ließ ihre 1845 gebauten offenen Vieh-waggons schnell mit gefederten Puffern und Handläufen aus-statten, um sie gelegentlich auch im Personenverkehr einsetzen zu können. Dass es in Österreich auch eine fünfte Klasse gegeben haben soll, bei der die Reisenden nicht nur kein Dach über dem Kopf, sondern auch keinen Boden unter den Füßen hatten und daher mitlaufen mussten, ist allerdings eine bös-artige Erfindung des Schriftstellers Fritz von Herzmanovsky-Orlando.

In jedem Fall aber blieb die immer noch dem Vorbild der Kutsche verpflichtete Form des Passagierwagens mit getrennten Abteilen, die nur von außen zugänglich waren, bis weit in die zweite Hälf-te des 19. Jahrhunderts üblich. Innerhalb der Klassen machte nur die Anzahl der Plätze, die durch eine zentrale Waggontür zugäng-lich waren, einen Unterschied: vier bis sechs in der ersten, ab sechs in der zweiten und bis zu vierzig in der dritten und vierten Klasse. Klagen über mangelnde Sorgfalt hinsichtlich Sicherheit und rudimentärer Bequemlichkeit gehörten zum Standardreper-toire der Kritik an dem neuen Beförderungsmittel.

Nur wer im Wohlstand fuhr, fuhr angenehm. Reisende erster Klasse waren die einzigen, die auf gut gepolsterten Sitzen Platz nehmen konnten und genug Raum hatten, auch die Beine auszu-strecken. Sie konnten rauchen, wenn es die mitreisenden Damen gestatteten, sie konnten lesen oder durch Glasfenster die Land-schaft betrachten, ohne dass ihnen der Ruß der Lokomotive in die Augen kam oder der Fahrtwind den Hut vom Kopf riss. Essen konnten sie allerdings nur bei Tageslicht, denn die gewöhnliche Coupé-Beleuchtung mittels kleiner Öllämpchen verdiente ihren Namen nicht. Wirklich bequem war es außerdem nur bei ent-sprechenden Außentemperaturen. Die Heizungsmöglichkeiten beschränkten sich auf Wärmeflaschen, die den Passagieren bei Bedarf zur Verfügung gestellt wurden. Waschräume und Toilet-

Beispiel für einen frühen Personenwaggon mit nur von außen zugänglichen Coupés:
Waggon der französischen Chemins du Fer du Nord, 1855. Zeitgenössische Fotografie

ten fehlten, was jahrzehntelang die Eisenbahnwitze gröberer Sorte mit unerschöpflichem Stoff versorgte.

Im Gegensatz zu den Passagieren der dritten und vierten Klassen, die soziale Kontakte und Tuchfühlung nicht scheuen durften, war der Reisende der ersten und meist auch der zweiten Klasse, wenn er einmal sein Abteil am Bahnhof betreten hatte, allein oder mit den Zusteigenden isoliert. Er konnte während der Fahrt sein Coupé nicht verlassen und hatte keinerlei Kommunikationsmöglichkeit nach außen oder zum Zugpersonal.

Neben dem Lokomotivführer und dem Heizer, die beide für den Betrieb unabdingbar waren, fuhr schon in der Frühzeit der Eisenbahn in jedem Zug ein Zugführer mit. Er war Beamter des Betriebs und nicht, wie Lokführer und Heizer, des technischen Dienstes. Diese beiden waren ihm unterstellt, seine Aufgabe bestand – zusammen mit dem Stationsvorsteher – in der Abfertigung des Zuges in den Stationen. Außerdem war ihm das Gepäck anvertraut und er kontrollierte die Einhaltung der Geschwindigkeit und der Pünktlichkeit, indem er die Durchfahrtszeiten in den Stationen und Bahnhöfen in ein eigenes Fahrtenbuch eintrug.

Der Zugführer hatte seinen Arbeitsplatz mit einem Schreibtisch im Packwagen, dem ersten Wagen des Zuges, oder am Zugschluss. Er hatte während der Fahrt keine Sichtverbindung zum Lokomotivführer, konnte ihm daher nur in den Stationen Anweisungen geben und die Strecke nur durch die nach vorne gerichteten Fenster des Gepäckwagens oder vom Bremserhaus aus überwachen. Für Notfälle war ein einfaches akustisches Signal, ein Glockenzug zur Lokomotive, vorgesehen. In besonderen Fällen – bei besonders langen Zügen oder wenn es die Strecke erforderte – wurde der Zugführer von einem Assistenten unterstützt, der dann am Zugende in einem zweiten Packwagen mitfuhr. War der Lokomotivführer plötzlich verhindert, konnte der Heizer, je nach seinen Fähigkeiten, entweder den Zug zum Halten bringen und auf einen der Reservelokomotivführer warten, die im nächsten größeren Bahnhof Dienstbereitschaft hatten, oder er konnte selbst den Zug dorthin führen. Diese Entscheidung musste der Zugführer treffen.

Zu den Passagieren in den Abteilen gab es während der Fahrt keine Verbindung, es sei denn, der Zugführer oder sein Assistent hätten es unternommen, auf den Trittbrettern außen von Waggon zu Waggon zu springen – ein halsbrecherisches Unternehmen, völlig unmöglich bei schlechter Witterung oder in der Nacht.

Zugschaffner, die die Fahrkarten kontrollierten, waren überflüssig, da diese ja an den Sperren am Perron vor der Abfahrt und bei der Ankunft kontrolliert wurden. Dies war ein an sich lückenloses System, das in vielen Ländern bis weit ins 20. Jahrhundert in Geltung blieb und daher in klassischen Detektivromanen gern als Nachweis für angeblich lückenlose Alibis verwendet wird.

Eigenartigerweise hielt sich die Tendenz zur abgeschlossenen Exklusivität vor allem in der teuren und damit gefährlicheren Klasse, auch wenn die weniger unsicheren Großraumwagen für die zweite Klasse schon am Beginn der sechziger Jahre von allen europäischen Eisenbahngesellschaften eingeführt wurden.

Anders waren die Verhältnisse in den Vereinigten Staaten; dort gab es keine Klassenunterschiede und immer schon Großraumwagen. Für bequemere Sitze musste nur ein Aufpreis entrichtet werden. Die »klassischen« Eisenbahnverbrechen – Mord im geschlossenen Abteil eines fahrenden Zuges – müssen daher als europäische Besonderheit angesehen werden. Die erste Nachricht darüber liegt aus Frankreich aus dem Jahr 1860 vor; Opfer war ein russischer Diplomat. Und im September 1862 wurde der Kammerpräsident Poinsot im Nachtexpress von Troyes nach Paris von Unbekannten ermordet.

22 Uhr 10 ab Hackney
FRANZ MÜLLER – DER »PIONIER« DES EISENBAHNMORDES

Der Raubmord an dem britischen Bankier Thomas Briggs war nicht das erste Blutverbrechen in einem Eisenbahnzug, mit Sicherheit aber der erste Eisenbahnmord, der weltweit Aufsehen erregte und von der zeitgenössischen Presse ausführlich besprochen und dokumentiert wurde. Die Ausgangssituation, geradezu ein Modellfall eines Eisenbahnverbrechens, entsprach genau dem Sicherheitsrisiko für Zugreisen, das von Kritikern immer wieder bemängelt wurde. Die geschlossenen, nur bei Halt des Zuges von außen zu öffnenden Coupés stellten geradezu ideale Tatorte für Überfälle und Gewaltverbrechen dar. Während der Fahrt hatte der Angegriffene keine Möglichkeit, Hilfe zu holen oder Unterstützung zu bekommen. Zudem übertönte das Fahrtgeräusch des Zuges jeden Hilfeschrei. Der Täter blieb ungesehen, vor allem bei Nachtfahrten, und konnte sich des Opfers auf der Strecke problemlos entledigen, um sich danach selbst in Sicherheit zu bringen.

Der tödliche Überfall auf der Strecke der North London Railway, zwischen den Stationen Fenchurch und Hackney, wurde zwar durch Zufall bald entdeckt, doch die Polizei musste nicht nur den Täter, sondern anfangs auch das Opfer suchen. Eine schnelle Aufklärung lag vor allem im Interesse der betreffenden Eisenbahngesellschaft, die als besonders verlässlich und innovativ galt. Sie führte zum Beispiel nur erste und zweite Klasse, da sie, wie ihre Direktion erklärte, den Passagieren den mangelnden Komfort einer dritten Klasse nicht zumuten wollte. Berühmt war die Gesellschaft auch für ihre Pünktlichkeit und die hervorragenden Sicherheitseinrichtungen – die aber in diesem Fall leider nicht ausgereicht hatten, das Opfer zu schützen.

Dass es trotzdem relativ schnell gelang, den Täter zu finden, wurde von Presse und Publikum als Beweis für den Sieg der

Gerechtigkeit und die Fähigkeiten der englischen Polizei interpretiert. Sensationell an dem Fall war vor allem die Verfolgung des Mörders, die in einem Wettrennen zwischen Segelschiff und Dampfer über den Atlantik gipfelte. Der Täter war Ausländer, noch dazu ein Deutscher, was nationale Ressentiments auf beiden Seiten deutlich werden ließ, dem Fall aber naturgemäß auch in Deutschland große Publizität verschaffte. Der Prozess war wegen des Leugnens des Angeklagten ein klassischer Indizienprozess mit medienwirksamen Duellen zwischen Kronanwalt und Verteidigern. Der Täter wurde öffentlich »justifiziert«; es handelte sich um eine der letzten öffentlichen Hinrichtungen in Europa.

Die zwei Angestellten des renommierten Londoner Bankhauses Robarts & Co., die am 9. Juli 1864, einem Samstag, abends am Bahnhof von Hackney auf den 22-Uhr-10-Zug warteten, um nach Highbury zu fahren, hatten sicher nichts Böses im Sinn – eine kleine abendliche Spritztour in der noblen ersten Klasse, ein paar Biere, hübsche Mädchen vielleicht.

Ihr Zug von Fenchurch fuhr mit vier Minuten Verspätung ein. Als die beiden eines der Erste-Klasse-Abteile an der Zugspitze betreten wollten, prallten sie entsetzt zurück. Die Messingklinke der Abteiltür war blutverschmiert, der Boden des Abteils und die beiden Sitzbänke waren blutgetränkt, auch an den Wänden und am Fenster waren überall Blutspritzer zu sehen. Eine Reisetasche und ein Stock lagen auf dem rechten, ein Männerhut befand sich auf dem linken Sitz. Sofort verständigten die schockierten Bankbeamten den Schaffner, einen gewissen Mr. Ames, der – zuerst ungehalten, da der Zug ohnehin schon verspätet war – sein bereits gegebenes Abfahrtssignal widerrief. Als er jedoch selbst einen Blick ins Abteil geworfen hatte, verständigte er sofort die Beamten der Bahnhofsleitung.

Ihnen bot sich ein rätselhaftes Bild: Es war offensichtlich, dass sich in dem Abteil – der Menge des vergossenen Blutes nach zu schließen – ein gewaltsames Verbrechen, wahrscheinlich ein Mord, zugetragen haben musste. Aber wo waren Täter und Opfer?

Die Passagiere in den anderen Abteilen hatten nichts gesehen und gehört. Das war auch glaubhaft, da die Nacht für die Jahreszeit besonders dunkel und wolkenverhangen war und der Lärm des fahrenden Zuges sehr wohl alle anderen Geräusche übertönt haben mochte. Die Ausgangsstation Fenchurch hatte der Zug um 21 Uhr 50 verlassen; der letzte Halt, die Station Victoria Park, lag nur siebeneinhalb Minuten zurück – der Überfall – oder der Mord –, die Beseitigung des Opfers und die Flucht des Täters mussten daher innerhalb dieser Zeit geschehen sein.

Auch die Gegenstände im Abteil lieferten kaum Hinweise. Die Reisetasche und der Stock waren blutbefleckt, die Tasche enthielt nur wenige, völlig unpersönliche Gegenstände. Auf dem Hut hingegen – einem weichen, dunkelfarbigen Hut aus Biberfilz – fanden sich seltsamerweise keinerlei Blutspuren. Es war also naheliegend, dass er dem Täter gehört haben musste.

Um 22 Uhr 20 führte ein Lokomotivführer namens Elkin, der von der Bluttat in dem anderen Zug noch nichts wusste, leere Waggons von Hackney nach Victoria zurück, als er vor sich auf den Geleisen einen größeren Gegenstand liegen sah, der bei dem schwachen Licht der Lokomotive wie ein Bündel Kleider aussah. Er bremste und dank der geringen Geschwindigkeit des Verschubzuges gelang es ihm, ganz knapp vor dem Hindernis anzuhalten. Gemeinsam mit seinem Heizer Tim kletterte er von der Maschine und beide sahen zu ihrem Entsetzen, dass das vermeintliche Kleiderbündel ein Mensch war – ein älterer Herr mit Bart, der stark aus einer Kopfwunde blutete und ohne Bewusstsein war. Gemeinsam trugen sie ihn über die Geleise in ein nahes Wirtshaus, das Milford Castle Inn, wobei sie beinahe von einem Gegenzug überfahren worden wären. Der Wirt rief einen Arzt und die Polizei herbei. Der Arzt versuchte den Bewusstlosen wieder zu sich zu bringen, was ihm aber nicht gelang. Bei den zwei schweren Kopfwunden, die offenbar den Schädel des Unglücklichen völlig zertrümmert hatten, konnte selbst seine Kunst nichts mehr ausrichten. Constable Edward Dugan untersuchte die Taschen des Verletzten, um dessen Identität festzustellen. Er fand vier Sovereigns, zehn Shilling in Silber und eine silberne Tabaksdose, aber erst Briefe in der Innentasche der Weste wiesen den Schwerverletzten als Thomas Briggs aus, Vorstand der Robarts-

Der Zugführer gibt das Abfahrtssignal für einen Vorortezug der englischen
South-Eastern Railway, um 1860. Zeitgenössische Fotografie

Bank, in der auch die Herren Verney und Sidney James beschäftigt waren, die das blutige Abteil entdeckt hatten.

Mr. Briggs wohnte in Hackney. Die Polizei verständigte seinen Sohn, der den Vater in häusliche Pflege übernahm. Mr. Briggs erlangte das Bewusstsein nicht wieder, konnte daher über den Hergang des Verbrechens keine Auskunft geben und starb am Abend des nächsten Tages. Briggs jun. identifizierte Tasche und Stock als Eigentum seines Vaters, den Hut hatte er aber noch nie gesehen – sein Vater trug ausschließlich Zylinder der berühmten Hutfirma Dignance. Die goldene Taschenuhr, die Briggs immer bei sich getragen hatte, fehlte samt der Kette. Nur der Karabiner hing noch im Knopfloch der Weste.

Damit war das Motiv für die Bluttat klar: Raub. Nur die Eile hatte den Täter gehindert, dem Opfer auch das Bargeld und den Brillantring, den es am Finger trug, abzunehmen.

Mr. Briggs war, wie man das von einem Bankier erwarten durfte, ein Mensch mit sehr ausgeprägten Gewohnheiten gewesen. Jeden Tag, mit Ausnahme des Sonntags, hatte der 69-jährige, große und rüstige Finanzmann den Zug genommen, der um 21 Uhr 50 Fenchurch verließ, um zu seinem Haus in Hackney zu fahren. Möglicherweise hatte der Täter ihn beobachtet und versucht, sich diese Regelmäßigkeit zunutze zu machen.

Besonders viele Hinweise lagen den Ermittlern nicht vor. Inspektor Tanner von Scotland Yard, der den Fall zugeteilt bekam, hatte eigentlich nur zwei Spuren: den fremden Hut und die fehlende Uhr, von der Briggs jun. eine gute Beschreibung hatte geben können. Er ließ Abbildungen beider Gegenstände in den Zeitungen vom folgenden Montag publizieren und schickte Beamte aus, die den Hersteller des Hutes ausforschen sowie Passagiere und Beamte auf den Bahnhöfen von Fenchurch und Hackney nach möglichen Beobachtungen befragen sollten. Auf Plakaten, die ebenfalls Hut und Uhr zeigten, wurde für zielführende Hinweise eine von der Eisenbahngesellschaft gestiftete Belohnung von hundert Pfund versprochen.

Am Montagmorgen, als die Plakate noch nicht überall affi-

Der Eisenbahnmörder Franz Müller. Zeitgenössischer Holzschnitt

chiert worden waren, betrat knapp nach Geschäftsöffnung ein junger Mann das Geschäft eines Juweliers in Cheapside, der den seltsamen – im konkreten Fall beziehungsreichen – Familiennamen Death trug. Der Kunde ließ eine goldene Kette schätzen und schien einigermaßen enttäuscht, als ihm dafür nur drei Pfund zehn Shilling geboten wurden. Mr. Death fand nichts Auffälliges an dem jungen Mann. Er war höflich, gut gekleidet, hielt sich jedoch immer nur im Schatten und schien sich absichtlich nicht ins Gesicht schauen zu lassen. Bemerkenswert war nur sein starker deutscher Akzent.

Zur Überraschung des Juweliers, der anderes erwartet hatte, wollte der Kunde kein Bargeld, sondern einen Tausch. Nach längerem Überlegen nahm er eine kleinere Kette im Wert von drei Pfund fünf Shilling und einen kleinen Goldring mit weißem Stein für die übrigen fünf Shilling. Mr. Death verpackte die Schmuckstücke in eine schöne weiße Schachtel, auf die er sein auffälliges Etikett klebte. Der junge Mann, so hieß es später, trug von diesem Augenblick an den Tod mit sich.

Als der Juwelier dann die Bekanntmachung auf den gerade aufgeklebten Plakaten las, meldete er sich sofort bei der Polizei. Doch außer dem Hinweis auf den deutschen Akzent konnte er keine charakteristischen Details angeben. Seine Personenbeschreibung wurde von Inspektor Tanner in der Presse veröffentlicht, brachte aber keinen Hinweis. Auch die Suche nach dem Hersteller des Hutes blieb erfolglos.

Es war Mr. Deaths Schachtel, die – allerdings erst elf Tage später – zu einem neuen und diesmal endgültigen Hinweis auf den Täter führte. Ein Droschkenkutscher namens Jonathan Matthews war von einem Kollegen auf die Plakate der Polizei aufmerksam gemacht worden. Er erinnerte sich, dass seine Tochter erst vor kurzem mit der auffällig etikettierten Schachtel gespielt hatte. Sie war ihr von einem Bekannten von Freunden, einem jungen deutschen Schneider, geschenkt worden. Matthews kannte auch den Namen des Mannes, Franz Müller, und wusste, dass er bei einem Ehepaar Blyth in der Old Ford Road in Victoria Park wohnte. Sogar ein Photo von Müller besaß der hilfreiche Droschkenkutscher und auch der Hut war ihm alles andere als fremd. Müller hätte einmal einen Hut dieser Fasson bei ihm gesehen, erzählte

Matthews, und ihn gebeten, ihm auch einen solchen, nur etwas kleiner, zu besorgen. Was er auch getan hätte, und zwar beim Hutmacher Walker in Marylebone.

Inspektor Tanner fuhr sofort zu den Blyths in die Old Ford Road, aber Franz Müller wohnte nicht mehr dort. Er war vor fünf Tagen nach Amerika abgereist. Ein Schuldbekenntnis, eine Flucht nach Übersee? Nein, sagten die Vermieter, die überhaupt nur Gutes über ihren Untermieter berichten konnten: Er sei stets höflich und bescheiden gewesen, ein freundlicher Mann, der seine Auswanderung nach Amerika schon lange geplant gehabt hätte. Er stamme aus Sachsen und habe dort Büchsenmacher gelernt, in diesem Beruf aber weder zu Hause noch hier Arbeit finden können und sich daher als Flickschneider durchschlagen müssen. In Amerika, da sei er sich sicher gewesen, würde er wieder in seinem alten Metier arbeiten können. Eitel sei er gewesen, das schon, und sehr auf seine Kleidung bedacht, aber sonst wären ihnen keine negativen Eigenschaften an ihm aufgefallen. Am 16. Juli hätten sie noch einen Brief von ihm bekommen, aus Worthing, von Bord des Segelschiffs »Victoria«. »Liebe Freunde«, stand da in nicht ganz korrektem Englisch, »es geht mir gut, könnte nicht besser sein. Wetter schön, Sonne und ein günstiger Wind. Alles wird gut werden. Beste Grüße, F. Müller.«

Das waren sicher nicht die Worte eines Mannes, der nach einem brutalen Raubmord die Stätte seines Verbrechens flieht, doch Inspector Tanner war sich seiner Sache trotzdem sicher. Müller musste einfach der Mörder sein. Darauf deutete auch die Tatsache hin, dass sämtliche Angaben Matthews' stimmten. Unter den Dingen, die Müller bei den Blyths zurückgelassen hatte, befand sich eine Hutschachtel der Firma Walker, die in dem Hut aus dem Abteil ihr Erzeugnis wieder erkannte. Und Mr. Death hatte auf dem Foto den Kunden, der ihm die Kette des verstorbenen Mr. Briggs angeboten hatte, zweifelsfrei identifiziert.

Hätte Mr. Matthews nur etwas früher Zeitung gelesen oder die Plakate beachtet! Müller hatte einen Vorsprung von fünf Tagen – und ihn in Amerika verhaften zu lassen, war aus politischen

Gründen nicht möglich. Das Land befand sich zu dieser Zeit gerade im Bürgerkrieg, was mit ein Grund war, dass in der ehemaligen Kolonie eine starke antibritische Stimmung herrschte. Doch Tanner wollte sich keinesfalls so schnell geschlagen geben und entwarf einen waghalsigen Plan. Die einzige Möglichkeit, des Mörders habhaft zu werden, bestand darin, mit einem schnelleren Schiff zu reisen und Müller noch vor der eigentlichen Landung in New York zu verhaften. Nicht umsonst hatten seine Kollegen dem Inspektor den Spitznamen »Bloodhound« verliehen.

Keine zwölf Stunden nach dem Verhör bei den Blyths saßen Tanner, sein Assistent, Detective Sergeant Clark, und die zwei in aller Eile zum Mitfahren genötigten Zeugen Matthews und Death im Dampfschiff City of Manchester, Richtung New York. Der Tod war dem Beschuldigten auf den Fersen, und hysterische Medienberichte über den flüchtigen Mörder eilten den Ermittlern voraus.

Tatsächlich war der Dampfer um einiges schneller als die von günstigen Winden abhängige »Victoria«. Als diese – mit dem ahnungslosen Franz Müller an Bord – am 25. August auf dem Hudson River auf das Lotsenboot wartete, das sie in den Hafen von New York geleiten sollte, legte ein Polizeiboot an. Tanner und Clark wurden von einem Schiffsoffizier zu Müller geführt, der sich widerstandslos festnehmen ließ. Eine sofortige Durchsuchung seines Gepäcks brachte zwei weitere wesentliche Indizien zutage: die goldene Uhr und einen schwarzen Zylinder mit der Firmenmarke D. D., was für Dignance & Dignance stand.

Diese Beweise reichten aus, um vor den amerikanischen Behörden die Festnahme Müllers zu rechtfertigen, obwohl der Verdächtige die Tat leugnete. Der Verein der Deutschen in Amerika hatte sogar einen Senator, einen gewissen Mr. Schaffer, aufgeboten, der den angeklagten Landsmann verteidigen sollte. Doch als die amerikanische Justiz aufgrund der Sachlage entschied, Franz Müller auszuliefern, war sein Schicksal so gut wie entschieden; ein englisches Gericht würde die Beweise wohl kaum anders bewerten.

Inspector Tanner, seine Begleiter und ihre Beute fuhren mit dem Dampfer »Etna« nach London zurück. Müller verhielt sich auffallend ruhig und bat nur um Lesestoff für die lange Über-

fahrt. Von den Büchern, die er bekam, gefiel ihm Charles Dickens'
Roman »David Copperfield« am besten.

Nach dreiundzwanzig Tagen landete die »Etna«, von einer unübersehbaren Menschenmenge erwartet, in England. Der Fall –
besonders aber die aufregende Verfolgung des Täters – hatte auf
beiden Seiten des Atlantiks großes Aufsehen erregt, und Tanner
als Arm des Gesetzes war der Held des Tages.

Am 23. Oktober begann die Verhandlung im berühmten Straf-
gericht Old Bailey. Der Rechtsschutzverein der Deutschen hatte
auch hier wieder für eine ausgezeichnete Verteidigung gesorgt
und zwei der bekanntesten Strafverteidiger der Zeit, Sir Serjeant
Parry und Sir Thomas Beard, engagiert. Die beiden Anwälte versuchten, Müller ein Alibi zu verschaffen – doch das Mädchen, bei
dem er den Abend und die Nacht des 9. Juli verbracht haben wollte, verwickelte sich in Widersprüche und wurde vom Staatsanwalt als käufliche Dame diskreditiert.

Tanner hingegen war es gelungen, die Indizienkette noch
lückenloser zu machen. Er hatte die Pfandleihe gefunden, in der
Müller die bei Mr. Death eingetauschte Kette versetzt hatte, um
seine Überfahrt bezahlen zu können. Außerdem nominierte er
einen Zeugen, der das Opfer, Mr. Briggs, in Begleitung eines
Mannes in dem fraglichen Zug gesehen hatte. Müllers Verantwortung, er habe Uhr und Kette von einem Unbekannten einge-
tauscht und den Hut gefunden, war alles andere als glaubwürdig.
Die Geschworenen fällten einen einstimmigen Schuldspruch, den
der Richter mit der traditionellen Urteilsformel verkündete:

»You be taken from here to the prison whence you came, that
from thence you be taken to your place of execution, that there
you be hanged by the neck till your body be dead, that your body
when dead be taken down, and that it be buried within the pre-
cincts of the prison where you were confined. And may God have
mercy on your soul.«

Damit war auch die Entscheidung verbunden, die Hinrichtung
öffentlich durchführen zu lassen. Wahrscheinlich sollte dadurch,
der immer wieder angezweifelten Sicherheit der Eisenbahngäste
wegen, ein deutliches Exempel statuiert werden – was aber zu
entsprechend heftigen Reaktionen gegen die Barbarei und Un-
menschlichkeit einer derartigen Schaujustiz führte. Der Ein-

spruch der Anwälte, die Presse und die öffentliche Meinung hätten Müller vorverurteilt, weil er Deutscher war, wurde verworfen.

Am 14. November wurde Franz Müller vor dem Newgate-Gefängnis und in Anwesenheit eines außerordentlich großen Publikums gehängt. Allein auf dem Platz vor dem Galgen sollen sich laut Schätzungen der Polizei über 15.000 Schaulustige gedrängt haben. Müller beteuerte seine Unschuld bis zuletzt. Sein Beichtvater, der deutsche Pastor Dr. Cappel, behauptete zwar, der Verurteilte habe in den letzten Sekunden seines Lebens doch noch die Tat gestanden, aber das wurde allgemein angezweifelt.

Einige Eisenbahngesellschaften hatten übrigens Sonderfahrten zur Hinrichtung angeboten …

Die Angst des Reisenden im Abteil
DER MORD AN ISAAC FREDERICK GOLD

Der Merstham-Tunnel an der Bahnlinie nach Brighton, in dem 1905 die unglückliche Mary Money ungesühnt ermordet wurde (siehe Kapitel »Milch und Blut«), war bereits vierundzwanzig Jahre vorher Schauplatz einer spektakulären Bluttat.

Am Nachmittag des 27. Juni 1881 stürzte in der Station Preston Park, knapp drei Kilometer vor der Endstation der London, Brighton & South Coast Railway, ein über und über mit Blut besudelter junger Mann aus einem Abteil erster Klasse auf den erschrockenen Kartenkontrollor Gibson zu, kaum dass der Zug zum Halten gekommen war. Jacke und Hemd des Unglücklichen waren blutgetränkt, Haare und Stirn blutverkrustet. Der Mann brachte zunächst kaum ein paar zusammenhängende Worte heraus und schien unter schwerem Schock zu stehen. Auf die Frage nach seinem Namen zog er eine Visitenkarte aus der Tasche: Arthur Lefroy, 4, Carthcart Road, Wallington, Carshalton, Autor und Journalist. Gibson warf nur einen kurzen Blick ins Abteil – auch dieses war blutgetränkt – und rief dann seinen Vorgesetzten, den Stationsvorsteher Hall. Beide hatten als Bahnbeamte nicht nur das Recht, sondern auch die Pflicht, Tatbestandsaufnahmen und erste Verhöre durchzuführen, wie es ansonsten nur der Kriminalpolizei zustand.

Langsam schien sich der junge Mann trotz seiner Verletzung wieder zu fassen. Er erzählte zuerst Gibson eine seltsame, erschreckende Geschichte: Zwei Männer seien in dem Abteil gesessen, als er in der Station London Bridge in den 14-Uhr-Zug nach Brighton zugestiegen war: der eine ein gut gekleideter, sichtlich wohlhabender Herr Ende fünfzig, der andere weniger sorgfältig angezogen, mit rotem Gesicht und dickem Schnurrbart, wahrscheinlich ein Mensch vom Lande, etwa zehn Jahre jünger als der erste. Beide hätten sich völlig ruhig verhalten und weder miteinander noch mit ihm gesprochen, bis zur Einfahrt in den Merstham-Tunnel. In dem Augenblick, als es im Zug finster wurde, habe er plötzlich einen furchtbaren Knall – wie von einer Explosion – gehört und gleichzeitig einen so starken Schlag auf den Kopf bekommen, dass er sofort das Bewusstsein verloren habe. Erst knapp vor der Station Preston Park sei er wieder erwacht, blutend und auf dem Boden liegend, allein, ohne die zwei Mitreisenden.

Das Abteil sah tatsächlich aus, als habe in ihm ein heftiger Kampf stattgefunden. Blutspritzer überzogen die Seitenwände und die Decke, hatten sich über Sitzbänke und Fenster ausgebreitet. Auch die Bodenteppiche waren blutgetränkt und durcheinander geworfen.

Dem Stationsvorstand Mr. Hall gegenüber hatte sich Lefroy dann schon so weit gefasst, dass er sich genauer an den Angriff auf seine Person erinnern konnte. Der Mann mit dem roten Gesicht und dem Schnurrbart sei es gewesen, der zuerst auf ihn geschossen und dann die schweren Schläge gegen seinen Kopf geführt hätte.

Doch wo waren die beiden Mitreisenden geblieben? Der Schnellzug hatte seit London Bridge nicht mehr angehalten und außer Lefroy war in Preston Park niemand ausgestiegen. Die Übeltäter mussten ja auch blutbefleckt sein, doch im Zug fand sich keine Spur von ihnen. Waren sie etwa abgesprungen? Möglich, aber wenig wahrscheinlich. Der Zug erreichte immerhin eine Durchschnittsgeschwindigkeit von dreißig Meilen, also etwa fünfzig Stundenkilometern, und es gab auf der Strecke keine Langsamfahrstellen. Auch der Lokomotivführer hatte keinen außerfahrplanmäßigen Halt gemeldet.

Hall untersuchte das Abteil gründlicher. Auf dem Boden, unter dem Teppich, fand er einige kleine Münzen, so genannte Flash Sovereigns. Diese in Hannover geprägten Münzen waren zwar als Zahlungsmittel fast wertlos, doch bei Spielern als Zählmarken äußerst beliebt. Lefroy gehörten sie nicht; der junge Mann hatte angegeben, nicht beraubt worden zu sein. Waren sie vielleicht dem Täter aus der Tasche gefallen? Und gab es einen Täter und zwei Opfer oder zwei Täter und ein Opfer?

Gibson und Hall hatten Mitleid mit dem jungen Mann, aber irgendetwas an seiner Geschichte stimmte nicht. Zu schnell hatte er sich von seinem Schock erholt, und trotz seiner möglicherweise schweren Kopfverletzung hatte er weder nach einem Arzt noch nach der Polizei verlangt. Hall entdeckte plötzlich, dass etwas Glänzendes aus Lefroys linkem Stiefelschaft schaute. »Verzeihen Sie, mein Herr«, sagte er, »warum haben Sie denn eine Uhrkette und eine goldene Uhr in Ihrem Stiefel?«

Der Angesprochene erschrak kurz, fasste sich aber sofort wieder. Er sei so ängstlich, behauptete er, dass er seine Wertgegenstände vor Fahrtantritt im Stiefel versteckt hätte, damit sie keinen Räubern in die Hände fallen konnten. Und habe er nicht Recht gehabt?

Hall war dennoch misstrauisch. Er verständigte seinen Vorgesetzten Mr. Alcombe, den Stationsvorsteher von Brighton, mit der Bitte, Lefroy noch einmal zu verhören; außerdem sollte er für eine ärztliche Untersuchung von dessen Verletzungen sorgen und die Polizei verständigen. Gibson und einen zweiten Beamten stellte er als Begleitung ab und schärfte beiden heimlich ein, Lefroy unter keinen Umständen aus den Augen zu lassen.

Währenddessen begannen die Behörden zu ermitteln. Die Bahngesellschaft organisierte zusammen mit der Kriminalpolizei eine Suche nach den von Lefroy beschriebenen Männern. Entlang der gesamten Strecke wurde nach Spuren der zwei Täter – oder eines Täters und eines weiteren Opfers – geforscht. Parallel dazu wurde aber auch die Person des Herrn Lefroy selbst eingehend überprüft.

Trotz heftiger Proteste musste sich der junge Mann in Brighton einer Leibesvisitation unterziehen, die aber nichts Verdächtiges zu Tage brachte: einen Taschenkalender und ein paar farbige Billets, wie sie bei Pferdewetten verwendet wurden; und natürlich die Taschenuhr mit Kette, die mittlerweile aus dem Stiefel an ihren dafür eingerichteten Platz in einer eigenen Tasche des Jacketts gelangt war.

Warum er nach Brighton gefahren sei und was er dort vorgehabt hätte? Lefroy, den seine Visitenkarte als Autor auswies, erzählte, er hätte eine Verabredung mit Mrs. Nye Chart, der Direktrice des Theatre Royal and Opera House gehabt, um mit ihr über sein neues Stück zu sprechen, das dort aufgeführt werden sollte. Mrs. Chart war eine bekannte und einflussreiche Persönlichkeit. Wenn Lefroy mit ihr Verbindungen hatte, konnte er wohl nicht irgendjemand Dahergelaufener sein. Der Verdacht der Polizei begann zu schwinden, umso mehr, als der Angegriffene sich spontan bereit erklärte, eine größere Summe als Belohnung für die Ergreifung des Täters oder der Täter auszusetzen.

Auch die Ergebnisse der medizinischen Untersuchung sprachen für ihn. Zwar erklärte Bernhard Hall, der Arzt des Krankenhauses in Brighton, er habe so seltsame Wunden wie diese kleinen, halbkreisförmigen Schnitte noch nie zuvor gesehen, hielt es aber für möglich, dass sie von einem Revolverlauf, der gegen Gesicht und Hände des Verletzten gedrückt worden war, stammen könnten. Der seltsame Sinneswandel und der »starre Blick«, den Gibson zuerst bemerkt hatte, ließen sich durchaus auch durch den Wundschock erklären und müssten keineswegs auf eine Geisteskrankheit schließen lassen.

Bei einer genaueren Durchsuchung des Abteils wurden zwei Revolverkugeln gefunden. Eine steckte im Rückenpolster der Sitzbank, die andere in der Holzvertäfelung. Damit wurde Lefroys Behauptung, der Schnauzbärtige hätte auf ihn geschossen, bestätigt. Auch Zugbegleiter Walker gab an, schussähnliche Geräusche gehört zu haben, und einige Reisende aus der dritten Klasse, in den hinteren Waggons, bestätigten diese Wahrnehmung. Bedeutung hätten sie ihr allerdings alle nicht beigemessen; kein Wunder bei dem Lärm, den der fahrende Zug und die Lokomotive verursachten und der im Tunnel doppelt so laut war.

Der derart vom Verdacht befreite Lefroy verlangte nun dringend, nach London zurückfahren zu dürfen, auch gegen die Vorbehalte des Arztes, der ihn noch nicht für reisefähig erklären wollte. Der angebliche Schriftsteller behauptete, in der Hauptstadt äußerst wichtige, eilige Geschäfte erledigen zu müssen. Seine Verabredung mit Mrs. Chart und sein neues Stück hatte er seltsamerweise völlig vergessen. Diese unerklärliche Hast war sein erster schwerer Fehler in einem Spiel, das schon fast zu seinen Gunsten entschieden war.

Denn auch die Polizei hatte Fehler gemacht, die ihr später immer wieder von der Presse vorgehalten wurden. Wieso, zum Beispiel, hatte man Lefroy nicht gefragt, aus welchem Grund er nur eine einfache Fahrkarte gekauft hatte und nicht die viel billigere Rückfahrkarte, wenn er wieder nach London zurück musste, noch dazu in aller Eile? Warum hatte man nicht mit Mrs. Chart Kontakt aufgenommen, um von ihr zu erfahren, ob sie tatsächlich eine Verabredung mit Lefroy gehabt hatte – und wenn ja, in welcher Angelegenheit? Und was war mit der Uhr? War nicht sogar die Uhrkette abgerissen gewesen?

Immerhin entschloss man sich bei der Behörde – vielleicht durch Lefroys unziemliche Hast doch etwas stutzig geworden –, ihm unter dem Vorwand des Schutzes eine Begleitung mitzugeben: Detective Sergeant George Holmes, einen erfahrenen Beamten, der von der Kriminalpolizei, wie das damals üblich war, im Bedarfsfall dem Wachebeamten der Linie London, Brighton & South Coast Railway zugeordnet wurde. Um 18 Uhr 10 fuhren die beiden Richtung London ab.

Zwei Stunden vorher waren die Streckengänger Tom Jennings und sein Neffe William, beide bei der Bahngesellschaft beschäftigt, im Balcombe-Tunnel – mit einer Meile Länge der längste der Strecke – unterwegs. Hier drinnen war es nach der Hitze des Frühsommertages angenehm kühl. Ihre Naphthalaternen erleuchteten die dumpfe Finsternis, die nach Rauch und Ruß roch, kaum ein paar Meter weit, doch diese Bedingungen waren ihnen durch die tägliche Routine längst vertraut. Nach einer Viertelstunde im Tunnel bemerkte Tom vor sich zwischen den Geleisen etwas, das wie ein Bündel Lumpen aussah. Er rief nach seinem Gefährten. Beide beugten sich hinunter und prallten entsetzt zurück. Unter dem Kleiderbündel lag ein Mensch, das blutige, entstellte Gesicht nach oben gerichtet, die gebrochenen Augen offen. Es war ein älterer Mann, der den rechten Arm in Abwehrstellung vor der Brust hielt, während die linke Hand ausgestreckt und in den Schotter des Bahndamms gekrallt war. Um seinen Hals lag eine zerrissene goldene Uhrkette.

Den Streckengängern war schnell klar, dass der Mann tot war und keine medizinische Hilfe mehr benötigte. Trotzdem liefen sie, so schnell sie konnten, zum näheren Tunnelausgang und veranlassten den Bahnarbeiter Stephen Williams, von der Signalstation Balcombe aus den Vorfall in die Londoner Zentrale melden zu lassen. Von dort aus sollten – streng nach Vorschrift – alle Stationen informiert werden, aber dabei dürfte ein Fehler passiert sein. Nach Brighton gelangte die Nachricht nämlich nicht, sonst wären Lefroy und Sergant Holmes (kein Sherlock, wie sich noch zeigen wird) wohl kaum im Zug nach London gesessen.

Tom Jennings, sein Neffe und Williams besorgten inzwischen eine Bahre und trugen den Toten eine Meile zurück in die Bahnhofsgaststätte von Balcombe Village. Die Identität des Mannes konnte aufgrund des Inhalts seiner Brieftasche rasch festgestellt werden: Isaac Frederick Gold, Börsenmakler, 64 Jahre alt, seit achtzehn Jahren im Ruhestand. Er hatte in Preston Park gewohnt, war aber, wie Zeugen später aussagten, regelmäßig jeden Montagmorgen nach London gefahren und mit dem 14-Uhr-Zug wieder nach Hause zurückgekehrt.

Der Dorfarzt untersuchte die Leiche. Das Gesicht des Toten war geschwärzt, höchstwahrscheinlich vom Ruß des Tunnels, möglicherweise aber auch von einem aus nächster Nähe abgegebenen Schuss. Der Mund war durch eine halbkreisförmige Wunde zerschnitten, die wahrscheinlich von einem scharfen Messer verursacht worden war. Insgesamt vierzehn Stichwunden fanden sich auch auf Händen und Wangen des Ermordeten. Als Todesursache wurde eine großflächige Verletzung am Hinterkopf angenommen, durch die der Schädelknochen bloßgelegt worden war. Fragte sich nur noch, ob der Tod durch Gehirnblutung als Folge eines Schlages auf den Kopf oder durch den Sturz aus dem fahrenden Zug herbeigeführt worden war …

Die goldene Uhrkette, die um den Hals geschlungen war, musste durch den Sturz dorthin gelangt sein. An ihr hingen noch das Lorgnon des Verstorbenen sowie zwei dekorative Münzanhänger; die Uhr und der obere Teil der Kette fehlten.

Mrs. Gold, die bereits Vermisstenanzeige erstattet hatte, wurde benachrichtigt und kam mit dem Nachtzug von Brighton, der ihretwegen ausnahmsweise in Balcombe hielt. Sie war nicht imstande, den Toten zu identifizieren, konnte aber eine genaue Beschreibung der fehlenden Uhr geben. Das gute Stück war aus Gold, mit weiß emailliertem Zifferblatt, auf dem der Name des Herstellers, Griffiths, stand. Am Fundort der Leiche stellte die Bahnpolizei auch ein paar verstreute Spielmünzen sicher – jene Flash Sovereigns, wie sie auch im Abteil bei Mr. Lefroy entdeckt worden waren.

Der nun wieder höchst verdächtige Arthur Lefroy hatte mittlerweile mit seinem Begleiter die Pension von Mrs. Clayton in Wallington, wo er sein Zimmer hatte, erreicht. Noch während der Fahrt dorthin hatte Detective Sergeant Holmes ein Telegramm der Polizei aus Preston Park erhalten, in dem er dringend ersucht wurde, Lefroy nach seiner Uhr zu fragen. Die Beamten hatten doch noch zwei und zwei zusammengezählt: In Lefroys Stiefelschaft waren eine Uhr und Kette gefunden worden, bei dem Toten aus dem Tunnel eine abgerissene Kette ohne Uhr. Doch Holmes bewies, dass er sich nicht zum literarischen Vorbild eignete. (1887, also sechs Jahre später, veröffentlichte Arthur Conan Doyle das erste Abenteuer seines genialen Detektivs Sherlock Holmes.) Erst als sie gemütlich in Mrs. Claytons Salon saßen, ließ der Beamte sich von Lefroy die Uhr geben und fragte ihn dann nach der eingeprägten Nummer. »56312«, sagte Lefroy, was nicht stimmte; richtig wäre gewesen: 16261. Er habe sich geirrt, redete sich Lefroy heraus, und Holmes ließ es dabei bewenden. Ob er denn wenigstens die Marke wisse, fragte der Detective. Nein, antwortete Lefroy, er habe die Uhr erst vor kurzem von einem Freund bekommen. Auch damit war Holmes zufrieden und verabschiedete sich, nachdem Lefroy ihm versichert hatte, er werde am folgenden Tag zu Hause bleiben und erst nach zwölf seinen Club, den United Artists Club in der Savoy Street, besuchen.

Am Bahnhof erreichte Holmes ein zweites Telegramm, das nach der Aussage von Mrs. Gold Marke und Nummer der

Taschenuhr des Ermordeten nannte; es handelte sich natürlich genau um die Uhr, die er soeben in der Hand gehalten hatte. Holmes machte nun seinem Namen zum zweiten Mal keine Ehre. Er kehrte zwar um und ging zur Pension Clayton, aber statt Lefroy zur Rede zu stellen, begnügte er sich damit, von außen die Haustür zu beobachten und auf Verstärkung zu warten. Als die nach mehr als einer Stunde endlich eintraf, war Lefroy längst durch die Hintertür entwichen. Er hatte nur seine blutbefleckten Kleider zurückgelassen. Was der arme Holmes von Kollegen, Vorgesetzten und der Presse zu hören bekam, lässt sich denken.

Nach dieser Blamage übernahm Scotland Yard alle weiteren Untersuchungen. Ein Steckbrief wurde publiziert und als Belohnung für Hinweise wurden zweihundert Pfund ausgesetzt, von denen, wie im Fall Müller (siehe Kapitel »22 Uhr 10 ab Hackney«), die Eisenbahngesellschaft die Hälfte übernommen hatte. Ein lückenloses Überwachungssystem wurde installiert; die Polizei sicherte sämtliche Bahnhöfe und Häfen. Für den leitenden Detektiv, Superintendent Montague Stephen Williams, war klar, dass es nur eine Frage der Zeit war, bis Lefroy wieder auftauchen musste. Ohne Geld konnte er sich nicht lange verborgen halten.

Die Beweise für Lefroys Schuld waren aber noch nicht eindeutig. Bisher sprach wenig gegen seine Behauptung, ein Dritter habe die Tat begangen. Vielleicht hatte sich der wahre Täter, auch wenn das eher unwahrscheinlich war, in einem halsbrecherischen Sprung vom fahrenden Zug samt der Beute in Sicherheit bringen können. Suchtrupps wurden organisiert, die nochmals genau die Bahnstrecke zwischen Merstham-Tunnel und Preston Park absuchen mussten. Sie fanden zuerst den Hut des Toten, dann den Schirm, beide blutbefleckt, neben den Geleisen. Der Hut wurde zehn, der Schirm mehr als zwanzig Meilen nach dem Fundort der Leiche in Richtung Brighton aufgefunden. Der Täter, der sie weggeworfen hatte, musste daher bis Preston Park im Zug gewesen sein, und das traf nur auf Lefroy zu.

Percy Mapleton alias Arthur Lefroy. Porträt des Mörders aus dem Fahndungsblatt

Zudem meldete sich eine Zeugin, eine Mrs. Brown, die in einem Haus acht Meilen von Merstham entfernt wohnte. Sie hatte am Nachmittag des Mordtages mit ihrer Tochter aus dem Fenster den vorbeifahrenden 14-Uhr-Zug beobachtet und in einem Abteil der ersten Klasse zwei Männer miteinander kämpfen gesehen. Erst als sie in der Zeitung von dem Mord gelesen hatte, war ihr die Bedeutung ihrer Beobachtung klar geworden.

Damit war die These vom unbekannten Dritten widerlegt und Williams konnte den Hergang der Tat rekonstruieren: Lefroy wollte den ruhig in seiner Ecke sitzenden, vielleicht schlafenden, durchaus wohlhabend aussehenden Mr. Gold berauben. Vielleicht hatte er auch schon lange vorher die regelmäßigen Gewohnheiten seines Opfers ausgekundschaftet gehabt. Die lärmende Einfahrt in den Merstham-Tunnel benutzte er, um einen Revolverschuss auf den Ahnungslosen abzugeben, verfehlte ihn aber oder verwundete ihn nur. Mr. Gold war trotz seines Alters ein durchaus kräftiger Mann, der sich gegen den schmächtigen Angreifer leicht wehren konnte. Zwei weiterere Schüsse gingen fehl. Lefroy begriff, dass er dabei war, den Kampf zu verlieren, zog daher ein Messer und stach blindlings auf Gold ein. Die Wunden an den Händen waren typisch für Abwehrbewegungen des Opfers. Schließlich gelang es ihm, Gold im Gesicht zu treffen und ihn im Balcombe-Tunnel aus dem Zug zu stoßen, nachdem er ihm die Uhr entrissen hatte.

Nur zwei Fragen blieben noch unbeantwortet: Warum konnte an der Leiche Golds keine Schussverletzung nachgewiesen werden? Und – da doch immerhin zwei Kugeln in der Abteilwand gesteckt hatten – wo war die Tatwaffe? Gold selbst hatte keine Handfeuerwaffe besessen.

Umfragen bei Quartiergebern und Verwandten ergaben ein eigenartiges, zwiespältiges Bild vom Charakter Arthur Lefroys. Der Mann, der sich gern wie ein Dandy kleidete, war zeitweise von hektischer Betriebsamkeit und erweckte den Anschein, am Beginn einer fulminanten Karriere als Bühnenautor zu stehen. Dann verfiel er wieder in völlige Apathie, sprach tagelang kein Wort und verließ sein Zimmer nicht. Er kannte angeblich alle Zelebritäten der Bühne persönlich, aber noch nie hatte jemand auch nur eine Zeile seiner Werke gesehen oder gelesen. Allgemein bekannt waren jedoch seine ständigen Finanznöte. Den Namen Lefroy hatte er sich als Bühnenpseudonym zugelegt, da er besser und bedeutender klang als sein eigentlicher Name, Percy Mapleton.

Superintendent Williams behielt mit seiner Vermutung, Lefroy würde bald genug auftauchen müssen, Recht. Am 30. Juni mietete sich ein junger Mann, der sich Clarke nannte, bei der Witwe Bickers in 32, Smith Street in Stepney ein. Die Zimmerfrau fand ihn nett, nur etwas nervös und zurückgezogen. Er verließ niemals sein Zimmer; selbst als er ein Telegramm an einen Mr. Seale in der City schicken wollte, bat er den Nachbarn, die Depesche aufzugeben.

Seale war ein Zimmerkollege in der Pension Clayton gewesen, der Lefroy noch Geld schuldete. Er wollte sich die ausgesetzte Belohnung nicht entgehen lassen und verständigte unmittelbar nach Erhalt des Telegramms die Polizei. Am Abend des 8. Juli wurde Lefroy in seinem Zimmer von den Scotland-Yard-Inspektoren Donald Swanson und Frederik Jarvis verhaftet.

Am 4. November begann der Mordprozess gegen Lefroy. Der Angeklagte und sein Verteidiger hielten an der Geschichte vom großen Unbekannten fest. Doch die vorliegenden Indizien überzeugten die Geschworenen, vor allem, da auch die bisher fehlenden zwei Glieder in der Beweiskette geschlossen werden konnten. Eine dritte Autopsie hatte doch noch eine Schusswunde in der Leiche Golds ergeben. Der Schusskanal verlief unmittelbar neben dem Auge zum Rückgrat. Die Kugel steckte noch im Halswirbel, war aber von einem so kleinen Kaliber, dass sie leicht hatte übersehen werden können. Gold war also im Abteil ermordet worden und nicht als Folge des Sturzes aus dem Zug gestorben. Die Mordwaffe wurde zwar nicht gefunden, aber immerhin konnte eine eindeutige Verbindung zum Täter hergestellt werden: Ein Herr namens Lee, der genau wie Mr. Lefroy aussah, hatte zwei Stunden vor Abfahrt des Zuges im Pfandhaus der Herren Adams und Helstead eine Kleinkaliberpistole erworben.

Nach nur zehnminütiger Beratung wurde Percy-Arthur Lefroy-Mapleton des vorsätzlichen, heimtückischen Raubmords an Mr. Gold schuldig gesprochen und zum Tod durch den Strang verurteilt. Die Hinrichtung fand am 29. November im Gefängnis von Lewes statt. Lefroy hatte nach dem Urteil die Tat zugegeben. Er sei in einer finanziell äußerst prekären Lage gewesen und daher auf die Idee gekommen, sich durch einen Raub in der Eisenbahn zu verbessern. Mr. Gold sei ihm auf dem Perron aufgefallen; er hätte ihn jedoch nur erschrecken, nicht töten wollen und sei erst durch die Gegenwehr seines Opfers dazu gezwungen worden.

Bezeichnend war auch die Aussage der Witwe Gold im Prozess: Ihr Mann habe sich, obwohl er oft mit dem Zug unterwegs gewesen sei, vor einsamen Eisenbahnfahrten so gefürchtet, dass er sich immer in einer Ecke versteckt habe, um niemandem aufzufallen – die Angst des Reisenden im Abteil.

Nach dem Prozess forderten Presse und Öffentlichkeit vehement eine Verbesserung der Sicherheitseinrichtungen in den Zügen. Die Zugführer sollten verpflichtet werden, von Stegen an den Waggons aus die Passagiere während der Fahrt von außen im Auge zu behalten. Bei schlechter Witterung war dies nicht nur eine unangenehme und schwere, sondern oft lebensgefährliche Arbeit.

Angeblich hatte es ja in Mr. Golds Abteil ein Notsignal gegeben, eine Art Leine mit Glockenzug zum Zugführer. Aber abgesehen davon, dass diese Vorrichtung allein wenig effizient war – sie ließ sich jederzeit durch einen Knoten oder einen Messerschnitt unterbrechen –, hatte sie auch, wie vor Gericht bewiesen wurde, im gegebenen Fall nicht funktioniert, da sie gar nicht aus dem Waggon hinausführte.

Erst acht Jahre nach dem Mordfall Gold wurden die englischen Eisenbahngesellschaften durch einen Parlamentsbeschluss verpflichtet, funktionierende Kommunikationssysteme in den Zügen sowie in jedem Abteil eine Notbremse einzurichten, mit deren Hilfe der Reisende bei akuter Gefahr selbst den Zug zum Stehen bringen konnte. Diese Vorrichtung setzte sich international als Sicherheitssystem durch, wie ein Scherz in den Münchner *Fliegenden Blättern* beweist: »Gauner zu einem Reisenden, der

allein im Abteil sitzt: ›Entschuldigen Sie, hat dieser Zug eine Notbremse?‹ ›Leider nein!‹ ›Sehr gut, dann überreichen Sie mir bitte
Ihre Brieftasche.‹«

Effektiver waren mit Sicherheit die Einführung durchgehender
Korridore und die Anstellung von Schaffnern, aber auch diese
Neuerungen konnten die Angst des einsamen Zugpassagiers nicht
völlig bannen, solange am Abteilsystem festgehalten wurde.

Die Leiche in Waterloo Station
DER RÄTSELHAFTE TOD DER ELISABETH CAMP

Am Abend des 11. Februar 1897 wartete der dreißigjährige Edward Berry in der Kassenhalle des Waterloo-Bahnhofs, der Endstation der London and South-Western Railway, auf seine Braut Elisabeth Camp. Sie war bei ihrer verheirateten Schwester Mrs. Haynes in Hammersmith auf Besuch gewesen. Beide wollten noch Kleinigkeiten für die in wenigen Wochen geplante Hochzeit einkaufen. Der Zug, ein Personenzug, sollte um 20 Uhr 23 ankommen. Berry beobachtete die große Uhr auf der Perronseite. Sie zeigte dreiundzwanzig, fünfundzwanzig, dreißig Minuten nach acht – kein Zeichen von Elisabeth. Übersehen hatte er sie nicht, so viele Reisende waren um diese Zeit nicht mehr am Bahnhof. Verfehlt konnten sie sich auch nicht haben, da sie den Treffpunkt genau vereinbart hatten.

Berry erkundigte sich am Schalter. Der Zug hatte keine Verspätung, er war vor zwölf Minuten eingefahren. Besorgt eilte Berry zum Perron. Der Zug stand da, die Passagiere hatten längst die Sperre passiert. Da sah er, wie mehrere Bahnbeamten um die offene Tür eines Zweite-Klasse-Abteils standen und sichtlich aufgeregt diskutierten; dann wurde ein Gegenstand behutsam aus dem Coupé gehoben und die Umstehenden nahmen ihre Kappen ab. Einer der Beamten lief, so schnell er konnte, über die Geleise zum Wachzimmer der Bahnpolizei. »Um Gottes Willen«, wandte sich Berry, von einer schrecklichen Vorahnung erfüllt, an den Schaffner neben der Sperre. »Was ist da passiert – ein Unfall?«

Er erfuhr, dass ein Waggonreiniger, der an der Endstation die Abteile kehrte und die Abfallkörbe leerte, eine Tote gefunden hatte. Ihr Körper lag mit dem Gesicht nach oben unter der Sitzbank. Fast wäre er über ihre Beine gestolpert, die quer über den

Abteilboden ausgestreckt waren. Entsetzt hatte er Kollegen zu Hilfe gerufen, die das Mädchen unter der Bank herauszogen und auf eine Bahre legten. Ihr Gesicht und der Kopf waren schwer verletzt: Nase und Lippen zerschnitten und voll Blut, der Kopf – wahrscheinlich von einem stumpfen, schweren Gegenstand – aufgeschlagen. Der Arzt konnte nur noch den Tod feststellen, der aber erst vor ganz kurzer Zeit eingetreten sein musste. Die Leiche war noch warm, das Blut nicht geronnen. Als die Beamten die Tote über den Perron zum Wagen der Rettungsgesellschaft brachten, erfuhr Edward von dem schrecklichen Unglück. Schluchzend folgte er seiner ermordeten Braut in das St.-Tho-mas-Spital.

Die Polizei untersuchte das Mordabteil genau, fand aber kaum Anhaltspunkte. Elisabeth war in Hunslow eingestiegen; ihre Schwester und ein paar Bekannte hatten sie zum Zug gebracht, der um 19 Uhr 42 planmäßig abgefahren war. Sie hatten ihr noch geholfen, die Pakete mit den Einkäufen im Gepäcknetz des Zwei-te-Klasse-Abteils zu verstauen und sich erst verabschiedet, als der Zug schon angefahren war. Elisabeth war allein im Abteil gesessen.

Sie hatte sich schon sehr gefreut, ihren Bräutigam in Waterloo Station wieder zu treffen und nachher mit ihm in ein Theater zu gehen. Bis zur Endstation in Waterloo hielt der Zug genau acht Mal. Im Abteil lag Elisabeths Schirm, zerbrochen und voll von Blutflecken. Offenbar hatte sie sich heftig gegen einen Angreifer zur Wehr gesetzt. Die Sitzbank und die Rückwand gegen die Fahrtrichtung waren ebenfalls voller Blutspritzer. Elisabeth trug noch ihre – allerdings nicht sehr wertvollen – silbernen Ohrrin-ge und ihren silbernen Verlobungsring, und auch der silberne Griff des Schirms war noch da. Ihre Fahrkarte fehlte allerdings. Trotzdem schien Raub, anders als in den bisherigen Eisenbahn-morden, als Motiv kaum in Frage zu kommen. Elisabeth war zwar hübsch und ordentlich angezogen, sah aber nicht nach großem Reichtum aus; der Täter hätte sich, wie im Fall Briggs (siehe Kapi-tel »22 Uhr 10 ab Hackney«), zweifellos ein wohlhabender aussehendes und mehr Bargeld versprechendes Opfer aussuchen können. Auch ein Sexualmord, eine Aggressionstat als Folge eines abgewiesenen Vergewaltigungsversuchs, war wenig wahrscheinlich. Die Kleidung des Opfers war unbeschädigt, was sie bei einer plötzlichen Attacke wohl nicht gewesen wäre, und für ein planmäßiges Vorgehen hätte der Angreifer sich sicher nicht einen Personenzug ausgesucht, der alle paar Minuten in einer Station halten musste.

Einziger Anhaltspunkt war zunächst ein kleiner, aus Bein gedrechselter Manschettenknopf, der auf dem Boden des Abteils gefunden wurde. Er konnte aber auch schon längere Zeit dort gelegen sein und musste nicht unbedingt dem Täter gehört haben. Die Fahrkarte hatte Elisabeth sicher in ihre Börse gegeben, wie ihr Bräutigam erklärte, in der sie immer nur eine kleine Summe Bargeld mitnahm. Sie war aus grünem Leder und fehlte ebenfalls.

Superintendent Robinson von der Railway Police gab am nächsten Tag der Presse den bisherigen Stand der Ermittlungen bekannt:

»Die Ermordete saß offenbar mit dem Rücken zur Fahrtrichtung. Ihr Mörder hatte sie wahrscheinlich zuerst mit einem stumpfen, schweren Gegenstand von vorne auf die Stirn geschlagen und sie dadurch halb betäubt. Sie hatte aber noch Kraft genug, mit ihm zu kämpfen, denn kleine Blutspritzer wurden auch auf der Seitenwand des Abteils gefunden. Dabei muss auch ihr Schirm in Brüche gegangen sein. Dann hat der Mörder zu einem zweiten Schlag ausgeholt, der sie an der linken Kopfseite traf, ihr den Schädel einschlug und ihren Tod verursachte.« Das Motiv, gab Robinson zu, war nicht eindeutig. Beide Möglichkeiten, Raub oder Sexualattacke, waren einerseits unwahrscheinlich, andererseits aber nicht völlig auszuschließen.

Von Scotland Yard wurde eine Gruppe von Detektiven unter Führung von Chefinspektor Marshall zur Unterstützung der Bahnpolizei, die wenig Erfahrung mit Blutverbrechen hatte, abkommandiert. Marshall schloss aus der Tatsache, dass Elisabeths Leiche bei Einlieferung ins St.-Thomas-Krankenhaus noch warm und ihr Blut noch nicht geronnen war, dass der Mord erst gegen Ende der Fahrt passiert sein musste. Der Täter hatte den Zug wahrscheinlich erst am Endbahnhof oder kurz vor dem Ziel verlassen. Seine Kleidung musste blutbefleckt gewesen sein. Der Zug war schwach besetzt gewesen, und unter den wenigen Reisenden, die in den letzten Stationen vor Waterloo – in Putney, Wandsworth oder Vauxhall – ausgestiegen waren, wäre er den Beamten, die an der Sperre die Fahrkarten kontrollierten, sicher aufgefallen. Zwar war die Nacht dunkel und wolkenverhangen gewesen, aber das Lampenlicht, das stark genug war, um Fahrkarten zu lesen, hätte wohl auch große, frische Blutflecken auf der Kleidung des Täters ausreichend illuminiert.

Umfragen an den Stationen brachten zunächst keine Hinweise. Inspektor Marshalls Annahme, der Mord müsse in der Nähe der Endstation geschehen sein, wurde bestätigt, als Streckenarbeiter am Bahndamm zwischen Wandsworth und Putney, acht Meilen vor Waterloo, die wahrscheinliche Tatwaffe, den »schweren und stumpfen Gegenstand«, fanden: einen Apothekerstößel aus Porzellan mit hölzernem Griff, zwölf Inches lang, acht Inches im Umfang, schwer genug, um damit einen Menschen zu erschlagen. An seiner Spitze klebten, festgehalten von geronnenem Blut, einige Büschel Menschenhaare.

Bei der Untersuchung im Labor von Scotland Yard konnte nachgewiesen werden, dass es sich um Frauenhaare handelte; nach den Möglichkeiten der Kriminalistik damals war der Stößel garantiert die Mordwaffe. Marshall ließ eine Abbildung in allen Zeitungen publizieren und setzte große Hoffnungen in die im Porzellan, über dem Griff, eingeprägte Signatur 9 – oder 6. Alle Passagiere des 9-Uhr-23-Zuges wurden gebeten, Beobachtungen möglicher Verdächtiger der Polizei zu melden. Die Eisenbahngesellschaft weigerte sich allerdings, eine Belohnung auszusetzen, was von der Presse heftig kritisiert wurde. Vielleicht gab es ja auch deshalb kaum Antworten.

Ein Reisender wollte gesehen haben, dass ein etwa dreißig Jahre alter Herr mit schwarzem Schnurrbart, Gehrock und steifem Hut in Wandsworth eilig den Zug verlassen hatte; doch diese Person konnte, obwohl auch ihre Beschreibung in den Zeitungen veröffentlicht wurde, leider nicht gefunden werden. Eine andere Beobachtung, nach der ein Mann mit blutbefleckter Kleidung in einem Gasthaus nahe der Station Vauxhall eilig einen doppelten Schnaps bestellt habe, erwies sich als wenig lustiger Scherz einer Kegelrunde. Der junge Mann, der sich mit dem Geständnis meldete, er sei der lang gesuchte Übeltäter, war einer der üblichen Irren, die sich oft bei derartigen Aufrufen melden. Die Polizei in Berkley verhaftete auch einen anderen jungen Mann, auf den die oben erwähnte Beschreibung passte. Er war von zu Hause ausgerissen und als abgängig gemeldet worden. Man konnte ihm sogar nachweisen, dass er sich bei einem Kostümverleih einen schwarzen Schnurrbart gekauft hatte. Doch als Täter kam er nicht in Frage – den Schnurrbart hatte er nur erworben, um älter auszusehen und so bei der Armee angenommen zu werden.

Auch die Untersuchung der mutmaßlichen Tatwaffe brachte leider keinen Hinweis. Die Signatur am Griff war nur eine Größenangabe und sagte daher nichts über den Besitzer aus. Der Manschettenknopf hatte der Toten gehört, sie hatte ihn sich von ihrer Schwester vor wenigen Tagen ausgeborgt. Wenn Elisabeth einem Zufallstäter zum Opfer gefallen war – sei es aus räuberischen oder sexuellen Motiven –, so hatte dieser keine verwertbaren Spuren hinterlassen.

Inspektor Marshall wollte aber auch einen planmäßigen Anschlag nicht ausschließen. Er begann daher, die Vergangenheit des Opfers und ihre Bekanntschaften zu untersuchen und kam dabei zu erstaunlichen Ergebnissen: Elisabeth Camp stammte aus einfachen Verhältnissen und hatte sich als Kellnerin bis zur Geschäftsführerin einer gut gehenden Innenstadtbar emporgearbeitet. Sie konnte hervorragend mit Geld umgehen und hatte bereitwillig, allerdings gegen hohe Zinsen, größere Summen an Bekannte und Verwandte verliehen. Ihr Hauptschuldner war Mr. Haynes, der Mann ihrer Schwester, der – wie die Polizei herausfand – weit über seine Verhältnisse lebte. Hatte Elisabeth wegen der geplanten Heirat das Darlehen zurückgefordert? Ein weiterer Schuldner war Mr. Stone, ein Freund der Familie, der die

Ermordete mit zum Zug begleitet hatte. Beide wurden auf das Kommissariat gebeten und dort längere Zeit verhört, schließlich aber wieder freigelassen – aus welchen Gründen, das wurde von der Polizei nicht mitgeteilt.

Elisabeth war auch schon einmal verlobt gewesen, und zwar mit einem Kollegen namens Robert Browne, seines Zeichens Barmann des »Porter Arms« in der Edgeware Road. Auch er wurde verhört und wieder freigelassen; angeblich hatte er ein Alibi.

Die Annahme, Elisabeth Camp wäre einem geplanten Anschlag zum Opfer gefallen, führte auch nicht weiter. Die unerklärliche Schweigsamkeit der Polizei begünstigte natürlich die Legendenbildung, in deren Zentrum je nach Geschmack ein geldgieriger Räuber, ein verhinderter Lustmörder, ein bankrotter Verwandter oder ein verschmähter Liebhaber standen.

Da sich aber keine weiteren Spuren fanden, wurde die Untersuchung nach eineinhalb Jahren eingestellt. Elisabeths Tod blieb unaufgeklärt und ungesühnt.

Zugfahrt des Schreckens
DER AMOKSCHÜTZE GEORGE PARKER

Eine angenehme Reise würde es sicher nicht werden; es war schneidend kalt und windig an diesem Donnerstag, dem 17. Januar 1901, als Mrs. Rhoda King in Southhampton in das Dritte-Klasse-Abteil des 11-Uhr-15-Schnellzuges stieg, um nach London zu fahren. Zwar hatten die Eisenbahngesellschaften seit einigen Jahren auch den Komfort für die Passagiere der billigsten Klasse etwas verbessert, aber die neuen Dampfheizungen waren kaum in der Lage, besonders tiefen Temperaturen Herr zu werden – vor allem dann, wenn sie, wie im konkreten Fall, nicht funktionierten. Zu allem Überfluss hatte man Mrs. King an der Sperre auch noch erklärt, dass der Zug höchstwahrscheinlich länger als die fahrplanmäßig vorgesehenen zwei Stunden bis Waterloo Station brauchen würde; längere Aufenthalte wegen vereister Weichen wären unvermeidlich. Schließlich war auch der Zweck ihrer Fahrt keineswegs besonders erfreulich. Ihr Enkelkind hatte plötzlich ins Spital eingeliefert werden müssen, und sie fuhr zu Sohn und Schwiegertochter, um ihnen beizustehen und eventuell als Pflegerin für das Kind auszuhelfen.

Sie setzte sich ganz in die Ecke des Abteils, mit dem Rücken zur Fahrtrichtung, um so möglichst wenig dem Luftzug und dem kalten Fahrtwind ausgesetzt zu sein. Wegen der Eile, mit der sie die Reise angetreten hatte, war sie auch nicht mit einer dicken Decke oder einer Wärmeflasche ausgerüstet. Sie versuchte, in den völlig vereisten Scheiben wenigstens ein kleines Guckloch freizuhalten, und winkte ihrem Mann, der sie an die Bahn gebracht hatte, kurz zum Abschied. Dann fuhr der Zug an, immerhin pünktlich.

In der ersten Station, Eastleigh an der Abzweigung der Linie Gosport–Fareham, stieg ein großer, junger, elegant gekleideter Mann ein und setzte sich nach kurzer Überlegung ebenfalls mit dem Rücken zur Fahrtrichtung in die andere Ecke bei der Tür. Ein Gentleman nahm in der Eisenbahn niemals gegenüber einer Dame Platz, wenn es sich vermeiden ließ. Es galt als höchst unschicklich, einer Frau, und sei es auch unabsichtlich, direkt ins Gesicht zu schauen.

Der neue Fahrgast wickelte sich eng in seinen Mantel ein und zog den Hut tiefer ins Gesicht. Dass er in der Manteltasche einen geladenen Revolver trug, konnte Mrs. King nicht ahnen. An der dritten Haltestelle stieg ein zweiter Passagier zu, ein etwas älterer, mittelgroßer Herr, der sich gegenüber auf der Sitzbank niederließ, kurz in seiner Zeitung las und dann einschlief – ein Schlaf, aus dem er nicht mehr erwachen sollte.

Inzwischen musste das Wetter draußen etwas wärmer geworden sein. Die Fenster wurden eisfrei und Mrs. King schaute in die vorbeifliegende winterliche Landschaft Surreys hinaus. Das gleichförmige Rattern des Zuges und das Fauchen der Lokomotive ermüdeten sie und sie lehnte sich ebenfalls in ihrer Ecke zum Schlafen zurück. Daher bemerkte sie nicht, wie der junge Mann aufstand und sich durch eine kleine Nebentür in den Waschraum begab.

Die Eisenbahngesellschaften hatten das leidige Problem der fehlenden Toiletten bei den nur von außen zugänglichen, abgeschlossenen Coupés auf zwei verschiedene Methoden zu lösen versucht. Dass die Abgeschlossenheit der Coupés auch ein nicht zu unterschätzendes Sicherheitsproblem bedeutete – vor allem für allein reisende, wohlhabend aussehende Personen –, war durch eine Reihe von Raubüberfällen eindeutig belegt worden. Die erste Lösung, die beide Probleme beseitigte, bestand in der Konstruktion von Waggons mit einem durchgehenden Gang, von dem aus die Coupés zugänglich waren und der an jedem Ende eine Tür nach außen und einen Waschraum hatte; eine Konstruktion, die bis heute neben den Großraumwaggons üblich ist. Die Abteile waren dadurch auch während der Fahrt miteinander verbunden, am Gang konnte der Schaffner oder Kontrollor auf und ab gehen und, wenn notwendig, Hilfe bringen. Die zweite

Entwicklung, die sich aber nicht durchgesetzt hat, war, jedes Abteil mit einem Waschraum, der vom Coupé aus durch eine kleine Seitentüre erreichbar war, auszustatten. Damit war zwar das Toilettenproblem gelöst, die Sicherheit aber nicht verbessert. Die Waggons des London-Southhampton-Schnellzuges waren nach dem zweiten Prinzip konstruiert.

Mrs. King sah auch nicht, wie der junge Mann, George Parker, nach kurzer Zeit wieder aus dem Waschraum kam, den Revolver zog und ohne Vorwarnung sofort auf den gegenübersitzenden Reisenden und auf sie schoss. Betäubt durch die Detonation und halb ohnmächtig vor Schreck, spürte sie sofort einen stechenden Schmerz an der Wange, und als sie ihre Hände zur Abwehr instinktiv nach oben riss, waren diese voll Blut. Der andere Passagier war tödlich getroffen worden. Blut spritzte auf die Rückwand und die Sitzbank.

»Um Gottes Willen, was tun Sie denn?«, stieß Mrs. King atemlos hervor. »Geld, ich brauche Geld«, antwortete der Mörder mit tonloser Stimme, fast wie in Trance, und begann fieberhaft, die Taschen des Sterbenden zu durchsuchen. Die nächste Dreiviertelstunde muss für Mrs. King ein unglaublicher, nicht enden wollender Alptraum gewesen sein. Da saß sie nun, selbst schwer verletzt, in diesem engen Abteil, neben einem blutenden Toten mit einer grässlichen Kopfwunde, ständig in Lebensgefahr, bedroht von einem offenbar wahnsinnigen, unberechenbaren Mörder und ohne eine Chance auf Hilfe. Sie muss eine außerordentlich mutige und kluge Frau gewesen sein, dass sie den Täter dazu brachte, sie nicht zu töten. Von seiner Seite her gesehen war dies ein schwerer Fehler, der ihn schließlich selbst das Leben kosten sollte.

Endlich fuhr der Zug in den Bahnhof Waterloo ein. Noch bevor die Garnitur endgültig zum Stehen gekommen war, sprang der junge Mann mit blutbeflecktem Mantel auf den Perron, rannte einen Gepäckträger nieder und lief die Stiege zum Ausgang hinunter. Mrs. King schrie, so laut sie konnte: »Mörder, haltet den Mörder!« Die Träger sowie einige andere Eisenbahnbedienstete

Mord im Abteil. Zeitgenössische Illustration

und Passanten nahmen die Verfolgung auf, konnten den Fliehenden aber nicht einholen. Er sprang über die Barriere und erreichte die Straße vor dem Bahnhof. Dort versuchte ein Polizist, ihm den Weg zu versperren, aber Parker wandte sich nach rechts durch ein Tor auf das unübersichtliche Gelände der Londoner Gaswerke, wo er zwischen den Fabriksgebäuden, Kohlenhalden und Geleisen der Förderbahn verschwand. Ein Heizer entdeckte ihn schließlich unter einem Lastwagen. Widerstandslos ließ er sich jetzt, sichtlich erschöpft, von dem herbeigeeilten Polizisten festnehmen. Seine ersten Worte nach der Verhaftung galten Mrs. King: »Hätte ich die Frau nur auch ermordet.«

Die mutige Frau war, als nach der Flucht des Täters endlich Schrecken und Todesangst gewichen waren, ohnmächtig zusammengebrochen. Mit dem Rettungswagen wurde sie in das St.-Thomas-Spital gebracht. Glücklicherweise war ihre Verwundung nicht gefährlich. Der Schuss hatte sie in die Wange oberhalb des Kiefers getroffen. Die Kugel war, ohne den Knochen selbst beschädigt zu haben, in drei kleine Teile zerrissen worden, die von dem Chirurgen ohne bleibende Folgen entfernt werden konnten. Nur der in die Wunde eingebrannte Pulverrauch blieb ihr – als schwarze Narbe – zeitlebens als Erinnerung an das fürchterliche Ereignis. In den ersten Nachrichten hatte es geheißen, dass auch die Frau im Abteil getötet worden wäre. Mrs. Kings Gemahl musste infolge dieser Falschmeldung mit einem Nervenzusammenbruch in Southhampton in Spitalsbehandlung.

Weit schwerer aber waren die psychischen Folgen für Mrs. King. Sie hatte zwar die Mordtat völlig verdrängt, konnte es aber nicht ertragen, darauf angesprochen zu werden, und brach jedesmal in unkontrollierbares Schluchzen aus, wenn die Rede darauf kam. Sie wusste nur mehr, dass sie von einem Mann überfallen und im Gesicht verwundet worden war. Daher konnte sie der Polizei auch keine genauen Angaben über den Hergang der Tat machen und später ebenso wenig vor Gericht aussagen.

Parker verhielt sich in den Verhören zunächst sehr eigenartig. Bei der ersten Vernehmung wunderten sich die Beamten, dass er alles ganz leicht, fast wie ein Spiel zu nehmen schien, lachte und scherzte. Erst im Laufe der Zeit schien ihm die Schwere seiner Tat zu Bewusstsein zu kommen. Als Erklärung berichtete er von seiner aussichtslosen Lage. Er sei als eines von acht Kindern einer Handwerkerfamilie in äußerster Armut aufgewachsen. Da der ständig betrunkene Vater die Familie verlassen hatte, sei es der Mutter unmöglich gewesen, die Kinder zu ernähren. Parker ging, sobald es irgend möglich war, zum Militär, konnte aber nach dem Ende seiner Dienstzeit keine Anstellung finden. Den Revolver habe er selbst gekauft, um seinem aussichtslosen Leben ein Ende zu setzen.

Wie es zu dem Überfall im Zug gekommen sei, wisse er nicht mehr, er müsse wahnsinnig gewesen sein. Sein Verteidiger plädierte daher auf Geistesstörung und Unzurechnungsfähigkeit zum Zeitpunkt der Tat. Die Anklage hingegen konnte nachweisen, dass schon an der traurigen Lebensgeschichte einiges nicht stimmte. Den Militärdienst zum Beispiel hatte er unfreiwillig verlassen müssen, da er wegen Kameradschaftsdiebstahls verurteilt worden war. Es waren vor allem seine Eitelkeit und der Hang zur Hochstapelei, die ihn in Kontakt mit der Londoner Unterwelt und immer wieder in Schwierigkeiten gebracht hatten. Durch ein kleines Detail widerlegte der Staatsanwalt auch die These von der Sinnesverwirrung. Parker hatte sich nur eine Karte dritter Klasse bis zur ersten Station leisten können und dem Toten den Fahrschein bis Waterloo abgenommen, um ungehindert durch die Sperre zu kommen. Eine derart klare Überlegung könne ein Wahnsinniger nicht anstellen. Der Mörder wurde einstimmig schuldig gesprochen und zum Tode durch den Strang verurteilt.

Zur Erbauung der zeitgenössischen Berichterstatter hatte er sich nach Verkündigung des Urteils als durchaus reuiger Sünder gezeigt und die Frau des Opfers sowie Mrs. King schriftlich um Verzeihung für alles gebeten, was er ihnen angetan hatte.

Aus dem Leben eines Taugenichts
THOMAS RÜCKER – DER MÖRDER MIT DEM ENGELSGESICHT

Dass der Mord am Zahnarzt Dr. Claußen im Zug von Altona nach Blankenese am 10. November 1906 zur Sensation wurde, lag weniger an der Tat selbst – diese war ein »typischer Eisenbahn-Mord«. Der etwas ältere, sichtlich wohlhabende Mann hatte sich allein in seinem Abteil befunden, als er von einem zunächst Unbekannten erschlagen und beraubt wurde. Bahnbeamte hatten das Verbrechen unmittelbar nach der Tat entdeckt, der Mörder aber konnte unbemerkt unter den ein- und aussteigenden Passagieren am Bahnhof entkommen.

Schuld an der Publizität des Falles war vielmehr die Person des Täters: Thomas Rücker, geboren am 28. Dezember 1888 in Hermenitz in Böhmen, stammte aus gutem, wohlhabendem Elternhaus. Sein Vater war Baumeister, beide Eltern lebten noch. Er hatte in Reichenberg das Gymnasium besucht und Theologie studieren wollen. Da ihm aber das Lernen nicht leicht fiel, verließ er das Gymnasium und ging bei einem Gärtner in die Lehre. Daneben nahm er Musikunterricht. Die Violine spielte er ganz hervorragend. Nach Beendigung seiner Lehrzeit absolvierte er die Gärtnerlehranstalt in Oranienburg bei Berlin und arbeitete anschließend als Gehilfe in Trier, von wo ihn Handelsgärtner Berndt in Wandsbeck engagierte.

Sein neuer Arbeitgeber entließ ihn jedoch nach kurzer Zeit – warum, das wurde nie erwähnt – und schrieb ihm ins Arbeitsbuch, dass er ihn für völlig ungeeignet halte, den gewählten Beruf auszuüben, und seinen Einfluss als Schriftführer des Verbandes der deutschen Handelsgärtner dazu verwenden werde, ihn für immer von der Gärtnerei fernzuhalten. Überdies wolle er dafür sorgen, dass man Rücker aus Deutschland ausweisen würde. Der junge Mann bekam danach zwar noch eine Anstellung in einer

Eisenhandlung; von dem geringen Gehalt von zwanzig Mark pro Woche konnte er aber nur leben, weil er strikter Vegetarier und Antialkoholiker war. Als er auch diesen Posten verlor, fand er keine neue Stelle mehr. Seine wenigen Ersparnisse waren bald aufgezehrt, und dem Vater wollte er aus Stolz nicht schreiben. Vier Tage vor der Tat hatte er sein letztes »Schrotbrot« (die billigste Brotsorte aus Schrotmehl) gekauft und seither gehungert.

Seine Quartiergeber konnten über ihn nur Positives berichten. Rücker sei äußerst freundlich, hilfsbereit und wohlerzogen gewesen, habe aber sehr zurückgezogen gelebt. Sein Geigenspiel sei so hervorragend gewesen, dass sich Passanten vor seinem Fenster versammelt hätten, um ihm zuzuhören. Unter keinen Umständen aber wollte er sein Talent zum Broterwerb einsetzen und um Geld spielen. Seine finanzielle Not hatte er verschwiegen – natürlich hätten sie ihm, wenn er sie darum gebeten hätte, mit einer Summe ausgeholfen.

Von der zeitgenössischen Berichterstattung wurden besonders die physische Erscheinung Rückers, sein elegantes Benehmen, sein vornehmes Auftreten und sein »Engelsgesicht« hervorgehoben. Völlig unerklärlich schien, warum er diese blutige und überflüssige Tat begangen hatte. Seine materiellen Probleme wären auf herkömmliche Weise, durch einen Brief an den Vater oder mit einer Bitte an seine Vermieter, leicht und sofort zu lösen gewesen, kamen als nachvollziehbares Motiv also nicht in Frage. Rücker entsprach keinem Verbrecherklischee und passte so gar nicht in die herkömmliche Vorstellung vom jugendlichen Gewalttäter, der aus zerrütteten, möglichst proletarischen Familienverhältnissen zu stammen hatte, ein wüstes Vorleben hatte und dem man seine ruchlose Natur schon auf den ersten Blick ansehen musste. Der Gärtner, auch wenn er stellungslos war, konnte einfach nicht der Mörder sein; ein Violine spielender Taugenichts war viel zu romantisch, um als Gewalttäter zu fungieren.

Über die eigentlichen Motive, die heute wohl in einer beginnenden schweren Psychose vermutet würden, brachte auch die Verhandlung der Strafkammer in Altona am 19. Januar 1907 keinen Aufschluss. Den Tathergang schilderte Rücker im Verhör: In der Nacht, als er vor Hunger schlaflos im Bett gelegen habe, sei ihm plötzlich die Idee gekommen, auf den Bahnhof zu gehen, dort nach einem wohlhabenden, allein reisenden Herren Ausschau zu halten, sich zu diesem ins Coupé zu setzen, ihn bei passender Gelegenheit während der Fahrt zu erschlagen und zu berauben. Am Samstag Nachmittag sei er dann auf den Hauptbahnhof von Altona gegangen und hätte dort den ihm unbekannten Claußen gesehen, der wie jedes Wochenende zu seiner Familie in die Villa in Blankenese fahren wollte. Der Mann schien wohlhabend genug. Rücker erstand um sein letztes Geld eine Fahrkarte bis zu der nur zwei Haltestellen entfernten Station Klein-Flottbeck und bestieg kurz vor Abfahrt des Zuges das Abteil zweiter Klasse, in dem Dr. Claußen allein und Zeitung lesend saß.

Zu Hause hatte er ein kleines Beil, das seine Quartiergeber zum Holzhacken verwendeten, eingesteckt. Hugo Friedländer, einer der bekanntesten Gerichtsreporter seiner Zeit, beschrieb die Tat:

»Der Zug verließ um 3 Uhr 30 pünktlich den Bahnhof. Die Gelegenheit war günstig, aber gleichgültig war dem jungen Mann sein schreckliches Vorhaben doch nicht. Er griff in die Hosentasche, um das Beil hervorzuholen. Aber da traten die Bilder seiner braven Eltern und seines einzigen Bruders vor seine Augen. Er zuckte, er schwankte. Aber auf der anderen Seite plagte ihn der Hunger. Nur einige wohlgezielte Beilhiebe und du bist in der Lage, dein Opfer zu berauben, so schwirrte es in dem Gehirn des jugendlichen Unholds. Dieser dämonische Gedanke behielt die Oberhand. Da hielt der Zug in Groß-Flottbeck. Niemand stieg ein, der Zug dampfte sofort wieder ab. Die nächste Station, die der Zug in wenigen Minuten erreicht, ist Klein-Flottbeck. Dort muss der junge Mann den Zug verlassen. Sein Geld, es war das letzte, reichte nur für sein Billett vom Altoner Hauptbahnhof nach Klein-Flottbeck. Jetzt oder nie.

Zahnarzt Claußen saß noch immer ruhig, seine Zeitung lesend, in einer behaglichen Polsterecke. Der junge Unhold zog unbemerkt das Beil aus seiner Hosentasche und – versetzte plötzlich damit dem Zahnarzt fünf Schläge auf den Kopf. Die Schläge waren von dem sehr stark gebauten Menschen ungemein kräftig

Thomas Rücker ermordet Dr. Claußen. Zeitungsillustration

geführt. Der Schädel war dem Zahnarzt vollständig zertrümmert, das Gehirn in weitem Bogen herumgespritzt. Bereits der erste Schlag war mit solcher Wucht ausgeführt, dass er tödlich wirkte. Ohne einen Laut von sich zu geben, fiel der Zahnarzt vom Sitz. Der Mörder schlug aber noch weiter. Als er sich überzeugt hatte, dass sein Opfer tot war, kniete er auf der Leiche und raubte dieser Uhr, Kette und Portemonnaie. In diesem Augenblick pfiff der Zug, er war bald darauf in der Station Klein-Flottbeck eingelaufen. Der vollständig mit Blut besudelte Mörder stieg aus. An der Sperre fiel er wohl dem Billettschaffner auf. ›Sie sind ja von oben bis unten mit Blut bespritzt‹, rief ihm der Schaffner zu. ›Ich habe Nasenbluten gehabt‹, gab der Mörder zur Antwort. Der Schaffner konnte unmöglich in diesem Menschen einen Raubmörder vermuten.«

Rücker säuberte sich in der Bahnhofstoilette, so gut es ging, vom Blut des Zahnarztes und bemerkte mit Freude, dass das geraubte Portemonnaie eine große Zahl von Goldmünzen enthielt. Als erstes kaufte er in einer nahe gelegenen Bäckerei ein Schrotbrot – er war es gewohnt, nur von Schrotbrot und Wasser zu leben – und, zur Feier des Tages, einen Apfel. Darauf kehrte er in sein Quartier in Altona zurück und legte das gesäuberte Beil, das seine Wirtsleute noch nicht vermisst hatten, wieder an die Stelle, von der er es genommen hatte.

Noch im Bahnhof von Klein-Flottbeck war der Mord entdeckt worden. Der Schaffner hatte aus dem Coupé Blut sickern gesehen. Natürlich fiel der Verdacht sofort auf den blutbesudelten jungen Mann. Eine Personenbeschreibung wurde affichiert und eine Belohnung von hundert Mark für nähere Hinweise ausgesetzt. Polizeistreifen in der Umgebung des Bahnhofes waren erfolglos.

Rücker hatte, wie Friedländer schrieb, keine gute Nacht verbracht. Ständig tauchten die Gesichter seiner armen Eltern vor ihm auf, »sein unglückliches Opfer umtaumelte seine Sinne«. In der Früh erzählte ihm als erstes seine Quartiergeberin von dem Mord; ihr war die Ähnlichkeit ihres Mieters mit der Beschreibung im Steckbrief aufgefallen. Rücker flüchtete ins Freie, doch als er von der hohen Belohnung hörte, fühlte er sich verfolgt und suchte ein Wirtshaus auf – zum ersten Mal in seinem Leben, denn noch nie zuvor hatte er eine solche »Brutstätte des Lasters« besucht. Er trank Bier und fand die Gesellschaft von Altersgenossen, die merkten, dass der seltsame Kollege genug Geld hatte, um auch für ihr Vergnügen aufzukommen. Nach einigen weiteren Bieren schleppten sie den ob des ungewohnten Alkoholgenusses Berauschten in ein Bordell. Rücker hatte auch mit Frauen noch nie etwas zu tun gehabt, aber selbst diese neue Erfahrung schaffte es nicht, ihn – wie Friedländer wusste – auf andere Gedanken zu bringen. »Der gespaltene Schädel und das verzerrte Gesicht des von ihm erschlagenen Opfers grinsten ihm unaufhörlich entgegen.«

Die Polizei hatte dank mehrerer Hinweise aus der Bevölkerung inzwischen seine Spur aufnehmen können und am Dienstag früh, um sechs Uhr, wurde er in seinem Quartier von Polizeiinspektor Engel und seinen drei Beamten verhaftet. Engel verhaftet Engelsgesicht …

Im Prozess war Rücker geständig. Zeugen erzählten vom eigenartigen Verhalten des Beschuldigten. Er habe Selbstgespräche geführt, sei äußerst überempfindlich Geräuschen gegenüber gewesen, habe an Schlaflosigkeit und schon als Kind oft an Kopfweh und Krämpfen gelitten. Als man die Halbweltdamen, die Rücker nach dem Mord besucht hatte, zur Vernehmung brachte, wurde die Öffentlichkeit ausgeschlossen. Sie sollen bei dem intimen Verkehr den Eindruck gewonnen haben, Rücker sei »andersrum« veranlagt. Trotzdem attestierten ihm die Ärzte völlige Zurechnungsfähigkeit und Schuldeinsicht zur Tatzeit. Die Geschworenen sprachen ihn schuldig. Rücker wurde zur höchsten zulässigen Strafe von fünfzehn Jahren verurteilt, da er zum Zeitpunkt der Tat noch nicht achtzehn Jahre alt gewesen war.

Milch und Blut
DIE MÄDCHENLEICHE IM MERSTHAM-TUNNEL

Das Rätsel um die Leiche im Merstham-Tunnel (an der Bahnlinie von der Londoner Victoria Station nach Brighton), bekannt unter dem Namen »The Merstham Tunnel Mystery«, gehört wie die Morde Jack the Rippers zu den klassischen ungelösten Fällen der englischen Kriminalgeschichte. Im Gegensatz aber zu »Springheel Jack«, für den die große Schar der Ripperologen immer wieder neue und »hundertprozentig bewiesene« Identitäten vorschlägt, um sie kurz darauf wieder zu verwerfen, gibt es für das Merstham-Rätsel – vor allem nach den Forschungen des bekannten Anwalts Sir Edward Abbott Parry (1863–1943) – nur einen einzigen Lösungsvorschlag, der immerhin einige Wahrscheinlichkeit für sich beanspruchen kann.

Die zweiundzwanzig Jahre alte Mary Sophia Money, ein sehr hübsches Mädchen – wie »Milch und Blut«, meinten manche ihrer Zeitgenossen, was gut zur Profession der jungen Frau passte, aber leider auch zu ihrem gewaltsamen Ende –, arbeitete im September 1905 als Buchhalterin im Molkereibetrieb Bridger & Co., Nr. 245, Lavender Hill, Clapham Junction, in einem Vorort Londons. Ihre Stelle hatte sie schon seit über einem Jahr inne. Sie vertrug sich gut mit ihren Arbeitskollegen und Nachbarn, die sie alle als fröhliches, freundliches Mädchen von tadellosem Ruf kannten. Es gab auch einen sehr ernsthaften Jüngling mit ebensolchen Absichten in ihrer Nähe, der ihr Briefe schrieb und am Sonntag mit ihr ausging. Aber nie hatte sie sich ohne Vorankündigung länger von zu Hause entfernt, nie war sie unentschuldigt ihrer Arbeitsstätte ferngeblieben.

Am Abend des 24. September 1905, eines Sonntags, sagte Mary zu einer ihrer Arbeitskolleginnen, sie würde nur kurz das Haus verlassen, um eine kleine Besorgung zu machen, und bald wieder zurück sein. Sie trug ihr übliches Arbeitskleid und hatte ihre gestickte Geldbörse mitgenommen. Am Vorplatz des Bahnhofs Clapham Junction kaufte sie in einem Süßwarenladen um sechs Pence Schokolade. Sie wolle nur zur Victoria Station fahren, sagte sie zu der Verkäuferin, die sie gut kannte. Sie war allein, auch vor dem Geschäft wartete niemand auf sie.

Fünf Minuten vor elf, in derselben Nacht, patrouillierte ein Beamter der London Brighton and South Coast Railway im Merstham-Tunnel, an dem gerade Ausbesserungsarbeiten der Wände vorgenommen wurden. (Der eine Meile lange Tunnel war nach seiner mühsamen Fertigstellung innen weiß gekalkt und mit Gaslaternen versehen worden, um den Reisenden die Angst vor dem finsteren Loch zu nehmen; allerdings färbte der Rauch der Lokomotiven die Tunnelwände jedoch bald wieder schwarz, während der Luftzug der Züge regelmäßig die Lichter ausblies.) Der Bahnbeamte hatte den Tunnel von der nördlichen Seite, also der Coulsdon-Seite, her betreten und sah, als er sich dem südlichen Ausgang näherte, zwischen den Geleisen an der Tunnelwand etwas liegen, das in der Dunkelheit wie ein Kleiderbündel oder von den Bauarbeitern zurückgelassene Fetzen aussah. Erst als er näher gekommen war und seinen Fund mit der Laterne näher beleuchtete, sah er zu seinem Entsetzen, dass es sich um den fürchterlich zugerichteten Körper einer Frau handelte. Dieser war noch warm.

Der Streckengeher lief, so schnell er konnte, zum Merstham-Bahnhof, um Hilfe zu holen, doch der Arzt konnte nichts mehr tun; die Frau war tot. Ihre Verletzungen waren, wie genauere Untersuchungen ergaben, fürchterlich: Beide Hüften waren gebrochen, das linke Bein, fast völlig vom Rumpf getrennt, hing nur mehr an wenigen Hautfetzen und Sehnen; außerdem hatte sie schwere Schürfwunden an Händen, Unterarmen und im Gesicht, und ein Stück ihres Schals war tief in eine klaffende Kopfwunde getrieben worden. Der Polizist, der zuerst am Tatort eingetroffen war, und der Arzt, der die erste Untersuchung

vorgenommen hatte, sagten aus, ein zweiter Teil des Woll-
schals sei tief im Hals der Unglücklichen gesteckt, wie ein
Knebel, und verknotet gewesen. Unglücklicherweise hatten sie
ihn entfernt, bevor er eingehender hätte untersucht werden
können.

Als Ergebnis der gerichtsmedizinischen Untersuchung nahm
die Polizei an, die junge Frau sei von ihrem Mörder, der mit ihr
im Abteil gewesen sein musste – damals waren die Abteile noch
nicht durch einen Gang im Waggon verbunden, sondern jedes für
sich nur von außen zugänglich –, zuerst geknebelt und dann, im
Tunnel, durch die geöffnete Coupétür gestoßen worden. Da dazu
einige Kraftanstrengung notwendig war, vermutete man einen
männlichen Täter. Die Schürfwunden an Händen, Armen und im
Gesicht des Opfers ließen auf einen vorhergehenden heftigen
Kampf schließen, die Kopfwunde und die gebrochenen Hüften
stammten vom Sturz, die Abtrennung des Beins war wahrscheinlich von einem nachkommenden Waggon oder Zug verursacht
worden. Die Tote hatte keinerlei Papiere bei sich, auch kein Geld
und keine Fahrkarte. Den einzigen möglichen Anhaltspunkt für
eine Identifizierung bot die Wäschemarke »245«, die in den
Unterrock des Mädchens eingeschrieben war.

Der Hinweis auf die Marke wurde gemeinsam mit der Such-
meldung an die Presse weitergegeben – und tatsächlich meldete
sich am Montag zuerst die Arbeitsstelle von Mary Sophia Money,
wo man sich wegen des ungewöhnlichen Fernbleibens des
Mädchens bereits Sorgen gemacht hatte. Am Tag darauf, am
Dienstag, erschien ihr Bruder, Robert Money, bei der Polizei. Er
lebte in Kingston Hill und war ebenfalls im Molkereigewerbe als
Teilhaber eines Betriebes tätig. Robert konnte anhand der Kleidungsstücke die verstümmelte Leiche seiner Schwester identifizieren.

Die Nachforschungen der Polizei ergaben kaum Anhaltspunkte. Die Süßwarenverkäuferin war die letzte Bekannte, die Mary
lebendig gesehen hatte. Das Opfer musste anschließend wirklich
nach Victoria gefahren sein, wie es angekündigt hatte, denn nur
dort konnte es in einen Zug nach Brighton umgestiegen sein. In
Clapham Junction war Mary gegen sieben oder halb acht Uhr
noch ohne Begleitung gewesen; ihrem Mörder musste sie daher

im Zug oder am Victoria-Bahnhof begegnet sein. Ihr ehrenhafter Freund schied als Täter aus – der hatte Mary seit Samstag nicht gesehen und konnte zudem für die Tatzeit zwischen acht und elf ein Alibi erbringen.

Zwei Bahnbeamte gaben an, sie hätten zur fraglichen Zeit ein Mädchen, auf das Mary Moneys Beschreibung passte, in Begleitung eines Mannes gesehen. Der Zugbegleiter des Zuges, der London Bridge um 9 Uhr 33 Richtung Brighton passierte, berichtete ebenfalls, ihm sei ein Paar aufgefallen, das sehr heimlich tat; die junge Frau hätte durchaus Miss Money sein können. Und der Signalwärter der Station Purley Oaks wollte in demselben Zug ein sich streitendes Paar gesehen haben, wobei der Mann die Frau im Abteil auf einen Sitz gedrückt habe. All diese Beobachtungen waren jedoch zu ungenau und die Personenbeschreibungen wegen der Lichtverhältnisse zu allgemein, um der Polizei bei ihren Ermittlungen nützlich zu sein.

Marys untadeliger Lebenswandel ließ die von manchen geäußerte Vermutung, sie hätte mit einem heimlichen Geliebten die Nacht außerhalb Londons verbringen wollen, nicht sinnvoll erscheinen. Trotzdem konnte die Polizei die letzten Stunden ihres Lebens nur so rekonstruieren: Mary musste frühestens auf dem Bahnsteig von Clapham Junction oder dann im Zug, spätestens aber in der Victoria Station einen Mann kennen gelernt haben, der sie – auf welche Weise auch immer – dazu brachte, in den Zug nach Brighton zu steigen. Wahrscheinlich hatte er ihr einen Ausflug versprochen und dann versucht, ihr Gewalt anzutun. Da sie sich heftig gewehrt hatte, musste er versucht haben, sie durch einen Knebel ruhig und gefügig zu machen. Als er auch so nicht zu seinem Ziel gekommen war, hatte er sie dann aus dem Zug gestoßen.

Einige der Detektive hielten auch Selbstmord für möglich. Dieser Theorie widersprach aber einerseits der Obduktionsbefund (die Schürfwunden an Armen und Händen waren nicht vom Sturz in den Tunnel erzeugt worden, sondern typische Abwehrverletzungen bei einem Kampf), andererseits gab es, nach Aussagen aller Freunde und Bekannten der Verstorbenen, auch nicht die Spur eines Motivs. Der Bruder, der sich laut Aussage der Polizeibeamten bei der Identifizierung der Leiche seltsam benommen haben soll, wurde nicht weiter befragt – nicht einmal dann, als er sich bei Kollegen beschwerte, die Polizei würde sogar ihn verdächtigen. Das entsprach übrigens nicht der Wahrheit; gegen ihn wurde nie ermittelt. Die gestickte Geldbörse, die Mary nachweislich noch im Süßwarenladen bei sich gehabt hatte, die aber nach ihrer Ermordung fehlte und auf die die Polizei große Hoffnungen setzte, tauchte nie wieder auf. Der Täter hatte sie sicherlich beseitigt, nachdem sie in der Presse beschrieben worden war.

Die polizeilichen Ermittlungen waren an einem toten Punkt angelangt. Für eine von langer Hand geplante Tat gab es kein Motiv, für einen Affektmord keine Zeugen, und ganz allgemein existierten keine Spuren, die zu einem Täter hätten führen können. Der gewaltsame Tod des hübschen »Milchmädchens« blieb ungeklärt und wurde ad acta gelegt. Nur das Rätselhafte des Falles hielt ihn in den Annalen der englischen Kriminalgeschichte lebendig.

Marys Bruder war, wie schon gesagt, in keiner Phase der Untersuchungen einem konkreten Verdacht ausgesetzt gewesen. Etwa ein Jahr nach dem Tod seiner Schwester verkaufte er seinen Anteil an der Molkerei in Kingston Hill um tausend Pfund, einen damals nicht unbeträchtlichen Betrag, und erwarb dafür ein Haus im selben Vorort, von dessen Mieteinnahmen er in Zukunft leben wollte. Damit verschwindet zwar sein Name, aber nicht er selbst, aus der Geschichte.

1907 lebten zwei Schwestern, Florence und Edith Sterling, bei ihren Eltern in Clapham, als Florence einen faszinierenden jungen Mann kennen und lieben lernte. Er nannte sich Robert Hicks Murray, schien äußerst vermögend zu sein und gab an, Captain im berühmten schottischen Eliteregiment der Gordon Highlanders gewesen zu sein und Verwandte in Schottland sowie auf dem Kontinent zu haben. Er besaß ein Haus in Kingston und erzählte

Florence von »gewissen streng geheimen Dienstleistungen«, die er für die Armee zu verrichten habe und mit denen er viel Geld verdiene.

Es gelang ihm, seine Freundin zu überreden, zu ihm zu ziehen. Dafür richtete er ihr ein eigenes Haus in Clapham ein. Einer regelmäßigen Arbeit schien er nicht nachzugehen, obwohl er sehr regelmäßig lebte. Nach dem Frühstück half er zuerst im Haushalt, ging dann bis Mittag spazieren, besuchte nachmittags eine Sportveranstaltung, ein Cricketmatch oder einen Boxkampf, und war pünktlich zur Teezeit wieder zu Hause. Zu Florence und ihren zwei gemeinsamen Kindern war er äußerst liebevoll und zuvorkommend, führte sie am Sonntag aus und ging abends mit Florence ins Theater – vor allem in Vorstellungen der Music Hall, die er sehr liebte. Nur hin und wieder verschwand er unangekündigt für mehrere Tage – stets im Auftrag der Armee, wie er behauptete.

Florence war aufgefallen, dass die finanzielle Lage ihres Lebensgefährten starken Schwankungen unterworfen zu sein schien. Immer wenn er von einer Reise im Auftrag der Armee zurückkehrte, konnten sie sich die besten Sitze im Theater leisten, wohingegen sie nach längerer Anwesenheit Roberts oft mit billigen Rang- oder sogar mit Stehplätzen vorlieb nehmen mussten. Sie machte sich Sorgen, vor allem wegen der Kinder, und zweifelte auch an den Angaben über die Identität Roberts, dem sie nicht ganz zu trauen schien. Als sie einmal seine Unterlagen durchsucht hatte und dabei von ihm überrascht worden war, hatte er mit einem derartigen Tobsuchtsanfall reagiert, dass sie es später nie mehr wagte, ihn nach seinem Lebensunterhalt zu fragen.

Im Sommer 1910 kam Florences Schwester Edith auf Besuch und Captain Murray verliebte sich sofort in die Schwägerin, die seinen Avancen durchaus entgegenkam. Sie heirateten, doch Robert verließ seine frühere Familie nicht. Unter der Woche lebte er mit seiner Ehefrau zusammen, am Sonntag mit Florence und den Kindern. Gegen Ende des Jahres 1911 aber hatten die Kosten für die zwei Haushalte – auch Edith hatte ihm inzwischen ein Kind geboren – seine Finanzen völlig erschöpft, zudem er kaum noch zu Reisen für die Armee aufbrach. Er musste seinen Besitz in Kingston und auch das Haus in Clapham verkaufen und quartierte Florence und die zwei Kinder in einer kleinen, schäbigen Mietwohnung in Eastbourne ein. Für sich und Edith allerdings hatte Robert, was Florence nicht wusste, eine noble Villa in der Nähe gekauft, wobei er unter einem anderen Namen aufgetreten war: Er nannte sich jetzt Charles Richard Mackie und gab sich als Amerikaner aus.

Mr. Mackie verständigte am Morgen des 8. August 1912 seinen Hausmeister davon, dass er noch am selben Tag mit Frau und Kind auf längere Zeit ins Ausland verreisen und von dort aus den Termin seiner Rückkehr avisieren würde. Edith wurde noch gesehen, als sie abends in der Nähe ihres Hauses Kleinigkeiten für die bevorstehende Reise kaufte. Robert allerdings tauchte am nächsten Tag, einem Sonntag, wie üblich bei seiner Zweitfamilie auf – er wollte Florence und die zwei Kinder abholen. Ein Offizierskollege habe ihm auf unbestimmte Zeit eine Villa in der Nähe zur Verfügung gestellt, behauptete er, in der sie von nun an wohnen könnten. Eilig wurden die wenigen Habseligkeiten in Koffer gepackt und diese zur Aufbewahrung vorübergehend in der Gepäckaufbewahrung des Bahnhofs von Eastbourne deponiert. Anschließend besorgte Robert in einer Apotheke zwei Kanister Benzin und führte dann Florence in die Villa, die er zuvor für Edith gemietet hatte. Dort angekommen, verbot er ihr sofort, die abgesperrten Räume im oberen Stock zu betreten, da sein Offiziersfreund dort angeblich geheimnisvolle Wertsachen, Silber und Andenken an seine Dienstzeit im Orient aufbewahre.

Florence und die Kinder legten sich zu Bett. Als sie eingeschlafen waren, feuerte Robert ein paar Schüsse auf seine Lebensgefährtin und ihren Nachwuchs ab, versprühte dann das Benzin in den Zimmern und setzte sie in Brand. Daraufhin erschoss er sich selbst.

Florence war aber nur durch einen Streifschuss leicht verwundet worden. Der Rauch weckte sie, und es gelang ihr, auf die Straße zu flüchten. Das Haus brannte nieder und in der rauchenden Ruine fand die Polizei im ersten Stock die Leichen Ediths und ihres Kindes, im Parterre die Roberts und seiner zwei weiteren Kinder. In einem Abschiedsbrief, der mit »C. R. Mackie« unterzeichnet war, hatte Robert geschrieben, er sei völlig bankrott und habe deswegen alle, die von ihm abhängig wären, mit in den Tod genommen. Da auch die Polizei seiner Identität misstraute, wurde der Brief als Faksimile von der Presse veröffentlicht. Ein Verwandter erkannte darin eindeutig die Handschrift Robert Moneys, des Bruders der vor sechs Jahren ermordeten Mary.

Im Verhalten Robert Moneys – alias Mackie alias Murray – glaubte der Hobbykriminalist Sir Edward Parry den Schlüssel zum Rätsel von Merstham zu finden. Warum hatte sich der Mann hinter falschen Namen versteckt und seinen beiden Frauen gegenüber nie von seiner Vergangenheit, seinem früheren Leben oder seinem Beruf gesprochen? Warum hatte er nie seine Familie erwähnt? Aus welchem Grund hatte er sich bereits bei der Identifizierung der Leiche seiner Schwester so seltsam benommen? Warum hatte er sich beschwert, verdächtigt zu werden, obwohl davon keine Rede gewesen war? Musste jemand, der seine beiden Lebensgefährtinnen und seine drei Kinder töten konnte, nicht auch zum Mord an der eigenen Schwester fähig sein? Sein Alibi war ja nie überprüft worden.

Trotzdem sind die Nachweise Parrys natürlich nicht ganz schlüssig. Welches Motiv sollte Mary Moneys Bruder gehabt haben, sie umzubringen? Die geringe Barschaft der jungen Frau konnte es ja sicherlich nicht gewesen sein, also schieden Vermögensvorteile aus – und andere Gründe gab es nicht. Doch wenn Mary nicht das Opfer einer Zufallsbekanntschaft und deren sexueller Belästigung geworden war, kam als Täter (vor allem im Licht der späteren Ereignisse) sehr wohl ihr Bruder in Frage. Möglicherweise hatte er sie wegen einer familiären Angelegenheit zur Victoria Station gebeten und dann im Zuge eines Streits unabsichtlich verwundet und in Panik aus dem fahrenden Zug gestoßen. Aber warum hätten die beiden ausgerechnet in Richtung Brighton unterwegs sein sollen?

Da Parrys recht weit hergeholte und unwahrscheinliche These die Behörden nicht befriedigen konnte, blieb das »Merstham Tunnel Mystery« bis heute offiziell ungeklärt. Und daran wird sich wahrscheinlich auch nichts mehr ändern ...

Der Eisenbahner war doch der Mörder
DER BERLINER »S-BAHN-MÖRDER« PAUL OGORZOW

Eine Großstadt im Krieg, Verdunkelung, Ausgehbeschränkungen. Überall kursieren Gerüchte von einem geheimnisvollen Mörder, der in der S-Bahn lauert, Frauen überfällt und vergewaltigt, sie danach betäubt und aus dem Zug stößt – ein Monster, das aus dem Dunkel kommt und unerkannt wieder im Dunkel verschwindet. Die Nachrichtensperre des nationalsozialistischen Regimes (im Reich der Arier gab es keine Verbrecher, vor allem keine Lustmörder) hat zweifellos viel zum Ruf des S-Bahn-Mörders beigetragen; erst nach Kriegsende konnte die ganze Wahrheit über das »Monster von Rummelsburg« veröffentlicht werden.

Scheinwerfer der Berliner Mordkommission – in weitem Umkreis das einzige Licht in der dunklen Dezembernacht – beleuchteten grell den Frauenkörper, der neben dem stadteinwärts führenden Geleise am Bahndamm, unmittelbar hinter dem Betriebsbahnhof Rummelsburg der S-Bahn, lag. Kriminalkommissar Zach und Gerichtsmediziner Dr. Weimann beugten sich über die Tote, eine junge Frau in der Berufskleidung einer Krankenschwester. Allem Anschein nach war ihr Tod nicht länger als vor drei Stunden eingetreten, ob allein durch Sturz oder durch vorherige Gewalteinwirkung, konnte erst die Obduktion klären. Zach drängte den Arzt, bald Ergebnisse zu liefern; die Ermittler standen unter großem Druck von »ganz oben«. Außerdem durfte kein Wort nach außen dringen, da sich Goebbels persönlich schon eingeschaltet hatte. Es war bereits der dritte Anschlag auf eine junge Frau innerhalb eines Vierteljahrs, und alle an diesem Streckenabschnitt.

Am 20. September 1940 war eine gewisse Gerda Kargoll zwischen den Stationen Wuhlheide und Karlshorst auf einen Sandhaufen gefallen und so mit dem Schrecken davongekommen. Am 4. November erlitt eine zweite Frau schwere Schädelverletzungen, blieb aber am Leben. Beide sagten fast dasselbe aus: Sie waren am späten Abend in ein leeres Abteil der zweiten Klasse gestiegen. Dann war ein Mann in Eisenbahneruniform zugestiegen und hatte versucht, mit ihnen ins Gespräch zu kommen. Plötzlich aber, ohne Vorwarnung, hatte er sich auf sie gestürzt – und von da an konnten sich beide an nichts mehr erinnern. Irgendwie waren sie zur Tür geschleift und ins Leere gestoßen worden.

Das erste Opfer hatte Würgemale am Hals, das zweite schwere Kopfverletzungen, die ihm mit einem stumpfen Gegenstand schon vor dem Sturz beigebracht worden sein mussten. Als Waffe kam ein Stück schweres Bleikabel in Frage, fünfzig Zentimeter lang und etwa fünf Zentimeter dick, das die Kriminalpolizei nach dem zweiten Mordversuch in einem Waggon, zwischen Sitzpolster und Rückenlehne in einem Zweite-Klasse-Abteil, gefunden hatte. Es handelte sich um ein Stück eines hundertvierpaarigen Telefonkabels, wie sie im Mai 1939 entlang der S-Bahn-Strecke vom Ostkreuz nach Wuhlheide verlegt worden waren. Das Kabelende trug ein Fabrikationszeichen, man konnte daher sogar feststellen, dass es in der Nähe des Betriebsbahnhofs Rummelsburg abgeschnitten worden war.

Die Tatwaffe wäre einem Bahnbediensteten leicht zugänglich gewesen. Beide Frauen hatten ja behauptet, ihr Angreifer hätte Uniform getragen. Sonst waren ihre Personenbeschreibungen – verständlich bei der kriegsbedingten Verdunkelung der Bahnanlagen – äußerst vage. Der Unhold sei nur etwa fünfundzwanzig Jahre alt gewesen, meinte das erste Opfer, während ihn das zweite für ungefähr vierzig hielt. Fest stand jedenfalls, dass ein und derselbe Täter hinter den Anschlägen steckte. – Noch in der Nacht obduzierte Dr. Weimann die Leiche der Krankenschwester, die inzwischen als Elfriede Franke identifiziert worden war.

Die Frau war erschlagen worden, bevor sie auf die Geleise

gestoßen worden war, und zwar ebenfalls mit einem stumpfen, schweren Gegenstand. Präziser konnte es der Gerichtsmediziner nicht definieren, aber ein ähnliches Kabelstück wie bei dem zweiten Mordversuch konnte durchaus als Waffe in Frage kommen. Elfriede wäre demnach das erste Todesopfer des unheimlichen S-Bahn-Attentäters gewesen.

Als der Arzt am nächsten Morgen seine Erkenntnisse dem Kriminalkommissar Zach vortrug, sagte dieser: »Sie hätten gestern gleich draußen in Rummelsburg bleiben können. Wir hatten noch eine Ermordete, ganz in der Nähe.«

Die zweite Tote dieser Nacht war die neunzehn Jahre alte Irmgard Freese. Passanten hatten sie um halb fünf Uhr morgens in der an die S-Bahn grenzenden Prinz-Heinrich-Straße gefunden. Sie hatte noch schwache Lebenszeichen von sich gegeben, war aber im Krankenhaus Köpenick kurz nach der Einlieferung verstorben. Der Tod war, wie Weimann feststellte, durch Hirnblutung infolge schwerer Schädelbrüche, hervorgerufen durch »Schläge mit einem stumpfen, nicht kantigen Gegenstand« eingetreten. Irmgard Freese war, wie schon der Zustand ihrer Kleidung am Auffindungsort hatte schließen lassen, auch vergewaltigt worden, also einem Sittlichkeitsverbrecher zum Opfer gefallen.

War bei ihr dieselbe Waffe verwendet worden wie bei der vorangegangenen Tat in der S-Bahn? Das war wohl möglich, aber nicht beweisbar. Immerhin gab es in diesem Fall ein Motiv, das bei den drei S-Bahn-Attentaten unklar war. Aus welchen Gründen stößt ein Mensch junge Frauen – immer um die gleiche Zeit, knapp vor Mitternacht, und immer an derselben Stelle – aus dem Zug? Eine Raubabsicht schied aus – die Geldtasche der Krankenschwester war am Bahndamm gefunden worden, ihr Schmuck war unangetastet. Hatten die Beamten es etwa mit einem Geisteskranken zu tun? Jemand mit einem derart großen Aggressionspotential wäre längst auch anderweitig aufgefallen. Direkte Spuren einer Sexualattacke fehlten. Es konnte sich daher nur um einen besonders speziellen Triebtäter handeln, für den die Tat gleichbedeutend mit dem Geschlechtsakt war. Die Mordkommission erkundigte sich bei der Sitte und wurde sofort fündig.

In der Laubenkolonie Friedrichsfelde, zwischen den Bahnhöfen Wuhlheide und Rummelsburg, waren in den letzten Jahren 32 Sittlichkeitsdelikte angezeigt worden. Es hatte damit begonnen, dass in der Dunkelheit alleine gehende Frauen plötzlich mit einer Taschenlampe erschreckt wurden. Den Mann dahinter hatten sie nicht erkennen können, er war jedes Mal sofort verschwunden. Das Anleuchten und Reden hatte sich bald zu Handgreiflichkeiten gesteigert, diese zu Angriffen und schließlich zu versuchter und dann tatsächlich verübter Notzucht. Die Frauen waren gewürgt, mit dem Messer bedroht, meist aber mit einem schweren, stumpfen Gegenstand geschlagen worden. Der Dunkelheit wegen gab es nur in zwei Fällen eine vage Personenbeschreibung: Der Täter habe eine Eisenbahneruniform getragen.

Unklar war zunächst, ob auch der Mord an einer jungen Mutter in der Laubenkolonie Gut Land II, der in der Zeit zwischen den beiden ersten Bahnattacken verübt worden war, mit den Fällen in Zusammenhang stand. Gertrud Ditter war in der Küche ihrer kleinen Hütte gewürgt und dann mit einem Messerstich in den Hals getötet worden, während ihre beiden Kinder im Nebenraum schliefen. Ihr Mann war als Soldat im Feld. Motive für diese Tat gab es ebenso wenig wie Spuren.

Die Sittlichkeitsattentate in der Laubenkolonie hatten eindeutig ein und denselben Urheber; sie wiesen auch die für Seriensexualverbrecher typischen Steigerungsformen auf – von verbalen Attacken zu Tätlichkeiten, Vergewaltigung und Notzucht. Die Uniform des Täters verband die Delikte mit den Attacken in der S-Bahn. Alle Verbrechen, auch die zwei Morde, waren mit derselben Art Tatwaffe verübt worden. Die Hypothese, es stünde hinter all dem derselbe Täter – ein mittelgroßer, zwischen fünfundzwanzig und vierzig Jahre alter Mann in Eisenbahneruniform mit einem Telefonkabel als Schlagwaffe –, war also nicht von der Hand zu weisen. Interessant war auch, dass sämtliche Taten spätnachts verübt worden waren und der Bahnhof Rummelsburg direkt im Zentrum lag. War der Täter dort zu suchen, dann bedeutete die Tatzeit nicht nur den Schutz des Täters durch die Dunkelheit, sondern vielleicht auch das Ende seiner Schicht.

Kommissar Lüdtke von der Sittenpolizei hatte den zwei Frauen, die in ihrem Angreifer einen Eisenbahner erkannt haben wollten, über die Art der Uniform jedoch divergierende Aussagen gemacht hatten, in einer Tatrekonstruktion verschiedene Eisenbahnermonturen vorführen lassen. Beide Zeuginnen einigten sich auf einen schwarzen sogenannten Rangiermantel. Der Täter war somit kein Mitglied des fahrenden Personals, kein Schaffner oder Zugbegleiter, sondern einer aus dem Streckendienst oder dem Reichsbahn-Betriebswerk – einer von achttausend Angestellten.

Doch die Polizei steckte auch schon ohne die Suche nach der Nadel im Heuhaufen in einer schwierigen Situation. Sie durfte sich weder an die Öffentlichkeit wenden – auch nicht um Mithilfe bei der Tätersuche – noch Warnungen an die Frauen ausgeben, nachts nicht allein zu reisen. Andererseits musste sie mit allen zu Gebote stehenden Mitteln versuchen, die Bevölkerung zu schützen und den Täter zu schnappen. Die Kriminalkommissare Zach und Lüdtke entschlossen sich daher zu einer möglicherweise riskanten Methode: Sie setzten Beamtinnen in Zivil als Lockvögel in die Abend- und Nachtzüge; bewaffnete Kollegen im Nebenabteil sollten ihnen Schutz geben.

Doch der Attentäter fiel auf diese Finte nicht herein. Am Sonntag, dem 22. Dezember, kurz vor dem Weihnachtsabend, lag wieder eine tote junge Frau am Bahndamm in der Nähe des Bahnhofs Rummelsburg. Dem ersten Augenschein nach schien es sich diesmal aber um Selbstmord zu handeln.

Die Leiche war in den Morgenstunden gefunden worden; der Tod konnte nicht vor sieben Uhr früh eingetreten sein. Die Tote hatte eine Bescheinigung in der Tasche, in der ihr ein Psychiater schwere Depressionen bestätigte, die sie für die Arbeit in der Rüstungsindustrie unfähig machten. Die Leiche lag zwischen den Geleisen, also auf der »falschen« Seite; sie musste im Sturz oder Sprung an das Strom führende Kabel gelangt sein und wies schwere Verbrennungen auf. Die Obduktion allerdings ergab wieder die Tötungsmerkmale des Serienmörders. Die dreißigjährige Elfriede Büngerer war mit einem schweren, stumpfen Gegenstand erschlagen und dann erst aus dem Zug gestoßen worden.

Für die Bahnbeamten in Rummelsburg war um sechs Uhr früh die Nachtschicht zu Ende. Die Polizei dehnte ihre vorbeugenden Maßnahmen daher auch auf die frühen Morgenstunden aus, was zu Widerständen bei den Beamtinnen führte. Der Täter aber schien jede Maßnahme im Vorhinein zu durchschauen. Er ließ sich von all diesen Maßnahmen nicht beeindrucken und die Abstände zwischen den Morden wurden – typisch für einen Serienkiller – immer kürzer: Am 29. 12. 1940 und am 5. 1. 1941 lagen wieder zwei tote Frauen am Bahndamm.

Die Bevölkerung war inzwischen durch Gerüchte von einem Monster in der S-Bahn so verunsichert, dass sich die Parteileitung doch entschließen musste, an die Öffentlichkeit zu gehen. Details freilich wurden nicht genannt. Örtliche Parteistellen richteten ein Begleitservice ein, das allein reisende Frauen zu jeder Tages- und Nachtstunde begleiten und beschützen sollte.

Um 22 Uhr am 11. Februar 1941 sprach die verheiratete Frau Johanna Voigt am Bahnhof Rummelsburg den SA-Oberscharführer und Parteigenossen Paul Ogorzow an. Sie hatte Angst, so spät alleine zu ihrem Zuhause nach Karlshorst zurückfahren zu müssen, und fürchtete sich vor dem Mörder. Am nächsten Tag, in den frühen Morgenstunden, wurde ihre Leiche mit eingeschlagenem Schädel neben dem Bahndamm gefunden. Immerhin setzten jetzt die Organisationen der Partei in Zusammenarbeit mit der Exekutive alles daran, der Mordserie ein Ende zu bereiten.

Der Bahnhof glich einer belagerten Festung. Dauernd fanden Polizeistreifen, Razzien und überraschende Überprüfungen des gesamten Personals statt; Polizisten waren in Eisenbahneruniformen unterwegs, fungierten als Wachen und Beobachter. Tatsächlich hörte die Mordserie plötzlich auf, und die Kommissare Zach und Lüdtke sahen ihre Theorie, der Mörder müsse als Bahnbediensteter über alle ihre Maßnahmen vorinformiert sein, bestätigt. Deswegen gaben sie Ende Juni auch das Gerücht aus, sämtliche Maßnahmen würden jetzt abgeblasen.

Tatsächlich schlug der Mörder fast postwendend wieder zu: Am frühen Morgen des 3. Juli wurde in der Laubenkolonie Gut Land I

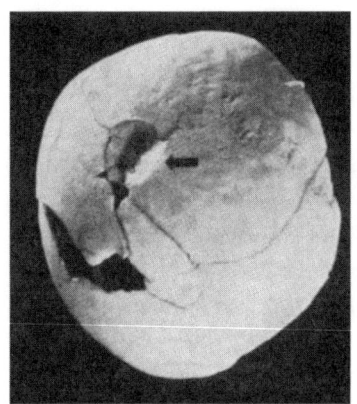

Paul Ogorzow, der S-Bahn-Mörder, und der Schädel eines seiner Opfer. Die
kreisförmigen Biegungsbrüche überzeugten Dr. Weimann, dass Schläge mit einer
stumpfen Waffe die Todesursache waren, nicht erst der Sturz auf den Bahnkörper.
Ogorzow gestand erst, als er mit den Schädeln seiner Opfer konfrontiert wurde.
Polizeifotos

die Leiche der 35-jährigen Frieda Korziol gefunden. Die Frau war vergewaltigt und mit einem stumpfen, schweren Gegenstand erschlagen worden. Jetzt musste der Täter – aufgrund der Nachtschichtlisten aller Mitarbeiter des Betriebswerks – leicht zu finden sein. Doch mehr als eine einzige vage Angabe kam nicht zu Tage. Ein Bahnarbeiter des Reinigungsdienstes wollte beobachtet haben, wie ein Hilfsweichensteller während seines Dienstes öfters seinen Arbeitsplatz im Stellwerk verlassen habe und über den Zaun, der den Bahndamm abgrenzte, nach draußen geklettert sei. Der Name des Mannes war Ogorzow. Paul Ogorzow.

Kommissar Lüdtke ließ sich die Personalakte kommen: Paul Ogorzow, geboren am 22. 10. 1910 als Paul Saga in Muntowen, Masuren, verheiratet, zwei Kinder. Seit 1932 bei der Reichsbahn, unauffällig, tadelloser Dienst. Mitglied der NSDAP seit 1931, seit 1932 bei der SA, jetzt Oberscharführer. Ein bewährter, alter Parteigenosse. Der Vergleich von Ogorzows Dienstplan mit den Tatzeiten schien ihn als Täter auszuschließen, in drei Tatnächten hatte er Dienst im Stellwerk gehabt, einmal sogar als Telegrafist. Andererseits hatte ja der Kollege beobachtet, dass er sich zeitweise doch von seinem Dienst entfernen konnte. In etwa passten auch die Personenbeschreibungen auf ihn: mittelgroß, unauffällig, 31 Jahre alt.

Ogorzow gab auch gleich zu, sich hin und wieder unerlaubt vom Arbeitsplatz zu entfernen. Gleich im ersten Siedlungshaus neben dem Bahnkörper wohne eine Strohwitwe, deren Mann im Felde sei, die sei sehr nett und so weiter. Sie wurde ausgeforscht und gab nach längerem Sträuben auch die Besuche Ogorzows zu. Die Polizei war nahe daran, ihn wieder zu entlassen und sich zähneknirschend mit einer neuerlichen »toten Spur« abzufinden. Doch die Untersuchung der Dienstkleidung, die Kommissar Lüdtke veranlasst hatte, brachte dann doch den ersten Beweis. Alle Uniformen Ogorzows wiesen Spuren menschlichen Blutes auf.

Im Verhör leugnete er zunächst, erfand dauernd neue Ausflüchte und versuchte immer wieder, falsche Spuren zu legen. Die Gegenüberstellung mit einem Opfer aber, das von ihm vergewaltigt und durch zwei Messerstiche in den Hals schwer verletzt worden war, und die Konfrontation mit den präparierten Schädeln der Erschlagenen im Zimmer des Kommissars brachten ihn zum Geständnis.

Er wollte aber nur mit Lüdtke reden, denn dieser sei ein SA-Mann wie er – und nicht von der SS. Aber erst nachdem ihm dieser eine halbe Stunde lang die Liste der bedrohten, attackierten, schwer verletzten und ermordeten Frauen vorgelesen hatte, sagte er mit dumpfer Stimme: »Ja, ich bin's gewesen.«

Bei einer seiner Attacken auf Frauen in der Laubenkolonie war er einmal von zwei zufällig vorüberkommenden Männern erwischt und fürchterlich verprügelt worden. Der Vorfall wurde zwar nie angezeigt, Ogorzow aber beschloss, sich in Zukunft nicht wieder einer solchen Gefahr auszusetzen. Allein reisende Frauen in Eisenbahnzügen schienen ihm eine leichtere und sichere Beute. Mit seiner Dienstuniform konnte er jederzeit zu ihnen ins Abteil zusteigen, ohne Verdacht zu erregen – auch dann noch, als schon fieberhaft nach einem Täter in Bahnuniform gesucht wurde. Im Gegenteil, er hatte sich freiwillig für den Sicherheitsdienst gemeldet, der Frauen bei nächtlichen Fahrten begleiten sollte. Als bewährter Parteigenosse und Vertrauensmann war er selbstverständlich im Vorhinein über alle Maßnahmen der Polizei informiert worden.

Die S-Bahn hatte er für seine Taten ausgewählt, da sie ihm zwischen den Stationen Gelegenheit und genug Zeit für seine Vorhaben bot. Die unerwartete entschiedene Gegenwehr des ersten Opfers vom 20. September 1940 dürfte Ogorzows Mordlust erst so richtig geweckt haben. Weimann schrieb in seiner Charakterstudie: »Die erste Frau wehrte sich heftiger, als er es erwartet hatte. Instinktiv flüchtete sie zur Tür. Und dann geschah etwas Seltsames. Ihn überfiel ein Rausch wie nie zuvor: erst die wild kämpfende Frau, dann der ohnmächtig in seinen Armen hängende Körper, das Rattern und Stampfen des rasenden Zuges, der brausende Fahrtwind, als er die Schiebetür aufriss – das alles rief in Paul Ogorzow Empfindungen von nie gekannter Gewalt hervor. Seine Erinnerung kam nicht mehr davon los, lockte immer wieder zur Wiederholung jener grausigen Situation …«

Die sexuelle Motivation hat Ogorzow selbst in seinem Geständnis, das er am 16.7.1941 in der Haft schrieb, zugegeben.

Auch die Anklageschrift nahm darauf Bezug, betonte aber, dass der Angeklagte trotz seiner Erregungszustände immer überlegt und planmäßig vorgegangen sei und daher voll zurechnungsfähig und verantwortlich wäre.

Zwei Wochen nach der Verhaftung wurde Paul Ogorzow dem Sondergericht vorgeführt. Nur acht Zeugen waren geladen; der Täter hatte gestanden und die Indizien waren lückenlos, falls er widerrufen sollte. Seine Frau bestätigte nochmals die perfekte Doppelexistenz des Täters. Er sei immer gut zu ihr gewesen, ein guter Vater seiner Kinder, allerdings habe er sie oft mit grundlosen Eifersuchtsattacken gequält.

Nach sechs Stunden wurde Ogorzow achtmal des vorsätzlichen Mordes und sechsmal des versuchten vorsätzlichen Mordes schuldig gesprochen und das Todesurteil wurde gefällt. Es wurde am Morgen danach sofort vollstreckt.

Auf alle Fälle – und um jede üble Nachrede zu vermeiden – war er vorher, am 21.7.1941, aus der NSDAP ausgeschlossen worden.

Mit Mördern wollte die Partei nichts zu tun haben.

Tod im Ferienzug
DER TRIEBTÄTER HEINZ POMMERENKE

Am 31. Mai 1959, einem Sonntag, warteten etwa dreißig Reisende auf dem Bahnhof in Heidelberg auf die Ankunft ihres Feriensonderzuges, mit dem sie nach Finale Ligure an die italienische Riviera fahren sollten. Für viele war dies der lang ersehnte Urlaub – sicherlich auch für die einundzwanzigjährige kaufmännische Angestellte Dagmar Klimke und ihre zwei Freundinnen. Der Zug fuhr kurz nach Mitternacht ein, und die Urlauber begannen die ihnen vom Reisebüro zugewiesenen Plätze zu suchen. Dagmar hatte einen Sitzplatz im Waggon 405, Abteil 11; ihre beiden Freundinnen hatten im Nachbarabteil Nr. 10 reserviert. Da sonst niemand in Dagmars Abteil stieg, saßen die drei Mädchen zusammen, bis zwei von ihnen kurz nach Karlsruhe vom Pagen (so wurde der Schaffner des Reisebürozuges genannt) in ihr eigenes Abteil verwiesen wurden. Die Plätze würden jetzt gebraucht. Dagmar legte sich auf der Bank zurecht und schlief ein, ebenso wie ihre beiden Kolleginnen im Nachbarabteil.

In den frühen Morgenstunden des 1. Juni – der Zug hatte längst die Schweizer Grenze passiert – erwachten die beiden Freudinnen und wollten auch Dagmar wecken. Aber ihr Abteil war leer. Nur das Gepäck lag im Gepäcknetz, sie selbst war verschwunden. Sie suchten im Waggon, im ganzen Zug, blieben aber erfolglos. Erschrocken wandten sie sich an den Reiseleiter, der ihre Bedenken zu zerstreuen versuchte. Vielleicht war Dagmar in Offenburg oder Freiburg ausgestiegen. In Bellinzona aber gaben Mitreisende dann doch eine Vermisstenmeldung an Beamte der Schweizer Bundesbahn auf, die mit einem Fernschreiben auch die Kriminalpolizei in Freiburg verständigten. Eine Beschreibung der Vermissten wurde an alle Stationen und Dienststellen der Bahnpolizei durchgegeben. Der Verdacht, es könnte ein Verbrechen und nicht »nur« ein Unfall vorliegen, verdichtete sich, als bekannt wurde (warum hatte eigentlich kein Mitglied des Zugpersonals davon berichtet?!), dass der Sonderzug mit der Nummer D 969 um zwei Uhr früh etwa fünfhundert Meter südlich des Bahnhofs Schallstadt durch Ziehen der Notbremse zum Halten gebracht worden war. Nachforschungen des Zugpersonals über die Ursache der Bremsung hatten jedoch nichts ergeben und der Zug war weitergefahren.

Zunächst fanden die Behörden keine Spur des vermissten Mädchens, obwohl sämtliche in Frage kommenden Bahngeleise, besonders in der Umgebung von Schallstadt, auf das Genaueste abgesucht wurden.

In den frühen Morgenstunden des 5. Juni mähte ein pensionierter Bahnbeamter etwa hundert Meter nördlich der Haltestelle Ebringen das Gras an der Böschung des Bahndamms, um Grünfutter für seine Ziegen zu holen. Plötzlich stutzte er. Im Wassergraben zwischen dem Bahndamm und einem parallel laufenden Feldweg lag die teilweise unbekleidete Leiche eines Mädchens, in grotesker Stellung, wie kniend, Rücken und Gesäß entblößt. Der Fundort befand sich nur knapp zwei Kilometer von der Stelle entfernt, wo der Ferienzug durch Notbremsung zum Halten gekommen war. Die Kriminalpolizei Freiburg übernahm die Ermittlungen. Der Toten war ihr weißer Perlonunterrock von hinten über den Kopf gezogen, ihr dunkles Wollkleid war von oben nach unten aufgeschlitzt, die Unterwäsche zerrissen worden. Neben komplizierten Brüchen an den Extremitäten wies die Leiche einen tiefen Messerstich oberhalb des Brustbeins auf, der bis zur Wirbelsäule reichte.

Eine Schleifspur führte zum Bahndamm, wo zwischen den Geleisen Blutspuren über eine Länge von 47 Metern zu sehen waren; außerdem konnte man deutlich die Stelle erkennen, an der das Mädchen beim Sturz aus dem Zug aufgeschlagen sein musste. Neben der Leiche lag eine leere weiße Damenhandtasche, nicht weit davon entfernt wurden zwei schwarze Damenpumps entdeckt. Die Vermutung, es handle sich bei der Toten um die vermisste Dagmar Klimke, bestätigte sich durch die Identifizierung des nach Freiburg gerufenen Vaters. Die gerichtsmedizinische Untersuchung ergab als Todesursache eindeutig den Messerstich. Die Brüche waren postmortal und höchstwahrscheinlich Folgen des Sturzes aus dem Zug.

Die Lage der Leiche wies eindeutig auf einen Sexualtäter hin. Bezeichnenderweise verdächtigte die Polizei sofort das in Freiburg stationierte Marokkaner-Regiment, aber alle Soldaten, die an dem Tag Ausgang gehabt hatten, konnten ein Alibi beibringen. Um mögliche Spuren im Waggon sicherstellen zu können, wurde über das Bundeskriminalamt in Wiesbaden um eine Überstellung nach Freiburg angesucht, aber als der Wagen endlich ankam, war er nach zwei längeren Touren von Hamburg nach Italien und Bayern schon zweimal gründlich gereinigt worden. Die Durchsuchung erbrachte also überhaupt nichts.

Um die Zeugen zu verhören, fuhren Kriminalbeamte von Freiburg nach Finale Ligure und mussten als Ergebnis ihrer Ermittlungen feststellen, dass die Sicherheitsvorkehrungen in den Ferienzügen äußerst lax gehandhabt wurden. Der Reiseleiter hatte nach der Abfahrt von Heidelberg einen Unbekannten in seinem Abteil vorgefunden, der erklärt hatte, er hätte sich nur hier herein gesetzt, um »die Gegend zu betrachten«, obwohl es längst stockfinster war. Denselben Herrn hatte auch der Page des Zuges getroffen, der ihm extra ein leeres Abteil aufgesperrt hatte – der Mann hatte ihn darum gebeten, wieder, um »die Gegend besser betrachten zu können«. Anscheinend war niemandem die Absurdität dieser Ausrede aufgefallen.

Bei der verdächtigen Person hatte es sich, wie man später herausfand, in beiden Fällen um den Täter gehandelt. Nur zwei Urlaubsreisende wollten beim Halt infolge der Notbremsung gesehen haben, wie ein Mann aus dem Zug über die Böschung geklettert war. Ihre Personenbeschreibung war aber infolge der Dunkelheit viel zu allgemein, um für die Ermittler verwertbar zu sein. Seltsamerweise konnten auch der Reiseleiter und der Schlafwagenpage keine besseren Hinweise geben. Alle anderen Mitglieder der Reisegesellschaft hatten geschlafen und nichts bemerkt, auch die beiden Freundinnen in Dagmars Nachbarabteil.

Seit Februar 1959 war im Raum Baden-Baden eine Reihe äußerst brutaler Lustmorde und Raubüberfälle verübt worden, zu denen es bisher kaum Hinweise auf mögliche Täter und nur wenige Spuren gab. Die Bevölkerung war beunruhigt, die Polizei stand unter erheblichem Druck und zog immer wieder die Möglichkeit in Betracht, dass alle diese Fälle einem einzigen Täter zuzuschreiben sein könnten, auch wenn die Mordmethoden sehr verschieden waren. Das einzig Verbindende war die geringe geographische Entfernung zwischen den einzelnen Überfällen und Morden.

Am 26. Februar war die halb nackte Leiche der 49-jährigen Kontoristin Hilde Konter an der Peripherie der Stadt Karlsruhe, am Rand der südöstlichen Autobahnauffahrt Karlsruhe-Durlach, einer sehr verkehrsreichen Stelle, gefunden worden. Die Tote war geschändet und durch Aufschlitzen der Kehle ermordet worden. Am Gründonnerstag, dem 25. März, fanden Polizisten die Leiche des als vermisst gemeldeten achtzehnjährigen Lehrmädchens Karin Wädle am Ufer der Gutach in ihrem Heimatort Hornberg im Schwarzwald. Das Mädchen war in einer oberhalb der Fundstelle gelegenen Holzhütte missbraucht, dann mit einem Stein erschlagen und über die Bachböschung am Bahndamm gestoßen worden. Am 30. Mai, einem Tag vor dem Mord an Dagmar Klimke, wurde die achtzehnjährige kaufmännische Angestellte Gisela P. im Schlafzimmer ihres Elternhauses in Singen a. H. kurz nach zwei Uhr in der Nacht von einem jungen Mann überfallen und gewürgt, der plötzlich durch das offene Fenster eingedrungen war. Gisela P. konnte sich aus dem Würgegriff des Angreifers befreien und um Hilfe rufen, worauf der Mann wieder durch das Fenster verschwand. Der Vater des Mädchens hielt die Geschichte jedoch für einen Alptraum, obwohl die Würgemale deutlich sichtbar waren, und verständigte erst in der Früh die Polizei. Immerhin konnte Gisela P. eine exakte Personenbeschreibung des Täters liefern.

Am 2. Juni, noch bevor der Fall Klimke der Behörde bekannt wurde, überfiel ein unbekannter Mann die fünfundzwanzigjährige Kellnerin Hildegard R. in der Nähe des Bahnhofs von Triberg. Sie wurde von hinten mit einem eisenbeschlagenen Holzstück niedergeschlagen und ihrer Handtasche beraubt. Vier Tage danach wurden in Karlsruhe zwei Frauen von einem Rad fahrenden Mann durch Messerstiche in den Rücken schwer verletzt. Der Täter entkam unerkannt. Am 8. Juni überfiel um zwei Uhr morgens ein Unbekannter die in der elterlichen Wohnung schlafende fünfzehnjährige Roswitha T. und verletzte sie durch Messerstiche in den Hals. Der zu Hilfe eilende Vater konnte den Eindringling nicht festhalten und dieser verschwand durch ein Küchenfenster, durch das er wahrscheinlich auch ins Haus gekommen war.

Nur einen Tag später, am 9. Juni, wurde die sechzehnjährige Rita Walterspacher von ihren Eltern als vermisst gemeldet. Sie war von ihrer Arbeitsstätte, einem Möbelgeschäft in Baden-Baden, zu Fuß nach Hause gegangen, statt wie sonst für eine Station den Zug zu benützen, und nie daheim angekommen. Suchmannschaften fanden ihre nackte Leiche am Morgen des nächsten Tages in einem Waldstück nahe ihrem Heimweg. Sie war vergewaltigt und erwürgt worden. Auch diesmal fehlte jede brauchbare Spur.

Infolge der vielen brutalen Verbrechen, denen die Polizei offensichtlich völlig ratlos gegenüberstand, war die Bevölkerung verständlicherweise erschreckt und verunsichert. Die vielen, meist falschen Zeugenangaben, eine Unmenge irreführende Hinweise und sogar eine Meldung über ein Notzuchtattentat, das sich dann als vorgetäuscht erwies, erschwerten die Untersuchungen beträchtlich, da jeder Spur nachgegangen werden musste und keineswegs sicher war, dass ein und derselbe Lustmörder hinter allen Überfällen steckte. Mehr als eine Vermutung konnte die Theorie vom Einzeltäter nicht sein.

Die Aufklärung der Fälle stand aber trotzdem kurz bevor. Parallel zu den Sexualmorden und Überfällen hatte es im selben Gebiet nämlich immer wieder kleinere Einbruchsdiebstähle gegeben, unter anderem auch in ein Waffengeschäft in Baden-Baden (am 10. Juni), wo ein automatisches Kleinkalibergewehr und eine Luftdruckpistole Marke Walther sowie die dazugehörige Munition entwendet worden waren. Mit dieser Pistole bedrohte ein maskierter Mann am 19. Juni einen Schalterbeamten am Bahnhof Karlsruhe-Durlach und erbeutete 540 DM; im Gewühl der Reisenden konnte er danach unerkannt entkommen. Doch die Waffe und die beim Überfall gesicherte Fußspur des Täters stellten die erste Verbindung zwischen den Einbrüchen und den Morden her: Dieselbe Fußspur, eine charakteristische Gummiprofilsohle, war auch beim Überfall auf die fünfzehnjährige Roswitha T. am 8. Juni gesichert worden.

Der endgültige Hinweis auf den Täter aber kam von ganz anderer, unvermuteter Seite. Am Vormittag des 19. Juni 1959 meldete sich der Schneidermeister K. beim Landespolizeiposten Hornberg und gab an, ein ihm bekannter Kunde namens Heinrich Pommerenke hätte einen schon vor Monaten bestellten Anzug gestern abgeholt, ihn gleich bezahlt und angezogen, die alten, abgetragenen Kleider und ein Paket aber dagelassen. Er wolle seine Sachen später abholen, hatte er gemeint. Da das Paket so schwer war, öffnete der neugierige Geselle des Schneidermeisters es und fand ein Kleinkalibergewehr darin. Ob es sich dabei nicht um das durch die Zeitungsmeldungen bekannte, beim Überfall auf die Bahnkasse verwendete Gewehr handeln könnte?

Es war tatsächlich die gestohlene Waffe. Name und Wohnort des Räubers und vermutlich auch Massenmörders waren somit bekannt. Seine Verhaftung gelang dann auch wie nach einem schlechten Filmdrehbuch. Ein Beamter der Hornberger Landespolizei wurde ausgeschickt, sich nach dem Verbleib Pommerenkes zu erkundigen. Gerade als er an dem Friseurladen vorbeiging, in dem die im März ermordete Karin Wädle gearbeitet hatte, trat ein Mann aus dem Geschäft, der dem Steckbrief des Gesuchten entsprach. Der Beamte stellte ihn zur Rede und Pommerenke ging zunächst freundlich lächelnd mit ihm mit, flüchtete dann aber plötzlich an einer Straßenkreuzung im Laufschritt Richtung Bahnhof. Der Polizist lief ihm nach; ein Kollege, der den Vorgang durchs Fenster des Wachlokals beobachtet hatte, sprang auf sein Dienstmotorrad und nahm ebenfalls die Verfolgung auf.

Auf dem Bahnhofsvorplatz schlug gerade ein Schausteller seine Bude für den Jahrmarkt am kommenden Sonntag auf. Zu dritt hinderten die Männer Pommerenke daran, sich über das Dach eines Schuppens in Sicherheit zu bringen; sie hängten sich an seine Beine und zogen ihn wieder herunter. Pommerenke

Heinz Pommerenke. Polizeifoto

wehrte sich nach Kräften, doch die Polizisten überwältigten ihn und führten ihn in Ketten ins Wachzimmer ab.

Erst nach langen Verhören – er hatte zunächst nur die Notzuchtversuche, nicht aber die Morde zugegeben – schrieb Pommerenke ein umfangreiches Geständnis nieder: 65 Straftaten, darunter vier Morde, sieben Mordversuche, zwei Fälle vollendete Notzucht, fünfundzwanzig Notzuchtversuche, fünf Fälle schwerer Raub, ein räuberischer Diebstahl, zehn Einbruchsdiebstähle, sechs einfache Diebstähle, je einmal Betrug und Unterschlagung sowie ein Fall von Erregung öffentlichen Ärgernisses.

Heinz Pommerenke war zum Zeitpunkt seiner Verhaftung zweiundzwanzig Jahre alt. Er war 1953 aus der »Zone« nach Westdeutschland geflohen, aber auch hier, nach einer freudlosen Kindheit, nicht heimisch geworden. Er hatte ein unstetes Leben geführt und schon in jungen Jahren Straftaten, räuberische Überfälle und Sittlichkeitsdelikte verübt. In Schaffhausen in der Schweiz war er 1958 wegen Vergewaltigung verurteilt worden, im österreichischen Bregenz hatte er Urlauber mit einer Waffe bedroht und ausgeraubt.

Die Gutachter erkannten ihn für voll schuldfähig, die Verhandlung fand vor dem Schwurgericht in Freiburg von 3. bis 22. Oktober 1960 statt. Sie endete mit einem Schuldspruch in 27 Fällen. 38 Delikte waren nicht zur Anklage gekommen, da der Täter bei ihrer Verübung unter 21 gewesen war. Heinz Pommerenke wurde zu lebenslangem Zuchthaus verurteilt – der strengste Schuldspruch, der bis dahin von einem deutschen Gericht der Nachkriegszeit verhängt worden war.

Das Phantom im Nachtexpress
DAS GRAUSAME LEBEN DES SID AHMED REZALA

Weihnachten 1999. Im Gefängnis von Chiavari an der italienischen Riviera wartet Donato Bilancia, das »Monster der Riviera« (siehe Kapitel »Il serial killer«), auf seinen Prozess, als plötzlich die Nachricht von einem neuen Serienmörder Frankreich erschreckt. Der Täter schlägt immer bei Nacht zu, sein Revier ist die Eisenbahn – genauer gesagt, die Schnellzüge zwischen Calais und Marseille, Nizza und Bordeaux –, seine Opfer sind allein reisende Frauen.

Der Name des Killers ist bekannt, sein Steckbrief hängt in allen Bahnhöfen, Stationen und Haltestellen, in jeder Polizeiwachstube: Sid Ahmed Rezala, zwanzig Jahre alt, 1 Meter 78 groß, olivbraune Hautfarbe, braunes, kurz geschnittenes Haar, dunkelbraune Augen. Rezala ist französischer Staatsbürger algerischer Herkunft, der mehrfach wegen Diebstahl, Raub, gefährlicher Drohung und Nötigung, Körperverletzung und illegalen Waffenbesitzes vorbestraft ist. So sieht das Signalement eines Gewalttäters aus, dem inzwischen trotz seiner Jugend drei Morde zur Last gelegt werden – Verbrechen, die mit einer fast unvorstellbaren Brutalität und Grausamkeit begangen worden waren.

Obwohl der Täter also alles andere als unbekannt ist, gelingt es der Polizei und den Bahnbehörden nicht, ihn zu stellen. Weihnachten und Silvester (die viel beworbene und ein Jahr zu früh angesetzte »Jahrtausendwende«) stehen vor der Tür. Viele Menschen werden mit der Bahn nach Hause zu ihren Familien fahren; in Paris erwartet man zu den Millenniumsfeiern Zigtausende Touristen und Besucher aus der Provinz. Wird der Killer diese Gelegenheit nützen, um wieder zuzuschlagen?

Eine englische Studentin, die zwanzig Jahre alte Isabel Peake, war Rezalas erstes Opfer. Am 13. Oktober fanden Streckenarbeiter ihre entsetzlich verstümmelte Leiche auf dem Bahndamm, in Sichtweite der Haltestelle Chabenet bei Chateauroux; ihr Gepäck und ihr Rucksack lagen zehn Kilometer weiter. Sie musste am Abend des Vortages bei über 150 Stundenkilometern Geschwindigkeit aus dem Expresszug Limoges–Paris, der die Station um etwa achtzehn Uhr passiert hatte, gestoßen worden sein. Die Leiche wies Messerstiche auf; tödlich war jedoch der Aufprall an einem Mast gewesen. Unmittelbare Tatzeugen gab es nicht, doch konnten Mitreisende eine genaue Personenbeschreibung geben. Die Studentin war mit einem jungen Mann eingestiegen, etwa zwanzig bis dreißig Jahre alt, groß, schlank, mediterraner Typ mit kurzem braunen Haar und einer charakteristischen schwarzen Baseballkappe.

Fast genau zwei Monate später, am 14. Dezember, fanden die Schaffner in der Toilette im Waggon 46 des Calais–Vintimiglia-Expresses um drei Uhr früh die blutverschmierte Leiche einer jungen Frau, die mit vierzehn Messerstichen in Hals und Gesicht brutal ermordet worden war. Sie wurde als Corinne Caillaux aus Calais identifiziert, 36 Jahre alt und Mutter zweier Kinder. Neben der Leiche lag eine schwarze Kappe, die genau der Zeugenbeschreibung der Kopfbedeckung des Täters vom 13. Oktober entsprach.

Die beiden Schaffner konnten sich auch erinnern, eineinhalb Stunden vor der Tatzeit einen jungen Mann angehalten zu haben, der im Waggon 45 saß, aber keinen Fahrschein hatte. Er wies sich mit einem Personaldokument aus, das auf Sid Ahmed Rezala lautete, bezahlte die Strafe und gab an, dass er nach Marseille wolle. Der Verdächtige war aber dann doch schon in Dijon ausgestiegen.

Sofort begann die Polizei, nach dem mutmaßlichen Mörder zu fahnden. Dessen kleine Wohnung in Marseille war offenbar schon seit längerer Zeit nicht mehr benützt worden. Als die Beamten aber die Wohnung seiner ehemaligen Freundin Nadja, mit der er auch eine acht Monate alte Tochter hatte (das Paar hatte sich wenige Wochen vorher getrennt), in Amiens überprüften, mussten sie eine weitere fürchterliche Entdeckung machen: Im Kohlenkeller, hinter Brennmaterial verborgen, lag die Leiche der zwanzigjährigen Studentin Emilie Bazin, die seit dem 29. Oktober als abgängig gemeldet war. Auch sie war durch zahlreiche Messerstiche ermordet worden, Gesicht und Brust waren völlig zerfleischt. Zeugen hatten sie öfters in Begleitung Sid Ahmed Rezalas gesehen.

Obwohl ein genauer Steckbrief des Mörders vorlag und umfangreiche Fahndungsmaßnahmen in allen Bahnhöfen sowie Polizeistreifen in Zügen veranlasst worden waren, gelang es den Behörden nicht, auch nur eine Spur des Mörders zu finden. Als sich herausstellte, dass Sid Ahmed Rezala weder für die Polizei noch für die Bahnverwaltung ein Unbekannter war, wurde vermehrt Kritik aus der Öffentlichkeit laut. Insgesamt 42-mal war Rezala bereits wegen Schwarzfahrens aus dem Zug verwiesen worden. Am 5. Dezember 1995, mit nur sechzehn Jahren, war er zum ersten Mal vom Jugendgericht in Marseille verurteilt worden. Er hatte einem kaum ein Jahr jüngeren Burschen in der Toilette des Bahnhofs St. Charles in Marseille die Uhr geraubt und war dafür mit dem harten Urteil über vier Jahre Haft, davon achtzehn Monate unbedingt, bestraft worden. Im Herbst 1998 hatte er einen Kontrollor mit gezücktem Messer attackiert und war deswegen zu einer unbedingten Haftstrafe von drei Monaten verurteilt worden.

Außerdem musste die Bahnbehörde zugeben, dass es in der Vergangenheit immer wieder zu Überfällen auf allein reisende Frauen gekommen war, vor allem in Nachtzügen. Die Eisenbahnverwaltung entschuldigte sich mit Personalmangel, der es unmöglich mache, dass pro Zug mehr als zwei Schaffner abgestellt würden, und der fehlenden Autorität ihrer Kontrollorgane, die Schwarzfahrer nur des Zuges verweisen, sie aber weder festhalten noch außerhalb des Bahnbereiches verfolgen dürften.

Die Kritik verschärfte sich noch, als die Ermittlungsbehörden zugeben mussten, Rezala nach dem Mord an Isabel Peake und vor dem Verbrechen an Corinne Caillaux schon einmal – allerdings nur kurz – in Gewahrsam gehabt zu haben. Am 13. November hatten ihn Zollbeamte im Zug von Genf nach Paris bei Pontarlier

wegen Besitzes von zwanzig Gramm Haschisch, einer Tränengas-
bombe und eines Springmessers verhaftet, aber nach einigen
Stunden wieder freigelassen. Obwohl er im Fall Peake zum engsten Kreis der Verdächtigen gehört hatte, war sein Signalement
nicht an alle Dienststellen weitergegeben worden.

Die Polizei verwies auf die Existenz spezieller Bahnbanden,
deren meist minderjährige Mitglieder sich in Bahnhöfen oder
Fernzügen aufhielten und von Gelegenheitsdiebstählen, Drogenhandel und Prostitution lebten. Die Bandenmitglieder würden
Fahrpläne und Bahnanlagen genau kennen und meist absichtlich
ihre Personaldokumente vernichten, wodurch sie nicht identifiziert werden konnten, sollten sie beim Schwarzfahren erwischt
werden.

Rezala hatte, wie Nachforschungen der Polizei ergaben, seit seinem sechzehnten Lebensjahr einer solchen Bande angehört, die
ihr Hauptquartier am Bahnhof St. Charles hatte. Zeugen hatten
ihn wiederholt beobachtet, z. B. Anfang Dezember in einem
Expresszug nach Bordeaux oder Mitte Dezember in der Nähe von
Nizza. Aber als die Polizei die Züge durchsucht hatte, war von
Rezala jeweils keine Spur mehr zu finden gewesen. Wie ein
Phantom schien er plötzlich aus dem Nichts aufzutauchen, nur
um ebenso schnell wieder zu verschwinden.

So gut es ging, versuchte die Polizei, den Weihnachts- und Fei-
ertagsverkehr sicherer zu machen. Wachen wurden für die besonders gefährdeten Nachtzüge eingeteilt, die Bahnhöfe kontrolliert
und eigene Frauenabteile, deren Fehlen bisher immer besonders
kritisiert worden war, direkt neben den Dienstabteilen des Zugpersonals eingerichtet. Doch der Nachtjäger zeigte sich nicht.
Stattdessen brachte ein gewaltiger Orkan in der Nacht zum zweiten Weihnachtsfeiertag den Verkehr der Eisenbahn, besonders in
den nördlichen und westlichen Landesteilen Frankreichs, völlig
zum Erliegen. Möglicherweise hatte sich Rezala bereits nach Spanien oder Portugal abgesetzt – beliebte Fluchtländer bei den Mitgliedern der Bahnbanden, da man dort ohne Kontrolle einreisen
konnte.

Am 10. Jänner bestätigte sich diese Vermutung. Die Polizei
hatte Rezalas Liebe zu seiner kleinen Tochter und den regelmäßigen Kontakt zu einer weiteren Bekannten in Amiens benützt, um

Sid Ahmed Rezala. Porträt aus dem Steckbrief

seine Telefonate abzuhören und, wenn möglich, zurückzuverfolgen. Dies gelang auch, und am 11. Jänner 2000 wurde der mutmaßliche Mörder in Baixa da Banheira, einem Vorort von Lissabon, verhaftet, als er gerade eine Telefonzelle verließ. In seiner Tasche steckte bereits ein Flugticket zu den Kanarischen Inseln.

Nachdem er sich in Marseille versteckt gehalten hatte, war er am 28. Dezember – ausnahmsweise nicht schwarz, sondern mit einem gültigen Fahrschein – über Madrid nach Lissabon gefahren. Dort hatte er sich zuerst bei einem Bekannten aus der Bahnbandenszene aufgehalten, dann aber einen spanischen Geschäftsmann kennen gelernt, der ihn bei sich aufnahm. Sein neuer Gönner hatte vor, in Teneriffa ein Lokal zu eröffnen, und wollte ihm dort Arbeit verschaffen. Die Reise dorthin hatte sich aber verzögert, da Rezala, der sich mittlerweile Khaled nannte, keine Papiere hatte (sie waren ihm angeblich im Zug gestohlen worden) und sich auch standhaft weigerte, aufs französische Konsulat zu gehen, um neue zu besorgen. Warum diese Handlungsweise seinen älteren Freund nicht stutzig gemacht hatte, ist nicht bekannt.

Kaum ins Untersuchungsgefängnis eingeliefert, unternahm Rezala einen Selbstmordversuch. Er fügte sich tiefe Schnitte in den Hals zu und verletzte sich an den Armen, konnte aber gerettet werden.

In Frankreich untersuchte die Polizei inzwischen seine mögliche Schuld an einem vierten, bisher nicht aufgeklärten Mord; es wäre Rezalas erster gewesen. Am 20. August 1999 war in Nimes die 32-jährige, zurückgezogen lebende Valérie Estienne aus dem Fenster ihrer Wohnung im dritten Stock in der Rue des Greffes, in unmittelbarer Nähe des Bahnhofs, gestürzt worden. Zeugen wollten Rezala in der Nähe des Tatorts mit dem Opfer gesehen haben. Doch dieser Fall blieb ungeklärt; Rezala schwieg zu den Anschuldigungen. Die drei anderen Morde hatte er bereits in einem Interview mit der Pariser Tageszeitung *France Soir* gestanden.

Rezalas zweiter Selbstmordversuch gelang: Am 28. Juni 2000 steckte er das Bett in seiner Zelle in Brand und erstickte im Rauch.

Nicht nur der Mord an Corinne Caillaux hatte Ähnlichkeiten mit den zwei Eisenbahnmorden Donato Bilancias. Auch Rezalas Lebenslauf wies eine Reihe verwandter Züge auf. Wie Bilancia war er mit seiner Familie aus dem armen Süden in den reichen Norden gekommen und hatte große Schwierigkeiten gehabt, sich der neuen, fremden Umgebung anzupassen. Bei Rezala war diese Situation noch verschärft, da seine Familie besonders rigoros traditionalistisch war und er selbst mitten in der Pubertät steckte.

Seine neue »Heimat« lehnte ihn ab; nicht einmal sein Hobby, das Basketballspiel, konne er fortsetzen, da er als Nordafrikaner von allen Spielplätzen vertrieben wurde. Wie Bilancia lernte er sehr schnell, sich gegen Ablehnung mit Aggression zur Wehr zu setzen und die begehrten Luxusgüter durch kriminelle Handlungen zu erwerben. Sein durchaus nicht unvorteilhaftes Äußeres setzte er ein, um sich – obwohl er keineswegs homosexuell war – eine zahlungskräftige Klientel älterer Herren aufzubauen.

Die Bahnhofsbanden in Marseille wurden ihm zur zweiten Familie, die ihm Sicherheit und Anerkennung gab. Die Beziehung zu Nadja in Amiens und die Geburt seiner Tochter hätten seinem unsteten Leben vielleicht eine gewisse Stabilität verleihen können. Doch Rezala hatte keine Ausbildung, keinen Job und keine Zukunftsaussichten. Als Nadja deshalb die Beziehung abbrach, legte sie unbewusst den Grundstein zu seinem blutigen Amoklauf, zum Rachefeldzug gegen das weibliche Geschlecht, das ihn abgelehnt und erniedrigt hatte.

Die hinzugezogenen Psychiater waren der Ansicht, dass Rezala, ähnlich wie Bilancia, durchaus die Voraussetzungen für einen Serienmörder gehabt hätte: hohes Aggressionspotential, eine gespaltene Persönlichkeit – gleichzeitig blutgieriger Killer und liebender Vater – und eine große innere Instabilität, die sich vor allem in der Unrast äußerte, die ihn dauernd von einem Ort zum anderen trieb; in den Eisenbahnzügen, die er sich auch als Schauplatz für seine Morde ausgesucht hatte.

»Die neuen Kathedralen«
EXKURS: EINE KURZE GESCHICHTE DER BAHNHÖFE

Die »Bahnhöfe« der ersten Eisenbahnlinien verdienten ihren Namen noch nicht. Sie waren einfache Zweckbauten – eben Höfe – am Rande der Städte, wo Grund und Boden billig waren und man sich nicht mit Beschwerden der Anrainer wegen tatsächlicher oder eingebildeter Gefahren des neuen Verkehrsmittels auseinander setzen musste. Der Erfolg der Eisenbahn, auch beim reisenden Publikum, machte aber sehr bald Veränderungen notwendig, die sowohl die Lage als auch die Größe und architektonische Ausgestaltung der Bahnhöfe betrafen. Im Zuge dieser Entwicklung wurden diese in der zweiten Hälfte des 19. Jahrhunderts zu den prächtigen und unübersehbaren »Kathedralen des Fortschritts«, »Monumenten menschlichen Erfindergeists« und »Domen der Industrie«, von denen heute noch einige erhalten sind.

Der erste Bahnhof, der diese Bezeichnung auch verdient haben soll, stand in Pawlowsk, an der Endstation der ersten russischen Eisenbahnlinie. Er war ein »gewaltiges« Bauwerk mit Geschäften, einem Kasino, Tanzsälen und einem eigenen Park. Einen eigenen Stil, der sich aus den technischen Anforderungen hätte entwickeln können, gab es für Bahnhofsbauten nicht. Den Architekten des Historismus war jede Bauform recht: gotisch als Sinnbild des Bürgertums und kaufmännischen Unternehmungsgeistes in Wien (Nordbahnhof) und Berlin, romanisch als die Kunstepoche des ersten deutschen Kaiserreichs für München, Anklänge an das Barock in Frankfurt; sogar griechisch-dorische oder ägyptische Stilformen (Euston, London und Dublin) fanden Verwendung.

Die nationalen Hauptstädte waren naturgemäß die Verkehrszentren, Ausgangs- und Zielpunkte der Eisenbahnlinien, die sich nach allen Richtungen fächerförmig ausbreiteten. Die stetig wachsende Inanspruchnahme des neuen Verkehrsmittels zwang zu immer mehr Geleisen, immer mehr Perrons. Alle Großstädte mussten mehrere Bahnhöfe bauen, mussten Lasten- und Personenbahnhöfe trennen, was nicht nur wegen der Rivalität der privaten Eisenbahngesellschaften, sondern vor allem aus Verkehrsrücksichten – und teilweise auch aus strategischen Gründen – notwendig war.

Die Wiener Personenbahnhöfe zum Beispiel gruppierten sich am Gürtel, einer breiten, die Vorstädte umschließenden Straße, die konzentrisch zum Ring verläuft. Mit Ausnahme des Kaiser-Franz-Josef-Bahnhofs, der den Namen seiner allerhöchsten Majestät tragen durfte, waren sie nach den Himmelsrichtungen, in die man von ihnen aus fahren konnte, benannt: Nord-, West-, Süd- und Ostbahnhof, dazu noch ein Nordwestbahnhof und einige kleinere Bahnhöfe für lokale Linien – eine praktische Nomenklatur, solange sie ihre Gültigkeit behielt. Sie war aber auch unbequem, da man zum Umsteigen oder zur Weiterfahrt oft weite Strecken mit anderen Verkehrsmitteln zurücklegen musste – und muss. Mit einer »Verbindungsbahn« versuchte man, diesen Nachteil auszugleichen. Sie soll auch aus militärischen Rücksichten gebaut worden sein, da man so im Stande war, Truppentransporte um die Stadt herumzuführen, ohne dass sie von innerstädtischen Spionen beobachtet werden konnten.

In Berlin waren sie nach den Zielorten und -ländern ihrer Linien benannt, zum Beispiel der Anhalter Bahnhof, der Schlesische oder der Lehrter Bahnhof; in London folgte man der Stadttopographie: Euston Street, Victoria oder Charing Cross.

Die Nichthauptstädte dagegen mussten sich mit Zentral- oder Hauptbahnhöfen begnügen, wie sie in Frankfurt, Köln oder Dresden errichtet wurden – die für den Reisenden sicherlich bis heute angenehmere Lösung.

Trotz ihrer nach außen hin unterschiedlichen Stile waren alle Bahnhöfe nach einem einheitlichen, von ihrem Zweck vorgegebenen Schema gebaut, das sich bis heute nicht verändert hat. Der Grundriss der Kopfbahnhöfe, die Ausgangs- und Zielpunkt der Linien bilden, entspricht einem großen U. Die geschlossene, der Stadt zugewandte Seite bot mit ihrer großen Fassade dem Architekten jede Möglichkeit zur Prachtentfaltung. Durch ein entsprechend pompöses Entree betrat der Reisende eine große, vorgebaute Halle mit Kassen, Geschäften für Reiseartikel und Restaurants; dazu die Wartesäle, die – wie oft auch die Lokale – nach Klassen getrennt waren und so schon vor Betreten des Zuges ein Vorsortieren der Passagiere ermöglichten.

Links und rechts schlossen sich Zufahrten für Zubringer an, nach Abfahrts- und Ankunftsseite getrennt, weiters Räume für Fracht und Reisegepäck sowie die Verwaltungsgebäude. Dazwischen, im Zentrum, wölbte sich über die Geleise und Perrons das »Kirchenschiff« der Fortschrittskathedrale – eine kühne, glasüberdachte Eisenkonstruktion, die oft – wie zum Beispiel in Frankfurt oder München – auch heute noch von imponierender Größe ist. Kleinere Seitenschiffe grenzten links und rechts an das Hauptschiff. Sie waren Linien lokaler Bedeutung vorbehalten, wogegen die Fernzüge naturgemäß nur im Zentrum ausfuhren und ankamen. Die Perrons waren mit Schranken geschlossen, an denen die Billetts vorzuweisen waren und entwertet wurden, bei der Ankunft wie bei der Abfahrt. Das war ein fast lückenloses Kontrollsystem, das Schaffner unnötig machte.

Bahnhöfe mit durchgehenden Geleisen, meist in kleineren Orten, waren parallel zur Strecke angelegt und hatten, zumindest bei größeren Stationen, daher zwei fast identische Gebäude für jede Fahrtrichtung. Durch die Eingangshalle mit den Kassen, Geschäften, Restaurants und Wartesälen gelangte man direkt zum ersten Geleise, zum ersten Perron, an dem die Züge hielten. Die Nebenräume, Gepäckkassen, Depots und Magazine waren in der Längsachse rechts und links neben der Haupthalle gruppiert. Zu den weiteren Perrons gelangte man – bei mehrgleisigen Strecken – mittels Über- oder Unterführungen.

Von der Pracht der »alten« Bahnhöfe sind nach den Zerstörungen zweier Weltkriege kaum noch Spuren übrig. Nur die restaurierte Fassade des Frankfurter Bahnhofs zum Beispiel oder das fashionable Restaurant »Train Bleu« in Paris lassen ahnen, von welchem Prunk der Eisenbahnreisende des 19. Jahrhunderts umgeben war.

Der Bahnhof von Paddington. Fotografie, um 1905

Für die deutschsprachigen Länder war lange der Wiener Nordbahnhof, 1859–1865 nach Entwürfen des Direktionspräsidenten
J. Stummer von Theodor Hoffmann erbaut, Höhepunkt der
Bahnhofsarchitektur. Sein »romantischer« Stil vereinigte toska-
nische, gotische und »maurische« Elemente. Säulenhallen aus
edlem Material, mit Stuck und Malerei oder Springbrunnen wie
in der Alhambra, sollten den Reisenden aus dem Nordwesten
der Monarchie – Wiens Gastarbeiter in der zweiten Hälfte des
19. Jahrhunderts kamen vor allem aus Böhmen und Mähren –
schon bei der Ankunft die Pracht und Bedeutung der kaiserlichen
Haupt- und Residenzstadt nachdrücklich vor Augen führen. Die
zentrale Halle überspannte fünf Perrons und war 140 Meter lang
und 32 Meter breit. Der Bau hat die damals fast sagenhafte
Summe von zwei Millionen Goldgulden gekostet.

Die deutschen Bahnen bauten ihre Bahnhöfe meist erst im
letzten Drittel des 19. Jahrhunderts prunkvoll aus. Der Kölner
Hauptbahnhof – ein Durchgangsbahnhof nahe dem Stadtzentrum, 1894–1898 nach Plänen des Architekten Frentzen entstanden – hatte, wie sein Gegenstück in Paris, der Gare de Lyon, einen
hohen Uhrturm – ein Hinweis darauf, dass die Eisenbahn den
Menschen zum ersten Mal in seiner Geschichte einer fremdbe-
stimmten, auf Minuten exakt bezeichneten Zeit unterwarf, die
nicht mehr von der Sonne oder Vorgängen in der Natur bestimmt
wurde. Davor war der Kirche allein das Zeitdiktat über den Menschen vorbehalten gewesen. Insofern stimmt der viel zitierte Vergleich der Bahnhöfe mit Kathedralen und Kirchen; der Uhrturm
des Kölner Hauptbahnhofs stand durchaus selbstbewusst neben
den Türmen des Doms.

Der größte Bahnhof der Welt befand sich naturgemäß in den
Vereinigten Staaten: der Grand Central in New York (errichtet
1903–1912). Er vereinigte 67 Geleise mit 44 Bahnsteigen und
umfasste eine Fläche von neunzehn Hektar. 550 Züge konnten
täglich abgefertigt werden; der Bahnhof war für eine Frequenz
von 180.000 Reisenden pro Tag angelegt.

Dass die Bahnhöfe bei einem derartigen Verkehrsaufkommen, auch wenn sie eher an den Rändern als im Inneren der Städte lagen, zu neuen urbanen Zentren wurden, versteht sich von selbst. Die zu ihnen führenden Straßen entwickelten sich zu Hauptstraßen des Geschäftslebens, wie beispielsweise die Maria-hilfer Straße in Wien oder die Bahnhofstraßen in Zürich und Frankfurt. Die Umgebung mit den Verkehrsanlagen hinter den prunkvollen Fassaden zählte allerdings nicht zu den bevorzugten Wohngegenden. Das war bei den Umweltbedingungen, dem Ruß, Staub und Lärm des Betriebes, nur verständlich.

Für Zeitgenossen waren die Bahnhöfe mit ihrem Getriebe, der Menge und dem Gedränge ankommender und abfahrender Reisender ein faszinierendes und zugleich erschreckendes Bild. Sie boten ein Sinnbild der eigenen Gesellschaft, ruhelos und anonym, immer unterwegs, orientierungslos, getrieben von einem Zeitmaß, das keine natürliche, menschliche Grundlage mehr hatte.

Fasziniert war auch die Unterwelt, für die die Bahnhöfe mit ihren Menschenansammlungen und ihrer Unüberschaubarkeit geradezu ideale Arbeitsplätze waren. Sie musste nichts anderes tun, als ihre schon seit Jahrtausenden auf Marktplätzen oder an ähnlichen Versammlungsorten bewährten Tricks auch auf den Bahnhöfen anzuwenden. Opfer gab es genug. Reisende hatten notgedrungen immer Geld bei sich und führten oft wertvolles Gepäck mit. Durch die Klasse, in der sie reisten, ließen sich schon sehr früh Schlüsse auf ihre Vermögensverhältnisse ziehen. Bahnhöfe waren also ein ideales Gebiet für alle Arten von Erwerbskriminalität, für Taschen- und Trickdiebe jeder Art. Ein schon auf den Jahrmärkten des Mittelalters probater Kniff erwies sich, nur um ein Beispiel zu nennen, bis heute als besonders wirkungsvoll: Ein Reisender schleppt sich mit einem besonders großen und schweren Koffer ab, aber nur scheinbar, denn in Wahrheit ist der Koffer leer und ohne Boden. Sieht er ein unbeaufsichtigtes, reichen Inhalt versprechendes Gepäckstück, stülpt er schnell seine eigene, bodenlose Emballage darüber und verlässt damit unauffällig den Tatort.

Leicht ließen sich auch besonders günstige Zeiten für Eigentumsdelikte im Voraus bestimmen. Die Ankunftszeiten großer Fernzüge standen auf dem Fahrplan, zu großen Veranstaltungen, zu Messen und Märkten etwa, kam zahlreiches Publikum, meist mit der Eisenbahn. Als Opfer besonders beliebt waren natürlich Landbewohner, die sich – mit Kaufabsichten und ergo mit Bargeld versehen – aus einem ruhigen, abgelegenen Wohnort plötzlich in das ungewohnte Getriebe und die Menschenmassen einer großen Stadt versetzt sahen. Sie waren leichte Beute für falsche Helfer, irreführende Hinweise und alle Arten sündiger Verlockungen. Daher haben die unmittelbaren Umgebungen von Bahnhöfen auch ihren schlechten Ruf. Lokale mit Möglichkeiten zu verbotenen Glücksspielen, Animierkneipen und Absteigen durften nicht allzu weit vom Ansprechort der Opfer entfernt sein.

Bahnhöfe sind und waren Treffpunkte, nicht nur für Heimatlose, Menschen ohne festen Wohnsitz und ohne feste soziale Beziehungen. Sie dienten auch als Kontaktstelle und Nachrichtenbörse. Die Anonymität des Bahnhofs, das ständige Kommen und Gehen Hunderter und Tausender Reisender machten eine Kontrolle und Überwachung durch die Behörde sehr schwierig. Keineswegs zum Nachteil für die Kriminalität: Bahnhöfe sind bis heute Umschlagplatz für illegale Waren und Dienstleistungen, für Schmuggel, Rauschgift und Prostitution.

Die rund um die Uhr geöffneten Bahnhofstoiletten der großen Städte galten in der Verbotszeit als bevorzugter Anbahnungsort und Anlaufplatz für männliche Prostitution. Entlaufene und abgängige Jugendliche suchte die Polizei zuerst auf den Bahnhöfen. Fritz Haarmann, der Werwolf von Hannover, rekrutierte eine große Zahl seiner Opfer am Hauptbahnhof von Hannover, unter jugendlichen Ausreißern und Obdachlosen, denen er Quartier, Unterkunft und Zuneigung versprach. Er gab sich ihnen gegenüber als Polizist aus – und tatsächlich verrichtete er Spitzel- und Zuträgerdienste für die überlastete Polizei. Dies war ein wesentlicher Grund dafür, dass er so spät in Verdacht geriet und verhaftet wurde; aber die Anonymität und Hoffnungslosigkeit des Bahnhofsmilieus kamen seinen mörderischen Plänen wahrscheinlich noch mehr zugute.

Die Leiche in der Gepäckaufbewahrung
CARL HURTZ' LETZTE REISE

Der Gestank war unerträglich. Seit man wegen des eisigen Jännerwetters auch die Lagerräume des Frachtenbahnhofs in Rzeszow an der galizischen Staatsbahn heizen musste, war ein Arbeiten in diesen Räumen fast unmöglich geworden. Als Urheber des üblen Geruchs fand man, der Nase nachgehend, im Abteil der Speditionsfirma Reich & Kraus ganz hinten einen großen, stoffbezogenen und mit starken Messingschlössern gesicherten Koffer mit der Aufschrift »I. P. Nr. 1« in weißen Schablonenbuchstaben. Den zugehörigen Frachtpapieren nach hatte das Gepäckstück bereits eine längere Reise hinter sich. Aufgegeben worden war der Koffer in Wien am 15. März des Vorjahres, 1859, nach Prag, an die Adresse eines »Herrn Joachim Poppe, Hotelbesitzer, Nr. 861«. Von dort war er, auf schriftliche Anweisung aus Wien, am 15. August an denselben Herrn, aber per Adresse Przemysl in Galizien, weitergeleitet worden. Da ihn dort niemand abholte und die beauftragte Spedition keinen Herrn namens Joachim Poppe finden konnte, wurde er Ende Jänner 1860 nach Rzeszow geschickt und im Lager abgestellt. Als Inhalt waren angegeben: vergoldete Luster, Glaswaren, Delikatessen. Gewicht: 160 Pfund, ca. 80 Kilo. Wert: zweihundert Gulden.

Da die angegebenen Delikatessen in der Zwischenzeit wahrscheinlich verdorben waren, genehmigte die Bahnbehörde das Öffnen des Koffers. Ein Schlosserlehrling wurde geholt, der unter Aufsicht des Stationsvorstands die Schlösser aufbrach. Man fand jedoch weder Glaswaren noch Luster – und schon gar keine Delikatessen –, sondern eine schon stark in Verwesung übergegangene männliche Leiche. Der Stationsvorstand alarmierte umgehend die Polizei und den Gerichtsarzt.

Die Untersuchung des Leichnams ergab wegen des fortgeschrittenen Verfallsstadiums nur wenige Hinweise. Der Tote
musste um die vierzig bis fünfzig Jahre alt gewesen sein und von
kräftiger Statur; er hatte kurzgeschnittene rötliche Haare sowie
einen Schnurr- und Backenbart in derselben Farbe gehabt. Ein
linker Stockzahn war plombiert. Die Gesichtszüge waren allerdings nicht mehr erkennbar. Die Leiche war in ein Herrenhemd
mit der Wäschemarke »C. H. 20« gewickelt. In dem Koffer befanden sich noch ein weißes Porzellanlavoir und ein Handtuch, das
ebenfalls mit den Initialen »C. H.« bezeichnet war.

Das Bezirksgericht k.u.k. Rzeszow schickte eine ausführliche
Tatbestandsaufnahme und Beschreibung der hierorts nicht zu
identifizierenden Leiche nach Wien, dem Aufgabeort des Koffers,
da anzunehmen war, dass der Tote aus dieser Stadt stammte.

Wie so oft führte jetzt Kommissar Zufall Regie. Die Berichte aus
Galizien fielen einem Beamten in die Hände, der mit der Wiener
Fabrikantenfamilie Hurtz gut befreundet war. Besagte Familie
war vor knapp einem Jahr von einem schweren Schicksalsschlag
heimgesucht worden. Carl Hurtz, der zusammen mit seinem
Bruder Josef Metallwarenfabriken in Leobersdorf und eine Ver-
golderanstalt in Wien mit Büro und Verkaufsgewölbe in der
Bischofsgasse besaß, war am Abend des 14. März 1859 spurlos
verschwunden. Er hatte noch am Nachmittag bei einem Bankin-
stitut 6.200 Gulden abgehoben und zwei Wechsel um tausend
Gulden kassieren lassen, um am Montag fällige Zahlungen leisten zu können. Dann wollte er, wie jedes Wochenende, in sein
Haus bei Leobersdorf fahren. Dort aber war er nie angekommen.
Sein Bruder hatte ihn in der Stadt gesucht, ihn aber auch dort
nicht finden können. Der Buchhalter der Firma, der einundzwanzigjährige Johann Schmidt, war der letzte, der ihn gegen fünf Uhr
am Abend gesehen hatte.

Als auch am Montag, als die Zahlungen fällig gewesen waren,
keine Spur von Carl und dem Geld, das er mit sich führen musste, aufgetaucht war, hatte ihn sein Bruder bei der Polizei als vermisst gemeldet. Der Verdacht, Carl Hurtz habe sich heimlich aus

Johann Schmidt, der erste »Koffermörder«

dem Staub gemacht, da er finanzielle Schwierigkeiten zu befürchten hatte, wurde zuerst von seinem Buchhalter erhoben. Er
berichtete immer wieder von der großen Summe Bargeld, mit der
sein Chef das Büro verlassen hatte. Der Bruder des Vermissten
behauptete allerdings das Gegenteil: Die Fabriken wären liquid
und die Gelder völlig ausreichend gewesen, alle Forderungen zu
befriedigen. Carl musste einem Verbrechen zum Opfer gefallen
sein und man solle doch Herrn Schmidt etwas genauer unter die
Lupe nehmen.

Der Polizei aber gefiel die Version des Buchhalters besser; sie
war weniger arbeitsintensiv und hatte außerdem einiges an
Wahrscheinlichkeit. Die Zeiten waren schlecht, viele Firmen
gingen in Konkurs. Die Möglichkeit, dass der Fabrikant sich abgesetzt hatte und nach Amerika geflohen war, war nicht ganz von
der Hand zu weisen. Die Polizei weigerte sich daher, nach even-
tuellen Spuren im Comptoir zu suchen oder Johann Schmidt
eingehender zu befragen – auch dann, als dieser mit zwei einschlägig bekannten Damen, Rosalia und Magdalena Bichl, ein
»aufwendiges Lotterleben« zu führen begann, für das er keine
entsprechenden Einkünfte nachweisen konnte. Die insistierenden
Hinweise von Josef Hurtz, Schmidt müsse der Mörder oder doch
zumindest Mittäter bei dem Mord an seinem Bruder sein, stießen
auf taube Ohren. Die Familie musste fortan mit der Schande
leben, eines ihrer Mitglieder sei ein Betrüger.

Erst mit dem Erhalt der Nachricht aus Rzeszow erinnerte sich
der Polizeibeamte wieder an seinen Bekannten. Die Initialen C.
H. und die angegebene rötliche Haarfarbe des Toten waren
schließlich recht deutliche Hinweise, also verständigte er Josef
Hurtz. Dieser war sich ganz sicher, in dem unbekannten Toten
endlich seinen unglücklichen Bruder gefunden zu haben. Als man
ihm die Frachtbriefe des Koffers vorlegte, erkannte er auch sofort
die Schrift des Buchhalters Schmidt. Wenn dieser den Toten auf
seine letzte Reise geschickt hatte, musste er zumindest in irgendeiner Form am Mord mitbeteiligt gewesen sein.

Nun erklärte sich die Polizei endlich bereit, den Verdächtigen
zu verhaften. Schmidt versuchte sich mit der bekannten Geschichte vom großen Unbekannten herauszureden, einem Deutschen, den er angeblich unmittelbar nach der Tat im Büro über-

rascht hatte. Aus Angst hätte er bei der Verschickung der Leiche geholfen, den Koffer besorgt und die Frachtbriefe geschrieben. Das Gericht glaubte ihm nicht, da er keine Beweise für seine Geschichte erbringen konnte und von den beiden »Damen« belastet wurde. Johann Schmidt wurde wegen heimtückischen Mordes, Unterschlagung und Verleumdung zu lebenslangem Kerker verurteilt.

Schweres Gepäck
DIE BLÜTEZEIT DER KOFFERMORDE

Darf man den geldgierigen Buchhalter Johann Schmidt (siehe Kapitel »Die Leiche in der Gepäckaufbewahrung«) als vergessenen österreichischen »Pionier« bezeichnen? Immerhin war die Ermordung und anschließende »Verschickung« seines Arbeitgebers der erste der so genannten Koffermorde, die sich später vor allem im angloamerikanischen Raum unter der Bezeichnung »trunk murders« zu einer eigenen und viel besprochenen Verbrechensspezies entwickeln sollten.

Spätestens nach der Lektüre von Thomas De Quinceys Essay »Der Mord als eine schöne Kunst betrachtet« weiß man, dass der Mord, die Ermordung eines Menschen an sich kein Problem darstellt – und wer noch nie daran gedacht hat, in bekannten Situationen, der werfe den ersten Stein. Sehr wohl problematisch aber ist die spurlose Beseitigung des Ergebnisses. Schmidts System, vielleicht allzu sehr dem neuen technischen Wunder Eisenbahn vertrauend, bot dafür bestenfalls eine vorübergehende, keineswegs eine endgültige Lösung, wie an seinem eigenen Beispiel zu ersehen ist. Die Eisenbahn konnte nur Wegstrecken, Entfernungen und Lagerplätze zur Verfügung stellen, das spurlose Verschwinden von Frachtgut hingegen lief dem Selbstverständnis des ganzen Systems zuwider. Die Herkunft von Gepäckstücken und deren Absender waren durch Frachtbriefe, Begleitpapiere, Aufgabescheine und Rekozettel leicht eruierbar und führten, wenn schon nicht direkt zum Täter oder zur Täterin, zumindest in die Nähe derselben.

Zweitens sind Menschen in nicht mehr lebendigem Zustand nur sehr begrenzt lagerfähig, wenn nicht überaus kostspielige und aufwendige Mittel dagegen angewendet werden, die keineswegs in jedem Haushalt zur Verfügung stehen. Die Packstücke haben sich daher immer von selbst durch einschlägige Geruchsentwicklung verraten, meist in sehr kurzer Zeit. Alle Nachfolger Schmidts scheiterten daher auch an denselben Schwierigkeiten wie er selbst. Dafür seien im Folgenden ein paar Beispiele präsentiert.

Marie Gools, in dritter Ehe mit einem alkoholabhängigen, gewalttätigen Iren verheiratet, verspielte in Monte Carlo das Vermögen ihres Gatten und seiner Familie. Als sie fast pleite war, lernte sie Madame Lewin, eine wohlhabende Witwe, kennen und lieh sich von dieser Geld aus. Als auch dieses verspielt war und Mme. Lewin ihr Geld zurückhaben wollte, wurde die Frau von der Gools kurzerhand niedergeschlagen, erstochen, zersägt und in einen Koffer gepackt. Das Ehepaar fuhr anschließend nach Marseille, um das Gepäckstück nach London aufzugeben, aber einem aufmerksamen Bahnangestellten fiel auf, dass aus dem Koffer eine blutähnliche Flüssigkeit tropfte und er gar nicht gut roch. Er rief die Polizei. Marie Gools wurde zuerst zum Tode verurteilt, später zu lebenslanger Haft begnadigt. Sie starb in der Strafkolonie Cayenne. Ihr Mann vertrug die zwangsverhängte Entziehungskur nicht und verübte im Gefängnis Selbstmord.

Winnie Ruth Judd, sechsundzwanzig Jahre alt und Spitalsangestellte, war mit Dr. William Judd, dem Oberarzt des Krankenhauses in Phoenix, Arizona, verheiratet. Wenn sie Spätdienst hatte, übernachtete sie mit zwei Kolleginnen, der siebenundzwanzigjährigen Anne LeRoi und der etwas jüngeren Sarah Hedvig Samuelson, in einem kleinen Apartment am Arbeitsplatz. Am Abend des 16. Oktober 1931 hörten Nachbarn Schreie, Streit und Schüsse aus der Wohnung. Am nächsten Morgen fehlte Frau LeRoi, Winnie Judd kam zu spät zum Dienst. Am Abend ließ sie einen Spediteur kommen, der ihr beim Abtransport von schweren Gepäckstücken helfen sollte.

Am übernächsten Tag fuhr Winni Judd mit zwei schweren Koffern nach Los Angeles. Dem Schaffner fiel auf, dass aus beiden eine rote Flüssigkeit tropfte. Er ersuchte Judd, das Gepäck zu öffnen, woraufhin diese flüchtete.

Erst nach dringenden Appellen ihres Mannes stellte sie sich der Polizei und legte ein Geständnis ab. Es habe zwischen ihr und ihren Mitbewohnerinnen Streit gegeben (die Behörden vermuteten dahinter ein lesbisches Dreiecksverhältnis). Sarah Samuelson habe plötzlich eine Pistole in der Hand gehabt, und bei dem Versuch, sie ihr wegzunehmen, wären Schüsse losgegangen und beide Mädchen getötet worden. Miss Judd wurde zuerst zum Tode verurteilt, nach einem psychiatrischen Gutachten jedoch in einem zweiten Urteil in eine Heilanstalt für geisteskranke Verbrecher eingewiesen, aus der sie in sechs Jahren siebenmal auszubrechen versuchte. Da diese Versuche meist mit halsbrecherischen Klettereien verbunden waren und sie sich gegen Festhalteversuche durch kräftige Bisse wehrte, bekam sie von der Presse den Spitznamen »tiger woman« verliehen. 1971 wurde sie entlassen; 1998 starb sie – mit 93 Jahren – an Altersschwäche.

Die »Brighton Trunk Murders«, in der angloamerikanischen Literatur wohl die berühmtesten Fälle dieses Genres, verdanken ihren Ruf einem äußerst seltsamen Zusammentreffen. Die Untersuchung eines bis heute ungeklärten Mordes führte zur Entdeckung eines anderen Mordes, der sonst wahrscheinlich nie – oder erst viel später – entdeckt worden wäre.

Koffermord Nummer eins: Der Kellner Tony Mancini (Künstlername für Cecil England) hatte die Prostituierte Violette Kaye kennen gelernt und zog auf ihre dringenden Bitten hin bei ihr ein, um fortan von ihrem Einkommen zu leben. Als dieses geringer zu werden drohte, da Miss Violette bereits über vierzig war, begann Mancini wieder als Kellner zu arbeiten, sehr zum Missfallen seiner Herzensdame. Sie überwachte ihn eifersüchtig, und als er sich am 10. Mai 1934 an seinem Arbeitsplatz, dem Skylark-Café in Brighton, ihrer Meinung nach allzu freundlich mit einer Kollegin unterhielt, kam es zu einem heftigen Streit.

Am nächsten Tag berichtete Mancini, dass seine Freundin nach Paris gefahren sei; zur Bekräftigung zeigte er ein von Violette unterschriebenes Telegramm herum. Abends verließ er dann die gemeinsame Wohnung mit Sack und Pack und einem so

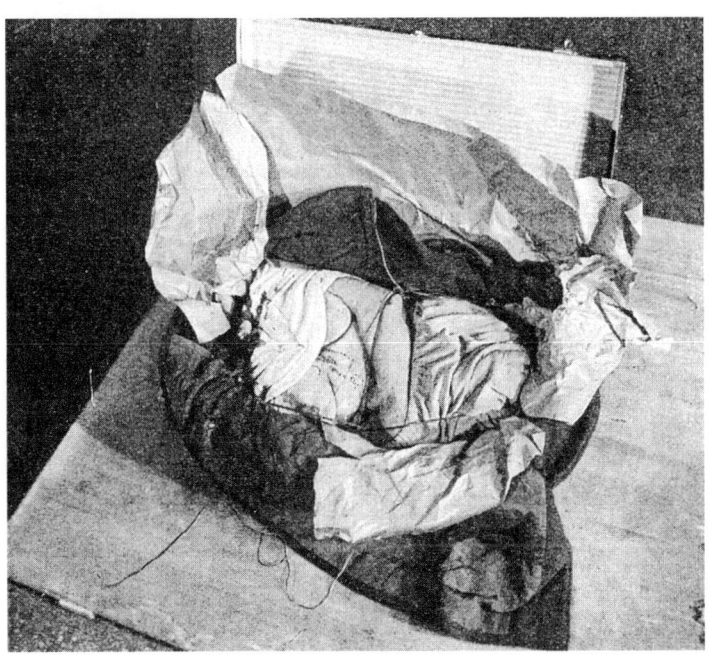

Laudenbachs Koffer aus Amsterdam. Polizeifoto

schweren Koffer, dass er einen Kollegen für den Transport anheuern musste. Der Koffer wurde zunächst in Mancinis neuem Zuhause, einem kleinen Zimmer in der Kemp-Street in Brighton, aufgestellt.

Koffermord Nummer zwei: In der Gepäckaufbewahrung des Bahnhofs von Brighton verbreitete sich ein übler Geruch. Er kam eindeutig von einem großen Koffer, in dem die Polizei die Leiche – eigentlich nur Leichenteile – einer jungen Frau fand. Kopf, Arme und Beine fehlten. Die Identität des Opfers konnte nie geklärt werden und naturgemäß blieb auch der Täter bis heute unbekannt.

Mancini hatte mit diesem Fall nichts zu tun, er wurde nur routinemäßig, als polizeibekannter Frauenfreund, wie hundert andere Männer auch, einvernommen. Sein schlechtes Gewissen trieb ihn jedoch zu einer panikartigen Flucht nach London. Als die Polizei noch einmal an seine Türe klopfte, kam den Beamten der Gestank, der aus der Wohnung drang, bekannt vor. In dem großen Koffer steckte Kayes Leiche – Mancini hatte mehr als einen Monat neben der Toten auf engstem Raum gehaust. Dass er für seine Tat hängen musste, kam ihm danach vielleicht gar nicht mehr wie eine so schlimme Strafe vor …

Die tote Tante
EIN KOFFERMORD AUS DER DEUTSCHEN KRIMINALGESCHICHTE

Ende April 1906 kam, bahnlagernd Frankfurt am Main, ein großer Koffer aus Bad Wildungen an, dem nach wenigen Tagen ein äußerst ekelhafter Geruch entstieg. Man öffnete das Gepäckstück und fand »eine stark in Verwesung übergegangene, von Maden und Würmern bereits angefressene, anscheinend weibliche Leiche, die mit Chlorkalk vollständig überschüttet war«. Anhand einiger persönlicher Gegenstände, die mit in den Koffer gepackt worden waren, wurde die Tote bald als die 76-jährige Rentnerin Marie Vogel, geborene Lange, aus Bad Wildungen identifiziert. Sie war keines natürlichen Todes gestorben; die gerichtsmedizinische Untersuchung hatte, trotz des schon weit fortgeschrittenen Verfalls, feststellen können, dass das Zungenbein gebrochen war. Irgendjemand hatte Marie Vogel erwürgt oder erdrosselt.

Der Verdacht der Täterschaft richtete sich sofort auf den 1873 geborenen Möbelhändler Wilhelm Meyer. Dieser war gelernter Dekorateur und hatte als junger Mensch in Amerika sein Glück versucht, zunächst jedoch ohne Erfolg. Er musste sich als Flaschenspüler, Kellner und Hausdiener durchschlagen, bis er auf der Straße die ebenfalls in New York lebende Witwe Vogel kennen lernte, die äußerst vermögend war. Die beiden – Meyer nannte Vogel seine »Tante« – unternahmen größere Vergnügungsreisen, kehrten schließlich in die Alte Welt zurück und eröffneten in Bad Wildungen zusammen ein Möbelgeschäft.

Dann aber lernte Meyer ein hübsches junges Mädchen namens Sophie Christiani kennen und plötzlich war Tante Vogel verreist. Das Paar hatte Geld, Meyer protzte mit Brillantringen, die man vorher an der Tante gesehen haben wollte, und aus dem Möbelgeschäft drang ein übler Geruch – aber niemand schöpfte Verdacht. Neun Monate nach der plötzlichen Abreise der Tante schleppte Meyer einen großen Koffer zur Bahn, um Tantchen notwendige Dinge nachzusenden, wie er sagte; dann waren auf einmal auch er und Sophie wie vom Erdboden verschluckt.

Die Polizei gab sofort einen Steckbrief heraus und konzentrierte sich bei ihren Ermittlungen vor allem auf New York, wo Meyer tatsächlich wenig später in Gesellschaft seiner »Nichte« Sophie verhaftet wurde. Er leugnete aber, Marie Vogel ermordet zu haben, und berichtete, dass er nach einem heftigen Streit wegen der Christiani das Haus verlassen habe. Bei seiner Rückkehr habe er dann Marie Vogel gefunden, tot im Sessel sitzend. Sie habe sich mit einer Schnur selbst erdrosselt. Polizeiliche Anzeige zu erstatten habe er sich nicht getraut, weil er fürchtete, man würde ihn auf jeden Fall des Mordes verdächtigen. Deshalb habe er die Leiche in einen Koffer gepackt, wofür er der Toten habe Arme und Beine brechen müssen, und habe, als sich der Verwesungsgestank zu verbreiten begann, Chlorkalk über die Leiche gestreut. Ganze neun Monate behielt er den Koffer im Haus.

Meyer stritt auch ab, jemals intimen Verkehr mit der »Tante« gehabt zu haben. »Die Aufstellung der Möbel in der Vogel'schen Wohnung ließ jedoch keinen Zweifel«, so ein zeitgenössischer Berichterstatter, »dass Meyer und Vogel wie ein Ehepaar verkehrt hatten.«

Den Geschworenen wurde beim Prozess der entleerte und desinfizierte Koffer als Beweismittel vorgelegt. Sie verlangten sofort die Entfernung des Corpus Delicti, da es immer noch nicht gut roch. Meyer wurde, da die medizinischen Sachverständigen die Selbstmordversion nicht völlig ausschließen konnten, wegen schweren Raubes zu fünfzehn Jahren Zuchthaus, zehn Jahren Ehrverlust und Zulässigkeit von Polizeiaufsicht verurteilt.

Der Koffer war zu klein
DER FALL PATRICK HERBERT MAHON

Schmidts System hatte noch eine, bisher nicht erwähnte Voraussetzung im Emballagenbereich: den Schrankkoffer. Es dürfte von allem Anfang an die Größe dieses Gepäckstückes gewesen sein, die Täter und Täterinnen zur Annahme verleitete, sich damit – und mit der Eisenbahn – des Opfers leicht und problemlos entledigen zu können. Eine irrige Meinung, wie die Beispiele zeigen.

Der Schrankkoffer bildet zweifellos eine Art Leitfossil für eine bestimmte Zeit und ihre Reisen. Gesellschaftliche Vorschriften, die nicht zu umgehen waren, verlangten auch bei kürzeren Ausflügen die Mitnahme einer umfangreichen Garderobe, vor allem naturgemäß bei Damen, aber durchaus auch bei Herren, und die Ergänzung durch entsprechende, meist ebenso voluminöse und sperrige Accessoires. Dienstbare Geister, die den Transport der Ungetüme besorgten, gab es genug; vom Dienstmann – »wie nemmen wir ihn denn« – bis zum Träger am Bahnhof.

Mit dem Verschwinden der sozialen Zwänge und ihrer rigorosen Bekleidungsvorschriften, spätestens in der Zeit nach dem Ersten Weltkrieg, verschwanden auch die Schrankkoffer und machten leichteren Gepäckstücken Platz. Travelling light.

Dem Versuch, sich des Mordopfers mittels Gepäck und Eisenbahn zu entledigen, war damit ein neues, noch schwerer zu überwindendes Hindernis entgegengestellt. Zu sehr differierten jetzt die Größe des zur Verfügung stehenden Behältnisses einerseits und die des loszuwerdenden Gegenstandes andererseits. Die Differenz musste mittels zerkleinender, schneidender, hackender oder sägender Aktivitäten ausgeglichen werden, was einmal rudimentäre Sachkenntnisse im Fach Anatomie, möglichst Erfahrung, gewisse Körperkraft und ein robustes Nervenkostüm voraussetzte, immer aber schwer zu beseitigende Spuren hinterließ.

Koffermorde sind daher weitestgehend aus der Mode gekommen. Zwei Beispiele genügen, denn die Beschreibung der technischen Schwierigkeiten bei der Beseitigung der Opfer ist naturgemäß wenig appetitlich.

Patrick Herbert Mahon, ein bis zu seiner Heirat braver und unauffälliger britischer Bürger, war offenbar erst durch seine Verehelichung auf die Existenz des schönen Geschlechts aufmerksam geworden, dem er von da an intensive Aufmerksamkeit widmete. Neben zahlreichen anderen Damenbekanntschaften hatte er ein Verhältnis mit seiner Sekretärin, einer Miss Emily Kaye, begonnen. Sie wollte ihn heiraten, er sich aber nicht scheiden lassen; das hatte er ihr nur versprochen, um zum Ziel seiner Wünsche zu kommen – eine alte Geschichte.

Als Miss Kaye am 12. April 1924 besonders heftig insistierte, ermordete Mr. Mahon die Geliebte in seinem romantischen Landhäuschen bei Eastbourne. Eine ganze Woche verbrachte er neben der Toten, dann wurde das Beseitigungproblem geruchsbedingt dringlich. Er besorgte Messer und Säge und ging am Karfreitagmorgen ans Werk. Zuerst schnitt Mahon der Leiche Kopf und Beine ab. Den Rumpf steckte er in einen Reisekoffer und stellte ihn ins Nebenzimmer. Da er sich aber davor fürchtete, nachts mit der Toten allein zu sein (»In dem verdammten Haus spukte es«, sagte er beim Prozess), lud er ein Mädchen, das er gerade erst kennen gelernt hatte, auf charmante Weise ein, die Osterfeiertage mit ihm – und seiner toten Geliebten – zu verbringen. Am Dienstag holte er dann die Leiche wieder hervor, schnitt ihr noch die Arme ab und versuchte die Teile, die nicht in den Koffer passten, im Kamin zu verbrennen. Dieses Vorhaben gelang ihm allerdings nicht ganz, also ließ er am Abend davon ab und fuhr zu Frau und Arbeit zurück. Angeblich war er auf Dienstreise gewesen.

Erst am Wochenende konnte er sich weiter seinem angefangenen Projekt widmen. Er kochte die Beine seiner Exgeliebten in einem großen Kessel, aber auch so konnte er sie nicht völlig zum Verschwinden bringen. Die Reste packte er in eine Reisetasche, steckte dann noch die blutigen Kleidungsstücke in einen Koffer und fuhr nach London zurück. Die Tasche warf er zwischen Richmond und Waterloo aus dem Zug, den Koffer deponierte er am Bahnhof Waterloo Station in der Gepäckaufbewahrung.

Seine Frau, die den häufigen »Dienstreisen« zu misstrauen begann, durchsuchte seine Taschen (auch eine alte Geschichte), fand den Aufgabeschein und ließ sich den Koffer geben: Knalleffekt. Die Polizeidetektive, die daraufhin den Bungalow bei Eastbourne durchsuchten, entdeckten überall Spuren von Mr. Mahons erfolglosen Experimenten: Knochen in der Asche des Kamins, gekochte Stücke von Fräulein Kaye im Kessel, in Töpfen und Einsiedegläsern, ungekochte Teile in einer Keksdose und einer Hutschachtel. Mahon wurde zum Tod verurteilt und am 2. September 1924 gehängt.

Alle anderen Versuche dieser Art waren ebenso wenig erfolgreich und mindestens ebenso unappetitlich – der Fall Mark Fein (USA, 1963) zum Beispiel oder der Mordfall S. Singh (London, 1969). Wie schon Mahon missachteten beide Täter die wesentliche Eigenschaft der Eisenbahn – nämlich die des Verkehrsmittels – und gaben den ominösen Koffer nur in der Gepäckaufbewahrung ab. Ihre Taten sind somit keine Eisenbahnverbrechen im eigentlichen Sinn, denn das Gepäckstück hätte genauso gut (oder schlecht) in einem Lagerhaus, bei einer Spedition oder am Fundamt deponiert werden können.

Ein österreichischer Versuch – kleines Reisegepäck, aber der Versuch, beide Wege, Gepäckaufbewahrung und Frachtgut, zu kombinieren – blieb leider ebenfalls erfolglos.

Das Ehepaar Franz und Marie Laudenbach, wohnhaft Gudrunstraße 177 in Wien, lebte zu Beginn der dreißiger Jahre nicht gerade in besten Verhältnissen. Herr Laudenbach war bei Gericht angestellt gewesen – als Hilfsaufseher im Landesgericht von 1921 bis 1929, danach als Laborant in der Desinfektionsanstalt dortselbst –, aber entlassen worden, da er gegen Entgelt Kassiber, Botschaften der Häftlinge, geschmuggelt hatte. Seither war er arbeitslos.

Seine Frau hatte ein Kaffeehaus aufgeben müssen, es ging in der wirtschaftlich schlechten Zeit nicht, und sich eine kleine Putzerei gekauft, die aber nur zweihundert Schilling im Monat einbrachte. Man musste sich um andere Einnahmequellen umsehen. Herr Laudenbach besaß ein recht gewinnendes Äußeres – es war auch schon einige Male erprobt worden und hatte sich bewährt. Dieses Kapital sollte eingesetzt werden. Er verfasste, zunächst im Alleingang, ohne Wissen seiner Frau – sagte sie –, Heiratsannoncen. Ein vierzigjähriger, alleinstehender und anhangsloser Pensionist, musik- und tierlieb, häuslich, sensibel und vorzeigbar, suchte zwecks Neubeginn eine nicht unvermögende Geschäftspartnerin, spätere Ehe bei Sympathie nicht ausgeschlossen.

Damit machte er im Dezember 1931 die Bekanntschaft der vierzigjährigen Justine Mahr, die ein Einfamilienhaus in Speising (Führtweg 3) besaß und ein Sparbuch hatte. Davon hoben beide am 7. Dezember dreitausend Schilling ab; Herr Laudenbach hatte sich Landgraf genannt. Wenig später fanden Nachbarn Frau Mahr tot in ihrer Küche. Sie war mit einem Nudelwalker erschlagen worden. Obwohl eine recht genaue Personenbeschreibung, unter anderem von den Bankbeamten, vorlag, konnte der Herr Landgraf nicht gefunden werden. Laudenbach gab das Geld für einen neuen Radioapparat und einen Pelzmantel aus, legte seinem siebenjährigen Sohn ein Sparbuch an und kam daher bald wieder in Geldnöte. Seiner Frau hatte er wohl von der Bekanntschaft erzählt, auch von dem Geld, den Mord hatte er natürlich verschwiegen und vorsichtshalber die Meldungen darüber aus allen Zeitungen, die in die Nähe seiner Frau kommen konnten, herausgerissen.

Daher gefiel Frau Laudenbach diese Methode des Gelderwerbs und gemeinsam schritt man zur Abfassung der nächsten Annonce. Erfolgreich, denn Anfang Februar meldete sich Frau Anna Puberl, 36 Jahre alt, Hausgehilfin, spar- und strebsam. Sie hatte vor, mit ihrem bisher Erarbeiteten eine Putzerei in Ottakring zu kaufen. Ein Metier, das Herrn Laudenbach aus familiären Gründen nicht fremd war. Er konnte nicht nur mit Charme, sondern auch mit Sachkenntnis bei der sonst als sehr vorsichtig bekannten Frau Puberl punkten. Am 9. Februar traf man sich beim Maria-Theresien-Denkmal.

Puberl ging zur Sparkasse, Herr Leitner – so nannte sich Laudenbach diesmal – wartete vor der Bank. Er wollte, gewarnt durch das erste Mal, den aufmerksamen Bankbeamten keine Gelegenheit zu einer treffenden Personenbeschreibung geben. Beide fuhren dann zu einer angeblichen Schwester Herrn Leitners in die eheliche Wohnung der Familie Laudenbach. Sohn und Frau waren ins Kino geschickt worden. Als es in der Folge zum Austausch von Intimitäten – so der Polizeibericht – kam, erschlug Herr Laudenbach Frau Puberl mit einer Hacke, und da sie laut schrie, half er mit Erwürgen nach. Bei den herbeigeeilten Nachbarn entschuldigte er sich hämisch grinsend, seine Freundin sei eben ein bißchen laut.

Als Frau und Kind zurückkamen, versteckte er die Tote im Nebenzimmer und erst am nächsten Tag, als er Sohn und Ehefrau wieder fortgeschickt hatte, konnte er an die Beseitigung des Opfers denken. Er schnitt Kopf und Beine ab und steckte den Kopf in einen Sack. Damit fuhr er zur Reichsbrücke und warf ihn in die Donau. Der Sack sollte nie gefunden werden. Das war am Samstag. Für den Sonntag hatte man einen Wienerwaldausflug mit den Nachbarn, einer Familie Reiter, vor. Herr Laudenbach schickte Frau und Kind voraus, fuhr mit der Straßenbahn mit einem Koffer zum Westbahnhof und stellte diesen dort in einen nach Amsterdam fahrenden Expresszug. Das Paket mit den Beinen Frau Puberls brachte er zum Nordbahnhof, wagte aber nicht, es in einen Zug zu stellen, sondern deponierte es im Vorraum der Gepäckaufbewahrung neben dem Restaurant.

Das Paket machte sich als erstes bemerkbar, der Koffer fiel erst in Amsterdam auf. Die mitverpackten Wäschestücke führten zu der von ihren Quartiergebern bereits als abgängig gemeldeten Frau Puberl. Über die Personenbeschreibung von Herrn Leitner wurde Herr Laudenbach ausgeforscht und nach knapp einer Woche verhaftet. Seine Frau wurde wegen Beihilfe zuerst zu eineinhalb Jahren Haft, nach einer Revision zu drei Jahren Gefängnis, Laudenbach zu lebenslänglichem schweren Kerker verurteilt.

Der Tod des Eisenbahndirektors
DER MORDFALL SHIMOYAMA SADANORI

Am 5. Juli 1949 um 8 Uhr 30 holte, wie an jedem anderen Werktag auch, ein Dienstwagen der Gesellschaft den Direktor der Japanischen Eisenbahnen, Shimoyama Sadanori, von seinem Haus in Tokios Nobelbezirk Ota ab. Shimoyama war zwar Chef des größten Arbeitgebers Japans – die Eisenbahn hatte damals über 600.000 Beschäftigte –, konnte jedoch kaum selbstständig Entscheidungen treffen. Die amerikanische Besatzungsmacht mischte sich immer wieder massiv ein, vor allem in Person des Direktbeauftragten, eines gewissen Oberstleutnants Donald R. Changnon, der für seinen Alkoholismus und seine cholerische Art bekannt war. Andererseits stellte sich die mächtige Eisenbahnergewerkschaft, die nach der von den Amerikanern logischerweise nicht begrüßten Zulassung der Kommunistischen Partei gebildet worden war, prinzipiell gegen jede Entscheidung der Besatzer.

Changnon hatte in Befehlsform von Shimoyama verlangt, die Rentabilität der Eisenbahn durch Massenentlassungen zu erhöhen, und dafür Termine gesetzt. Das Ultimatum war am Vortag abgelaufen, das Ansuchen um Verlängerung der Frist abgelehnt worden. Heute standen dem Direktor die schwierigen Verhandlungen mit der Gewerkschaft bevor, die sich selbstverständlich den Befehlen der Amerikaner widersetzte.

Die Fahrt ins Büro führte durch den Bezirk Minato, wo Shimoyama plötzlich zu seinem Fahrer Onishi sagte: »Hier wohnt Sato.« Sato-san, das wusste der Chauffeur, war mit seinem Chef befreundet; er hatte ihn bisher als Beamter und Vorgesetzter im Verkehrsministerium immer protegiert. »Soll ich stehen bleiben?«, fragte Onishi. »Ach nein, fahren Sie weiter«, antwortete Shimoyama nach einigem Zögern, ließ ihn jedoch dann einige Häuserblocks vor dem Direktionsgebäude der Eisenbahn anhalten. »Die Konferenz ist erst für 10 Uhr angesetzt, ich muß vorher auf der Bank noch ein paar Besorgungen erledigen.« Shimoyama stieg aus und betrat das Bankgebäude; es war 9 Uhr 15. – Später wurde festgestellt, dass er dort sieben oder acht Minuten allein bei seinem Safe verbracht hatte; man nahm an, dass er 10.000 Yen herausgenommen hatte, um seiner Frau mit dem Geld ein Hochzeitstaggeschenk zu kaufen. – Danach ließ er sich mit dem Auto zu einem großen Kaufhaus bringen, blieb einige Minuten lang versonnen im Auto sitzen und stieg dann aus. »Warten Sie bitte hier auf mich, ich bin in fünf Minuten zurück.« Shimoyama betrat das Kaufhaus – und Onishi sollte seinen Chef nie wieder sehen. Er wartete bis zum Abend vergeblich vor dem Kaufhauseingang.

Als der Direktor zu der von ihm einberufenen Konferenz um 10 Uhr nicht erschien, keine Nachricht schickte und auch zu Hause nicht erreichbar war, begann man sich in seinem Büro Sorgen zu machen. Gegen Mittag informierte der Sicherheitschef der Bahn die Polizei, die eine interne Suche ausschrieb und zuerst Shimoyamas Frau besuchte. Ihr war morgens nichts Besonderes aufgefallen, auch sie hatte keine Erklärung für den Vorfall. Allerdings – so berichtete sie – habe ihr Mann seit einiger Zeit an schweren Schlafstörungen gelitten und dagegen starke Schlafmittel genommen. Vielleicht hatte er sich irgendwo zum Schlafen niedergelegt? Seltsamerweise war es der Polizei nicht gelungen, den Dienstwagen – einen schwarzen Buick, Baujahr 1948, mit dem Kennzeichen ES 348 – zu finden, obwohl Onishi noch immer vor dem Eingang des Einkaufszentrums, ganz in der Nähe der Eisenbahndirektion, wartete. Erst als die Behörden die Suche öffentlich machten, hörte der Chauffeur im Autoradio die Nachricht und fuhr daraufhin sofort zur Polizei.

▭

Fünfundzwanzig Minuten nach Mitternacht – die Nacht war trüb und regnerisch – rief der Zugführer des Nachtexpresses an der Joban-Linie im Norden Tokios einem Streckenposten zu, er habe bei der Unterführung der Tobu-Linie, etwa drei Kilometer entfernt, einen Gegenstand neben den Geleisen gesehen, der mög-

licherweise eine menschliche Leiche sein könnte. Zwei Streckenarbeiter brachen sofort auf und machten eine gräßliche Entdeckung.

Der Lokomotivführer hatte sich nicht getäuscht: Kleidungsstücke und Teile einer bis zur Unkenntlichkeit verstümmelten
Leiche lagen im Umkreis von gut fünfzig Metern verstreut. Die
Polizei musste starke Scheinwerfer anfordern, und erst in den
frühen Morgenstunden gelang es, einen Hinweis auf die Identität
des Toten, den man zuerst für eine Frau gehalten hatte, zu finden:
eine Brieftasche mit einem Identitätsausweis, lautend auf den
höchsten Beamten der Bahn, durch die er offensichtlich zu Tode
gekommen war.

Die gerichtsmedizinische Untersuchung konnte naturgemäß
nur wenige Anhaltspunkte liefern. Die Leiche wies über dreihundert schwere Einzelverletzungen auf; der Tod war zwischen 21
und 23 Uhr am Abend des Vortages eingetreten, und da seit diesem Zeitpunkt vier Züge die Strecke passiert hatten, musste der
Körper ebenso oft überfahren worden sein.

Die entscheidende Frage, ob Shimoyama lebend oder bereits tot
auf die Geleise gelegt worden war, konnte nicht mit Sicherheit
entschieden werden. Rätselhaft blieben Verletzungen an den
Hoden, die keinesfalls von den Rädern eines Zuges verursacht
worden sein konnten. Möglicherweise war Shimoyama durch
Schock infolge von Schlägen auf die Genitalien gestorben; sicher
waren sich die Pathologen jedoch nicht.

Die Polizei versuchte, die letzten Stunden des Eisenbahndirektors zwischen 9 Uhr 40 vormittags, als er seinen Dienstwagen
verlassen hatte, und der möglichen Todeszeit am Abend zu rekonstruieren, hatte aber nur wenig Erfolg. Mehrere Angestellte des
Kaufhauses konnten sich daran erinnern, dass er unschlüssig von
einer Abteilung zur anderen gegangen war. Eine Frau hatte ihn
dann angeblich noch gesehen, wie er um 10 Uhr 15 in Richtung
U-Bahn-Ausgang des Kaufhauses unterwegs war. Drei Männer
seien ihm dabei gefolgt, doch konnte sie nicht sicher angeben, ob
diese zu ihm gehört hätten oder nicht. Alle anderen Zeugenaussagen blieben unsicher und konnten nicht verifiziert werden.
Unter anderem behauptete eine Wirtin, deren Gasthaus in der
Nähe der Joban-Linie und des Auffindungsorts der Leiche lag, ein

Mann, der Shimoyama glich, hätte sich von 14 bis 17 Uhr in ihrer Wirtschaft aufgehalten. Weiters sagte sie aus, ihr Gast hätte während dieser ganzen drei Stunden nicht geraucht – ein seltsames Verhalten, da Shimoyama als Kettenraucher bekannt war.

Trotz aller Bemühungen ließen sich Shimoyamas Aufenthalt und seine Bewegungen zwischen kurz vor 10 Uhr bis zu seinem Tod nach 21 Uhr nicht aufklären. Nach einem halben Jahr vergeblicher Nachforschungen wurde der Akt geschlossen. Man erkannte auf Tod durch Selbstmord, wobei die Motive die beruflich angespannte Lage und der nachgewiesen hohe Schlafmittelkonsum des Opfers gewesen sein sollen.

Diese »Erklärung« ließ jedoch wesentliche Fragen unbeantwortet, die bis heute der Behauptung, es wäre doch Mord gewesen, einiges Gewicht verleihen. Gegen Selbstmord sprach, dass kein Abschiedsbrief gefunden worden war. Außerdem wurden an der Leiche Spuren von Verunreinigungen festgestellt, die sich als Reste von Pflanzenfett erwiesen, das es jedoch weder in Shimoyamas Haus noch irgendwo sonst in seinem unmittelbaren Umfeld gab. Möglicherweise war er, bereits tot, in einem Ölfaß zur Bahn transportiert worden. Die Verletzungen an den Hoden konnten nicht mit mehrmaligem Überfahren durch Züge erklärt werden, sondern waren fast sicher dem noch lebenden Opfer zugefügt worden. Untypisch für einen Selbstmord waren auch die weit an der Strecke entlang verstreut liegenden Kleidungsstücke des Toten; es sah fast so aus, als wären sie absichtlich so hingelegt worden. Seltsamerweise war das Hemd des Toten völlig unversehrt, im Gegensatz zu den anderen Kleidungsstücken. Für einen Mord, so behauptete die Polizei, hätte es allerdings kein Motiv gegeben. Möglicherweise aber hatten die Beamten auch gar keines suchen wollen – oder dürfen.

Mehrere amerikanische Historiker weisen in ihren Schriften zur Besatzungszeit in Japan darauf hin, dass der Fall Shimoyama nur einer aus einer ganzen Reihe von Mord- und Sabotagefällen war, die 1949 das Land erschütterten. Der plötzliche, mysteriöse Tod des Eisenbahndirektors dämpfte die radikale Entschlossenheit der Bahnarbeiter und schwächte den Einfluss der »Roten« in den Gewerkschaften. Die Wahrheit wird (wenn überhaupt) wahrscheinlich erst ans Tageslicht kommen, wenn die US-Regierung ihre geheimen Akten über den Fall offenlegt.

Von Todesbrücken und verhexten Tunnels
EXKURS: DIE GEFAHREN DER EISENBAHNSTRECKE

Die »verwundbarste Stelle« des Eisenbahnbetriebs sind naturgemäß die Schienen, Geleise und Signaleinrichtungen auf freier
Strecke. Die ersten Eisenbahngesellschaften hatten sich daher
schon mit Baubeginn ihrer Linien um die Sicherheit der Anlagen
zu kümmern; denn nicht nur der amerikanische Ureinwohner
verteidigte vehement sein freies Land gegen das Feuerross der
weißen Spekulanten. Freie Strecken waren unabdingbar für den
ordnungsgemäßen Bahnbetrieb, und Störungen konnten unab-
sehbare, schwere Folgen nach sich ziehen. Die Gesellschaften
mussten daher Wachpersonal und Streckenwärter einstellen, die
den ihnen zugewiesenen Abschnitt – der anfangs kaum mehr als
einen Kilometer lang war – vor unabsichtlichen Behinderungen
ebenso wie vor Anschlägen zu schützen hatten und für dessen
Sicherheit verantwortlich waren. Freie Fahrt zeigten sie dem
Lokomotivführer bei Tag mit Fahnen und nachts mit Laternen
an. Sie mussten kleine Hindernisse auf der Strecke beseitigen,
größere den Vorgesetzten melden und in letzterem Fall den Zug
mit einem roten Signal zum Halten bringen.

Die Einführung der Morse-Telegrafie nach 1841 ermöglichte
eine Erweiterung der zu überwachenden Streckenabschnitte und
eine direkte Kommunikation der Wärter untereinander, verlangte aber auch die Errichtung stationärer Telegrafenstationen an
der Strecke. Durchfahrende Züge wurden von einem Streckenabschnitt und einem Block zum anderen telegrafisch angemeldet,
und der Wärter gab daraufhin seinen Bereich frei. Fahne und
Laterne wurden durch stehende Signale, ein Vor- und ein Haupt-
signal, ersetzt. Der Streckenwärter trug die Durchfahrt in einem
eigenen Buch ein und meldete den Zug zum nächsten Abschnitt
weiter. Den ihm anvertrauten Streckenteil kontrollierte er selbst

oder mit Hilfe zugewiesener Streckengeher. Oft war die Blockstelle mit einem Straßenübergang kombiniert. Der Blockwärter musste daher auch für das Öffnen und Schließen der Schranken sorgen. Dafür stellte ihm die Eisenbahnverwaltung ein kleines Wärterhäuschen zur Verfügung, in dem sich sein Arbeitsraum und der Telegraf befanden, das er aber auch als Wohnstätte für seine Familie benützen durfte, und ein kleines Grundstück, auf dem er Gemüse und Obst anbauen konnte. Am Bahndamm weideten seine Ziegen, die sprichwörtlich gewordenen Eisenbahnerkühe.

Idyllisch war der monotone und trotzdem verantwortungsvolle, bei schlechten Witterungsverhältnissen auch anstrengende Dienst in den oft einsamen, weitab aller anderen Siedlungen gelegenen Wachstationen sicher nicht. Émile Zola hat ihn aufgrund eigener Recherchen in »La bête humaine« genau beschrieben. Für ihn war der Streckenwärter, auf der niedrigsten Stufe der Bahnhierarchie stehend, ein dumpf gewordener, seltsamer Sonderling. Auffallend oft sind Wärterhäuser in der englischen Literatur Schauplätze unheimlicher, spukhafter Vorgänge.

Den Dienst der Blockwärter haben inzwischen weitgehend elektronische Sicherungssysteme übernommen, aber immer noch ist eine regelmäßige Kontrolle der Geleise notwendig, und zwar nicht nur im Fall von Strecken, die besonders gefährdet – Steinschlag im Gebirge, Brücken und Tunnels – sind. Heute müssen die Abschnitte allerdings nicht mehr zu Fuß abgegangen werden, sondern können mittels elektronischer Geräte vom Prüfwagen aus kontrolliert werden.

Wegen der möglichen schwerwiegenden Folgen wurden Verstöße gegen die Sicherheit und Funktionstüchtigkeit der Eisenbahnen von allem Anfang an durch eigene Gesetze geregelt und unter schwere Strafen gestellt. So wird etwa in einem einschlägigen deutschen Gesetzbuch aus dem 19. Jahrhundert Folgendes festgehalten:

»Mit der Entwicklung des Eisenbahnwesens hat der strafrechtliche Schutz des Bahnbetriebs im allgemeinen gleichen Schritt gehalten. Das heutige Recht kennt dem entsprechend eine ganze Reihe von Eisenbahndelikten.

1) An der Spitze steht das gemeingefährliche Delikt der Gefährdung des Eisenbahntransportes, sei es durch Beschädigung der Eisenbahnanlagen, Beförderungsmittel oder sonstigen Zubehörs derselben, sei es durch Bereitung von Hindernissen auf der Fahrbahn. Den vorsätzlichen Thäter trifft Zuchthaus bis zu 10 Jahren; bei Verursachung einer schweren Körperverletzung Zuchthaus nicht unter 5 Jahren; bei Verursachung des Todes eines Menschen Zuchthaus nicht unter 10 Jahren oder lebenslängliches Zuchthaus. Die fahrlässige Gefährdung wird milder bestraft: mit Gefängnis bis zu einem Jahre, und bei Verursachung des Todes eines Menschen mit Gefängnis von einem Monat bis zu 3 Jahren; gleiche Strafe trifft die Angestellten, wenn sie durch Vernachlässigung der ihnen obliegenden Pflichten einen Transport in Gefahr setzen. Verurteilte Angestellte sind zugleich für unfähig zur Beschäftigung im Eisenbahndienst zu erklären. Vorsteher der Eisenbahn, welche den für unfähig Erklärten nicht sofort entlassen, oder welche ihn wieder anstellen, ebenso die für unfähig Erklärten selbst, welche sich wieder anstellen lassen, werden mit Geldstrafe bis zu 300 Mk. oder mit Gefängnis bis zu 3 Monaten bestraft. Dabei sind unter Eisenbahnen nur die mit toten (mechanischen) Naturkräften (Dampf, Elektrizität, Schwerkraft etc.) betriebenen, mit festen Gleisen versehenen Bahnen, nicht aber Pferdebahnen zu verstehen.

2) Die gänzliche oder teilweise Zerstörung von Eisenbahnen ohne Gefährdung des Transports wird nach § 305 mit Gefängnis nicht unter einem Monat bestraft (Versuch strafbar).

3) Erfolgt die Zerstörung oder Unbrauchbarmachung von Eisenbahnen zum Vorteil des Feindes während eines gegen das Deutsche Reich ausgebrochenen Krieges, so liegt Landesverrat vor, der, wegen der strategischen Wichtigkeit der Eisenbahnen, mit lebenslänglichem Zuchthaus, bei mildernden Umständen mit Festungshaft von 5–15 Jahren bestraft wird.

4) Raub auf einer Eisenbahn schlechthin, Diebstahl auf einer Eisenbahn oder einem Eisenbahnhof an Reisegepäck oder Beförderungsgegenständen mit Ablösung von Befestigungs- oder Öffnung von Verwahrungsmitteln wird mit erhöhter Strafe belegt.«

Den Sicherheitsbeamten der Eisenbahn mussten parallel zumindest rudimentäre Polizeibefugnisse zugestanden werden: im Fall eines absichtlichen Anschlags oder Verbrechens im Bahnbereich die Aufnahme des Tatbestandes, Sicherung des Tatorts und der Spuren und, wenn notwendig, das Anhalten des Täters. Problematisch war, dass die Sicherheitsbeamten Angestellte privater Gesellschaften waren. Eine Vereinheitlichung ihrer Befugnisse wurde, wie die der Signale, in England schon 1839 gefordert, konnte aber erst mit der Verstaatlichung der Bahnen gelöst werden. Bis heute gibt es jedoch kein einheitliches System in Europa. Manche Länder haben eine eigene Bahnpolizei, die sich aus diesen Sicherheitskräften entwickelt hat, andere vertrauen auf die enge Zusammenarbeit zwischen Bahnbediensteten und Kriminalpolizei.

Von allem Anfang an beförderte die Bahn wertvolle Güter – die Begehrlichkeit der Erwerbskriminalität musste sich daher selbstverständlich auf die Frachten richten. Diebstähle und Einbrüche in stehende Einrichtungen der Bahn, in Lagerhallen, Paketaufbewahrungsstellen oder Schalterräume, unterschieden und unterscheiden sich nicht wesentlich von vergleichbaren kriminellen Unternehmungen außerhalb des Bahnbereichs. Um aber an bereits fahrende Güter heranzukommen, genügte es anfangs, das schon seit langem bei Überfällen auf Postkutschen bewährte System zu übernehmen. Rückblickend erscheint uns heute das Amerika des Wilden Westens als das klassische Land der »Hold-ups«, begünstigt natürlich durch die Weite des Landes. Doch auch in Europa gab es – bei ähnlichen Bedingungen – Überfälle, die den überseeischen Vergleich nicht zu scheuen brauchten.

Der Raubüberfall auf einen spanischen Zug im Jahr 1871 weist in seiner exakten Planung bereits auf die klassischen Eisenbahnanschläge des nächsten Jahrhunderts hin.

Ein junger Franzose von gewinnendem Äußeren, feinen Manieren und aus bester Familie stammend, das Urbild des edlen Räuberhauptmanns, hatte in Spanien eine Bande von fünfundzwanzig verwegenen Mitgliedern um sich geschart. Am Abend des 30. März 1871, um 21 Uhr, besetzten sie den kleinen Bahnhof von Consolaron an der Strecke von Sevilla nach Madrid, zwischen Valdepegas und Manzanares. Sie zwangen die Bahnbeamten, die Schienen aufzureißen, und zerstörten die Telegrafendrähte. Der Express, der um zwei Uhr nachts von Sevilla nach Madrid unterwegs war, entgleiste. Zwei Gendarmen und ein Infanterieleutnant, die als Passagiere im Zug waren und sich zur Wehr setzten, wurden erschossen; die Bahnbeamten wurden in Schach gehalten. Zuerst wurden die Reisenden in aller Ruhe ausgeplündert, danach wurde der Gepäckwagen ausgeräumt, in dem sich amtliche Gelder in der Höhe von 125.000 Francs befanden. Nach etwa einer Stunde verabschiedeten sich die Banditen und verschwanden in der Nacht und in den Bergen. Bis Jahresende 1871 war noch keine Spur von ihnen gefunden worden.

Wenn aber bei Eisenbahnüberfällen nach »Postkutschenmethode« elementare Kenntnisse des Eisenbahnwesens fehlten, so blieb auch der Erfolg für die Täter aus. Im Spätherbst des Jahres 1872 überfielen Räuber einen Zug der russischen Staatsbahnen auf einer einsamen Strecke. Zu ihrem Pech hatten sie einen Lastzug erwischt, der nur Bauholz führte. In ihrer Wut und Enttäuschung versuchten sie, sich am Personal schadlos zu halten und entledigten den Lokführer und den Heizer all ihrer Habseligkeiten, auch der Kleidung und Unterkleidung, sodass diese, zum Erstaunen der Beamten und wartenden Reisenden, im nächstgelegenen Bahnhof im Adamskostüm vorfahren mussten.

Die Schnelligkeit der Lokomotiven verlangte jedoch bald kriminelle Maßnahmen, die im Methodenkatalog des Postkutschenüberfalls nicht mehr enthalten waren. Ein Zug, der mit sechzig oder achtzig Stundenkilometern fährt, lässt sich nicht mehr nur durch einen Trupp aus dem Hinterhalt hervorpreschender Räuber zum Halten bringen. Das Errichten massiver Hindernisse war ziemlich zeitaufwendig und diese wurden zwangsläufig auch von den Streckenposten oder Bahnwachen entdeckt, wie Sylvester Matuskas Steine bei Altlengbach (siehe Kapitel »Zugkatastrophe in Bia-Torbágy«).

Die einzige Möglichkeit, einen Zug zum Halten zu zwingen, war, ihn entgleisen zu lassen, was nur durch Entfernen von Schienen oder Herausschrauben ihrer Befestigung möglich war. Die Vorbereitungen konnten getroffen werden, ohne dass ein Streckenposten sie bemerkte, die Schiene oder das Schienenstück wurden erst knapp vor Ankunft des Zuges entfernt. Alle Unternehmen dieser Art waren aber zum Scheitern verurteilt, da die Möchtegernräuber die Wucht und Gewalt eines mit hoher Geschwindigkeit fahrenden Zuges unterschätzten. Die durch solche Aktionen verursachten Unfälle waren so schwer und folgenreich – dreizehn Tote 1920 in Schönlake bei Berlin, als der von den Räubern zum Entgleisen gebrachte Postzug auf das Gegengeleis fiel und ein entgegenkommender Express ihn rammte; vierundzwanzig Tote 1926 bei Leiferde –, dass die Verbrecher erschreckt und ohne weiter an ihre Absicht zu denken ihr Heil in der Flucht suchten. So war etwa der anfangs als politisches Attentat eingestufte Anschlag auf den Ostende-Express 1934 in Oberösterreich (siehe Kapitel »Sabotage in Oftering«) in Wahrheit ein missglückter Zugraub.

Ein Fehlschlag für die Täter war auch der berühmte Überfall der Brüder DeAutremont auf einen Postzug der Southern Pacific Railway in Oregon (1923). Zwar war es Hugh, Roy und Ray gelungen, die Garnitur auf einer Langsamfahrstrecke vor dem Tunnel Nr. 13 zum Halten zu bringen, der geistesgegenwärtige Postbeamte E. E. Dougherty aber hatte die Türen des Postabteils von innen versperrt. Der Versuch, sie mit Dynamit aufzusprengen, kostete das Leben des Postbeamten, gab die Beute aber nicht frei. Deshalb wollten die Brüder den Lokomotivführer zwingen, den Zug in den nahen Tunnel zu fahren, um sich dort in Ruhe mit ihm beschäftigen zu können – was aber nicht ging, da der gesprengte Wagen blockierte. Aus Wut darüber erschossen sie Zugführer und Heizer, mussten aber trotz dieser sinnlosen Bluttat unverrichteter Dinge fliehen, da inzwischen der Waggon mit der angestrebten Beute zu brennen begonnen hatte. Hugh ließ am Tatort eine Jacke mit seinem Namen und seiner Adresse zurück;

Schauplatz des missglückten Bahnraubs der Brüder DeAutremont. Pressefoto trotzdem aber dauerte es vier Jahre, bis das mörderische Trio nach einer Flucht über den gesamten Kontinent der irdischen Gerechtigkeit zugeführt werden konnte.

Eine zweite Methode schien, wenigstens von Seiten der Täter her, einfacher und Erfolg versprechender zu sein. Beute und Räuber mussten im Zug zusammenkommen und ihn nach der Tat unbemerkt wieder verlassen. Dabei handelt es sich um eine praktische Anwendung des »geschlossenen Systems«, das Krimiautoren wie Agatha Christie so fasziniert hat: Das Raubgut war im Zug, kam aber nie beim Empfänger an. Wie war der Täter dazu gekommen? Wie hatte er es wegschaffen können? Wie war es ihm gelungen, sich selbst zu entfernen?

1855 war in England aus einem geheimen Transport eine größere Menge Gold in Barrenform verschwunden; ihr Fehlen wurde erst vom Empfänger entdeckt. Offenbar hatte sich ein Dieb im Zug versteckt gehalten, sich mit Nachschlüsseln Zutritt zum Waggon und dann zum Tresor verschafft, die Barren entnommen und durch Bleikugeln gleichen Gewichts ersetzt, alles wieder abgesperrt und sich selbst sowie die Beute dann bei nächster Gelegenheit in Sicherheit gebracht. Die Goldbarren musste er wohl unterwegs aus dem Zug geworfen haben, wahrscheinlich an einer mit Komplizen vorher abgesprochenen Stelle; sie waren zu schwer, um unauffällig getragen werden zu können. So rätselhaft der Fall zunächst schien, es gelang der Polizei doch relativ schnell, ihn aufzuklären.

Unternehmungen dieser Art, so elegant und gentlemanlike sie auch durchzuführen sind, bedürfen immer eines Mitwissers oder Mittäters innerhalb des Eisenbahnbetriebs. Woher hatte der Täter wissen können, dass gerade in diesem Zug so wertvolle Fracht befördert wurde? Wie konnte er sich ungesehen verstecken? Woher hatte er die Nachschlüssel? Anhand der Dienstpläne, der Verantwortungsbereiche und der Anwesenheitslisten konnte der treulose Beamte leicht ausgeforscht werden. Sein Geständnis führte geradewegs zum eigentlichen Täter, der die Beute längst außer Landes gebracht hatte und sich sicher glaubte. Dieser erste große Eisenbahndiebstahl nach Gentlemangauner-Manier gab auch das Vorbild für Michael Crichtons berühmten Roman »The First Great Train Robbery« ab, der 1979 mit Sean Connery und Donald Sutherland erfolgreich verfilmt wurde.

An zu vielen Mitarbeitern und Mitwissern scheiterte letztlich auch das wohl bekannteste Verbrechen des 20. Jahrhunderts, der berühmte große englische Postraub (siehe Kapitel »Scotland Yard und die Superhirne«). Auch er muss, trotz großer Anfangserfolge, schließlich zu den missglückten Unternehmen gezählt werden, eingereiht in die Rubrik: »Letztendlich lohnt sich Verbrechen doch nicht, mag es noch so klug und genau vorgeplant sein!«

Auch wenn Eisenbahnbedienstete selbst versuchen, ihre Insider-Informationen räuberisch zu verwerten, sind Misserfolge vorhersehbar. Allzu leicht kann die Polizei den Kreis der Mitwisser erschließen und in ihm den Täter suchen – wie beim Kölner Postraub 1963 oder dem Fall Watt/Schwarz in den Vereinigten Staaten:

Der Expressbote Nichols Kellogg war es gewohnt, größere Geldsummen zu befördern, da dies zu seinem Beruf bei der Post gehörte. Am 12. März 1886 hatte er die stattliche Summe von 22.000 Dollar von Chicago nach Davenport in Iowa zu begleiten. Der Betrag – Bargeld in großen und kleinen Scheinen – kam unter Polizeibewachung zur Bahn, wurde in den Safe des Postwagens geladen und abgefertigt. Kellog machte es sich an seinem Schreibtisch im Waggon bequem.

Zwischen den Stationen Joliet und Morris alarmierte der Zugbegleiter Newton Watt, sichtlich verstört und derangiert, seinem Zugführer, er sei gerade von einem maskierten Mann, der ihn mit einer Schusswaffe bedroht hätte, überfallen worden, hätte ihm aber entkommen können. Der Zug hielt auf offener Strecke, die Waggons wurden durchsucht. Keine Spur von einem Maskierten, dafür fand man im Postwagen Kellogs Leiche. Er war mit einem schweren Gegenstand mit solcher Wucht erschlagen worden, dass sein Schädel völlig zertrümmert war. Wie an dem Chaos im Postwagen zu erkennen war, musste er aber vor seinem Tod noch heftig Widerstand geleistet haben. Der Safe, kein besonders sicheres System, war aufgebrochen worden, die 22.000 Dollar fehlten.

Für Max Pinkerton, den Sohn des berühmten Detektivs, der zur Untersuchung beigezogen wurde, war aus nahe liegenden Gründen bald klar, dass sich der oder die Täter nur unter den Eisenbahnbeamten des Zuges finden konnte(n). Niemand außer ihnen konnte von dem Geld gewusst haben, keiner der Reisenden hätte zufällig davon erfahren oder die Übergabe am Bahnhof sehen können. Nach der Tat zu fliehen war kaum möglich, da der Zug schnell gefahren und die Gegend links und rechts des Bahndamms übersichtlich war; es konnten diesbezüglich auch keine Spuren festgestellt werden. Da sich Watts Geschichte vom maskierten Mann besonders seltsam anhörte, wurde er für Pinkerton zum Hauptverdächtigen – zusammen mit dem Bremser Fred Schwarz. Schwarz' Hände und Arme waren übel zerkratzt und zugerichtet, und er konnte keine plausible Erklärung für seine Verletzungen geben. Kellog hatte sich gewehrt: Bei der Autopsie fand man Hautreste unter seinen Fingernägeln. Die forensische Medizin war damals allerdings noch nicht in der Lage, diese Hautpartikel eindeutig zuzuordnen.

Kollegen, die Pinkerton befragte, sagten aus, sie hätten immer wieder Gespräche zwischen Watt und Schwarz, die als gute Freunde galten, belauscht, in denen oft von Geld, von viel Geld und von der erstrebenswerten Aussicht, damit den Eisenbahndienst verlassen zu können, gesprochen worden sei.

Trotzdem hatte Pinkerton keinen zwingenden Beweis, wenn er auch von der Schuld der beiden überzeugt war. Nur der Zeitfaktor konnte ihm helfen – und er tat es: Fred Schwarz verliebte sich in ein hübsches junges Mädchen, Ella Washam, und heiratete sie, obwohl er bereits verheiratet war. Diese Tatsache konnte sich die Polizei zunutze machen, und sie verhaftete Schwarz zunächst einmal wegen Bigamie. Pinkerton unterhielt sich mit der reizenden, aber nicht besonders klugen Ella Washam und erfuhr von ihr, dass Schwarz ihr erzählt habe, er hätte eine größere Summe Geldes »gefunden«. Mit dieser Aussage konfrontiert, gab Schwarz zu, tatsächlich in dem Mordzug, allerdings erst einen Tag später, unter einer Sitzbank ein Paket Geld – und zwar fünftausend Dollar in Scheinen, eingewickelt in braunes Packpapier – gefunden und den Fund verheimlicht zu haben.

Diese Geschichte, obgleich sie durchaus wahr hätte sein können, glaubte niemand, weder Pinkerton noch die Polizei – und schon gar nicht die Geschworenen, die in einem reinen Indizienprozess ohne substantielle Beweise Schwarz und seinen Kollegen Watts zu lebenslangem Kerker verurteilten.

Die Schwierigkeit, die Betriebsanlagen der Eisenbahn zu überwachen, macht die Bahnbetriebe auch besonders anfällig für Erpressungen. Das Beispiel eines prominenten deutschen Erpressers der letzten Zeit (siehe Kapitel »Der seltsame Monsieur X«) beweist, wie schwer es trotz umfangreichen Polizeieinsatzes sein kann, Anschläge auf Geleise und Signalanlagen zu verhindern.

Große Brücken und Viadukte gehörten sicher von allem Anfang an zu den imponierendsten Leistungen des Eisenbahnbaus. Sie sind aber selbstverständlich in noch viel größerem Maß als Strecken auf der Erde gefährdet, nicht nur durch Naturkatastrophen – die Ballade vom Einsturz der Brücke über den Tay (1879), die lange Zeit als Beweis für die überlegenen Leistungen englischer Eisenbahningenieure diente, kennt wohl fast jedes Schulkind –, sondern ebenso durch Anschläge.

Besonders für Sabotageakte und im Krieg, wenn es gilt, Nachschublinien und Verkehrsmittel des Gegners auszuschalten, sind Brücken erstes Ziel der Angriffe. Ihr Symbolcharakter kommt immer wieder in filmischen Heldenepen zum Einsatz – von der Brücke an der Neretwa bis hin zur Brücke am Kwai.

Mindestens ebenso faszinierend wie Brücken und Talübergänge sind – nicht nur für den Eisenbahnreisenden der Frühzeit – die großen Tunnels. Es ist sicher auch heute noch nachvollziehbar, wie einem Bahnreisenden des 19. Jahrhunderts zumute gewesen sein muss, wenn er, der dem neuen, schnellen und daher unheimlichen Verkehrsmittel ohnehin nicht völlig vertraute, zuerst durch eine helle Landschaft fuhr, plötzlich aber in ein dunkles, schwarzes Loch gerissen wurde, in Rauch, Qualm und Finsternis.

Tunnels waren nicht nur eine große Herausforderung für die technischen Fähigkeiten der Ingeniere, sondern mindestens ebenso für das Betriebspersonal. Besonders bei Tunnels mit ansteigender Strecke sammelten sich am Scheitelpunkt, da die Lokomotive zur Bewältigung der Steigung besonders viel Energie brauchte, große Mengen von Abgasen, die so dicht sein konnten, dass das Atmen in ihnen fast unmöglich wurde. Besonders berüchtigt waren der Simplon- und der Arlbergtunnel, bei denen sich die Lokführer nasse Tücher vor den Mund banden, um nicht zu viel der Abgase einatmen zu müssen. Erst die Elektrifizierung der Bergstrecken löste dieses Problem endgültig.

In der Geschichte der Eisenbahnkriminalität wurde besonders ein Tunnel berühmt und berüchtigt: der Merstham-Tunnel der Linie London–Brighton. In ihm wurde die Leiche des ermordeten Mr. Gold entdeckt (siehe Kapitel »Die Angst des Reisenden im Abteil«); in ihm wurde aber auch die unglückliche Mary Money (siehe Kapitel »Milch und Blut«) von bis heute unbekannter Mörderhand aus dem Zug gestoßen. Kein Wunder, dass dieser Tunnel im Volksmund als »verwunschen« gilt.

Die Verwendung der Eisenbahn als Mordinstrument kommt äußerst selten vor. In John E. Lewis' umfangreicher Enzyklopädie der Mordmittel, »Means to Kill«, wird sie zwar erwähnt, aber nur in negativer Hinsicht. Die Situation, die besonders in Hollywood-Filmen der zwanziger und dreißiger Jahre beliebt war, ist ausschließlich Erfindung der Drehbuchschreiber: Ein schurkisch aussehender Übeltäter bindet mit sardonischem Grinsen ein junges Mädchen an die Eisenbahngeleise, um sie vom nächsten Zug überfahren und zerstückeln zu lassen. Freilich wird dies immer im letzten Augenblick vom Helden des Streifens glücklich verhindert, meist unmittelbar vor der bildwirksam heranbrausenden Lokomotive. Auch bei den Versuchen, auf diese Art Geheimnisse zu erpressen – ob vergrabene Schätze, versteckte Beuteanteile oder Safekombinationen –, handelt es sich um pure Erfindung. Tatsächliche Fälle sind nicht bekannt.

Als Mittel zum Selbstmord hingegen ist der Sturz vor den Zug – besonders vor Untergrundbahnen – zu trauriger Berühmtheit gelangt. Zugführer in allen größeren Städten werden speziell für derartige Fälle geschult und psychologisch betreut. Gewaltverbrechen durch einen Stoß vor den fahrenden Zug sind hingegen (wieder entsprechend Lewis' Enzyklopädie) recht selten. Möglicherweise ist aber gerade in diesem Fall die Dunkelziffer – die Zahl an Morden, die nie als solche erkannt und entdeckt werden – besonders groß. Treten Sie daher bitte immer vor dem einfahrenden Zug zurück.

Scotland Yard und die Superhirne
»THE GREAT TRAIN ROBBERY«

»Fest steht, dass unsere Sicherheitsmaßnahmen unzulänglich waren.«

Reginald Bevins, britischer Postminister

7. August 1963, kurz vor 19 Uhr: Der Postzug der Royal Mail, der soeben die Glasglow Central Station verlassen hatte, war – wie jedes Jahr am Mittwoch nach dem Bank Holiday Monday – der größte Geldtransport Englands. Zehntausende englische Touristen hatten auch in diesem Jahr wieder den Feiertag für einen Kurzurlaub genützt und ihr Geld im Norden der Insel ausgegeben. Englische Geldscheine waren in Schottland (das damals noch eigene Banknoten druckte) zwar als Zahlungsmittel gültig, wurden aber von den dortigen Banken nicht gehandelt und daher täglich nach London zurückbefördert.

Diesmal war das verlängerte Wochenende besonders ertragreich gewesen, und das »mobile Postamt« hatte weit mehr als zwei Millionen Pfund zu befördern. Etwa siebzig Sortierer hatten das Geld und die restliche Post in den zwölf Waggons des Zuges verstaut und sich dann selbst eingeschlossen; fünf Beamte befanden sich im Waggon für Wertsachen (»High Value Coach«), dem zweiten hinter der Lokomotive – bei der es sich übrigens um eine der neuesten Versuchsmaschinen handelte, eine 1B-Diesellok mit 2000 PS. Ansonsten wurde jedoch alles genauso gehandhabt wie immer, ohne besondere Sicherheitsvorkehrungen. Jeder, der sich dafür interessierte, konnte relativ mühelos herausfinden, wann das große Geld auf den Schienen unterwegs war.

Während der 650 Kilometer langen Fahrt nach London trenn-

ten die Männer in den hinteren Waggons Geldsäcke sowie Wert-
poststücke vom Rest der Post und gaben sie nach vorne durch.
Dort wurde das wertvolle Gut in Holzregalen verstaut, die mit
Vorhängeschlössern gesichert waren. Auf dieser Fahrt waren
allerdings derart viele Säcke voller 5- und 10-Pfund-Noten in die
englische Hauptstadt unterwegs, dass sechzig davon auf dem
Boden gestapelt werden mussten. Eigentlich hätte der gigantische
Betrag – damals gab es nur wenige Engländer, die in ihrem Leben
zwei 5-Pfund-Noten gleichzeitig in der Hand gehalten hätten –
in einem der drei Hochsicherheitswaggons der Royal Mail transportiert werden sollen, aber diese waren alle in Reparatur. Doch
immerhin gab es die mobilen Postämter seit nunmehr 125 Jahren
und nie hatte es auch nur einen versuchten Überfall auf diese
ehrwürdige Institution gegeben.

Bereits einen Tag zuvor, am Dienstag, waren die ersten Mitglieder
einer ganz speziellen Gruppe auf einem Bauernhof in Bucking-
hamshire, der erst kürzlich den Besitzer gewechselt hatte, eingetroffen. Bis zum Abend hatten sich insgesamt sechzehn Männer
auf der Leatherslade-Farm versammelt; sie aßen, tranken Tee,
spielten Karten und Monopoly – und warteten auf den Start-
schuss zum größten Zugraub, den es je gegeben hatte. Schließlich
erhielten sie telefonisch Nachricht von einem Informanten
innerhalb der englischen Post, der später nur als »Ulsterman«
bezeichnet und nie gefasst wurde, der Zug würde Mittwoch
abends aus Glasgow abfahren und einen ungewöhnlich hohen
Geldbetrag mitführen.

Der nächste Tag verging mit nervösem und langweiligem
Abwarten. Erst nach Mitternacht machten sich die Männer in
zwei Landrovers und einem Lastwagen auf den Weg. Sie trugen
Armeeuniformen und führten gefälschte Papiere mit, um ihre
Anwesenheit in dieser ländlichen Gegend gegebenenfalls mit
einem »Nachtmanöver« zu rechtfertigen. Nach fünfzig Minuten
erreichten die Fahrzeuge Bridego Bridge (etwa sechzig Kilometer
vor London, nahe der Station Cheddington), wo die Bahngeleise
eine ruhige Landstraße überquerten. Dort parkten sie den Last-

wagen in einer strategisch günstigen Position, streiften Bahnarbeiteroveralls über ihre Uniformen, steckten Walkie-Talkies ein und begannen, ihren bis in die kleinste Einzelheit ausgetüftelten Plan in die Tat umzusetzen.

Das Signallicht an der Bahnüberfahrt Sears Crossing wurde so manipuliert, dass der Elektrikexperte der Bande es binnen weniger Sekunden von Grün auf Rot umschalten konnte; zwei der Männer schnitten die Telefonleitungen neben den Geleisen und bei zwei nahe gelegenen Bauernhöfen durch; einer stellte sich einige Kilometer nördlich auf, um seine Kollegen vom bevorstehenden Eintreffen des Zuges zu verständigen. Kurz nach drei Uhr früh – nach eineinhalb Stunden Wartezeit, während der etliche andere Züge die Stelle passiert hatten – kam endlich der Funkspruch: Der Postzug war im Anrollen!

Die Diesellok kam programmgemäß bei Sears Crossing zum Stehen. Jack Mills, der 57-jährige Lokführer, fand das rote Signal keineswegs ungewöhnlich; Verzögerungen wie diese waren auf einer derart viel befahrenen Bahnlinie nichts Besonderes. »An dem Stellwerk dort vorne muss ein Telefon sein«, sagte er zu seinem Beifahrer David Whitby. »Frag doch mal, wie lange wir hier aufgehalten werden.« Whitby stieg aus, ging zu dem Signalmast und stellte fest, dass die Leitung tot war. Bei näherem Hinsehen entdeckte er, dass die Telefonkabel feinsäuberlich durchgeschnitten worden waren. »Jack, jemand hat die Kabel gekappt!«, rief er und machte sich eilig auf den Weg zurück zur Lok. Plötzlich entdeckte er neben den Geleisen einen Mann in Bahnarbeiterkleidung, der eine Signalflagge in der Hand hielt und ihn zu sich winkte. Als Whitby merkte, dass der Mann mit einer Wollmütze maskiert war, war es bereits zu spät. Der Posträuber versetzte ihm einen Stoß, sodass er die Böschung hinunterfiel, wo bereits zwei andere Banditen warteten und ihm Handschellen anlegten. »Einen Laut und du bist tot«, zischte einer der Männer. Whitby entschloss sich, zu kooperieren. »In Ordnung, Kumpel«, sagte er nur. »Ich bin auf eurer Seite.«

Währenddessen waren zwei weitere Maskierte auf die Lokomotive geklettert. Lokführer Mills leistete zwar heldenhaft Widerstand, hatte gegen seine mit Knüppeln bewaffneten Angreifer jedoch keine Chance. Nach einigen Schlägen auf den Kopf ging er in die Knie. Whitby und Mills wurden in den Gang gebracht, der vom Führerstand zum Maschinenraum der Lokomotive führte, wo sie sich mit dem Gesicht nach unten auf den Boden legen mussten. In der Zwischenzeit hatten zwei weitere Bandenmitglieder die Lok und die ersten beiden Waggons vom Rest des Zuges abgekoppelt.

Bisher war alles streng nach Plan gelaufen – doch jetzt passierte etwas Unvorhergesehenes. Der pensionierte Bahnbeamte, den die Zugräuber mitgebracht hatten, um ihre Beute den Rest des Weges zur Bridego Bridge zu befördern, konnte mit der neuartigen Diesellok nicht umgehen. »Holt den Fahrer!« schrie einer der Männer wütend, und der blutüberströmte Jack Mills wurde in den Führerstand gebracht. »Fahr ganz langsam los«, sagte einer der Maskierten zu ihm. »Wenn ich ›Halt!‹ sage, bleibst du sofort stehen – sonst kriegst du noch ein paar.« Mills gehorchte und fuhr die Lok mit den zwei Waggons bis zu den von den Gangstern angebrachten weißen Markierungen bei der Brücke. Dann wurde er wieder gefesselt, und er und Whitby wurden aufgefordert, sich neben die Geleise ins Gras zu legen.

Als die restlichen Waggons des Zuges zum Stehen gekommen waren, machten sich mehrere Männer daran, den High Value Coach zu stürmen. Bis jetzt hatte der an nicht fahrplanmäßige Stopps gewöhnte Chefsortierer Frank Dewhurst keinen Verdacht geschöpft, doch als ein Seitenfenster seines Waggons eingeschlagen wurde, rief er sofort »Überfall!« und machte sich daran, das Fenster mit zwei Postsäcken zu verstopfen. Die Versuche seiner Untergebenen, die Verbindungstür zum nächsten Waggon zu sichern, waren jedoch vergebens. Als einer der Zugräuber die Tür mit einer Axt eingeschlagen hatte und kurz darauf mehrere Angreifer, mit Brechstangen und Totschlägern bewaffnet, im Wertsachenwaggon standen, leisteten die Postbeamten keinen Widerstand. »Pass auf«, sagte einer der Maskierten zu Dewhurst, »ihr bleibt alle schön brav hier auf dem Boden liegen, und zwar eine halbe Stunde lang, nachdem wir fort sind. Wir lassen jemanden zurück, der euch bewacht.« Der Chefsortierer nickte und ergab sich in sein Schicksal.

Der Rest des Überfalls verlief problemlos. Die Vorhängeschlösser wurden aufgebrochen, die Geldsäcke aus dem Waggon geschafft und in Windeseile über eine Menschenkette zum Lastwagen befördert. Nur vierzig Minuten nach dem Anhalten des Zuges legten die sechzehn Männer ihre Overalls ab, bestiegen ihre Fahrzeuge und verschwanden in der nächtlichen Landschaft.

Es dauerte weitere zehn Minuten, bis Dewhurst sich aufzustehen getraute und zwei seiner Sortierer damit beauftragte, die Behörden zu verständigen.

Erste Schätzungen des aus dem Urlaub zurückgerufenen Postministers Reginald Bevins sowie Scotland Yards beliefen sich auf einen abhanden gekommenen Betrag von etwas mehr als einer Million Pfund. Erst am 9. August konnten die acht betroffenen Banken – von denen eine dummerweise nicht versichert war – mit genauen Zahlen dienen: Die Posträuber hatten die gigantische Summe von 2.631.000 Pfund (damals ca. 185 Mill. Schilling) erbeutet. Die Post, zwei Versicherungen und eine der Banken setzten daraufhin eine ebenso ungewöhnlich hohe Belohnung von 260.000 Pfund für die Ergreifung der Täter aus.

Einige Tage lang machte die Polizei keinerlei Fortschritte. Weder die Spurensicherung am Tatort noch das Aktivieren der üblichen Unterweltkontakte erbrachten irgendwelche Ergebnisse. Kriminalisten und andere Experten hatten nichts als Theorien anzubieten, die teilweise recht weit hergeholt waren: Hinter dem Postraub steckten möglicherweise dieselben Verbrecher, die im November des vorangegangenen Jahres bei einem Überfall auf den London Airport 62.500 Pfund kassiert hatten. Oder diverse Unterweltkönige beziehungsweise irgendein kriminelles Genie, das selbst die Ausführenden der »Great Train Robbery« nie zu Gesicht bekommen hätten, hätten den Raubzug geplant. Und vielleicht steckte sogar die irische Untergrundorganisation IRA dahinter …

Die britischen Steuerzahler reagierten auf den Überfall, der sie immerhin mehr als zweieinhalb Millionen Pfund gekostet hatte, mit einer Mischung aus Amüsement und Bewunderung. Nach all den Politskandalen – wie der Profumo-Affäre und der Geschichte mit den sowjetischen »Maulwürfen« im britischen Geheim-

Ein Waggon der »Royal Mail«, Opfer des »großen englischen Postraubs«. Pressefoto dienst –, die das Land in den letzten Monaten erschüttert hatten, wurde der deprimierend verregnete Sommer des Jahres 1963 durch die Meldung über die mit militärischer Präzision durchgeführte Aktion endlich etwas aufgelockert. Während Bankaktien an der Londoner Börse vorübergehend in ein Kurstief stürzten, wünschte man den unbekannten Zugräubern in den Pubs viel Glück. Und die Zeitungen errechneten, dass die erbeutete Summe ausreichen würde, das innerhalb von 24 Stunden in ganz Großbritannien konsumierte Bier zu bezahlen.

Aus Amerika kamen Pressestimmen, die den Postraub als eine Art »kriminelles Meisterwerk« ansahen. Die *New York Times* beispielsweise schrieb: »Im Vergleich dazu sehen unsere Verbrechersyndikate armselig und phantasielos aus. Immerhin halten wir doch das Copyright auf Eisenbahnüberfälle, und vor einem halben Jahrhundert bannten wir sie in ›The Great Train Robbery‹, dem ersten Film mit einer richtigen Handlung, sogar auf Filmmaterial. Doch heute können wir bestenfalls behaupten, dieser modernen Version eines Jesse James die Inspiration geliefert zu haben; das Know-how ist aber eindeutig britisch. Zweifelsohne stecken Dr. No oder Goldfinger hinter diesem genialen Raubzug, also sollte man am besten James Bond auf den Fall ansetzen.«

Auch die britischen Medien machten aus ihrer Bewunderung kein Hehl – mit wenigen Ausnahmen: »Die Zugräuber sind alles andere als Superhirne, deren kriminelles Talent bewundernswert wäre«, meinte etwa der *Daily Express*. »Denn was ist bei Sears Crossing wirklich passiert? Eine Bande bewaffneter Banditen hat unbewaffnete Eisenbahn- und Postangestellte überfallen. Ihre gigantische Beute haben sie einzig und allein ihrer Brutalität zu verdanken. Was soll daran so wagemutig oder brillant sein?«

Am 12. August hielt Detective Superintendent Gerald McArthur von Scotland Yard, der mit dem Fall betraut worden war, eine Pressekonferenz ab, die – nach Meinung vieler Kritiker – ein folgenschwerer taktischer Fehler war. Er erzählte den Journalisten, dass die Behörden zur Ansicht gelangt wären, das erbeutete Geld (immerhin Banknoten im Gesamtgewicht von zweieinhalb Ton-

Bridgeo Brigde, Schauplatz des »großen englischen Postraubs«. Pressefoto

nen) müsse in einem Umkreis von fünfzig Kilometern um den Tatort versteckt sein.

Als die Polizei am nächsten Tag endlich dem Hinweis eines Hirten – er hatte bereits mehrmals vergeblich angerufen – über verdächtige Vorgänge auf der Leatherslade-Farm nachging, war es bereits zu spät. Die Beamten fanden zwar jede Menge leere Postsäcke sowie zahlreiche Indizien, die darauf hindeuteten, dass sich eine größere Gruppe Menschen einige Zeit hier aufgehalten hatte, doch die Zugräuber hatten offensichtlich ebenfalls Radio gehört und hatten mit ihrer Beute längst das Weite gesucht. In ihrer Eile hatten sie allerdings keine Zeit gehabt, Fingerabdrücke zu beseitigen oder den Bauernhof – wie geplant – niederzubrennen. Diese Nachlässigkeit sollte dem Großteil der Bande später zum Verhängnis werden.

Wenige Tage danach konnten die Behörden den ersten Fahndungserfolg verzeichnen. Mrs. Ethel Clark, eine 67-jährige Polizistenwitwe aus Bournemouth, hatte Verdacht geschöpft, als zwei offensichtlich aus London stammende Männer ihre Garage mieten und gleich drei Monate im Voraus bezahlen wollten. Sie verständigte die Polizei, die nach kurzem Handgemenge zwei Männer verhaften und in zwei Fahrzeugen einen Teil der Beute (die gestapelten Scheine sahen zwar nach viel aus, ergaben jedoch nur die Summe von 141.017 Pfund) sicherstellen konnte. Bei den Festgenommenen handelte es sich um den Floristen Roger Cordrey und den Ingenieur William Boal. In den nächsten Stunden wurden auch Boals Frau und ein weiteres Blumenhändlerehepaar festgenommen, bei denen jeweils einige hundert Pfund der Beute entdeckt wurden.

Einen Tag darauf wurde in der Nähe eines Wäldchens ein Sack mit 101.000 Pfund entdeckt. Scotland Yard äußerte daraufhin die Vermutung, dass die Bande in ihrer Panik das Geld möglicherweise irgendwo stehengelassen oder vergraben hatte. Eine ganze Nation fühlte sich nach dieser Meldung berufen, auf Schatzsuche zu gehen. In der Zwischenzeit machte ein verdächtiger Autokauf die Polizei auf zwei weitere Verdächtige aufmerksam, die alsbald steckbrieflich gesucht wurden: den Antiquitätenhändler Bruce Reynolds, der den Beamten kurz darauf nur knapp entkam, und den Restaurantbesitzer James White. Binnen weniger Tage wurden noch mehr Verdächtige, deren Namen durch Informanten oder aufgrund der gefundenen Fingerabdrücke festgestellt worden waren, verhaftet. Unter anderen waren dies die Buchmacher Charles Wilson und Thomas Wisbey, die Immobilienmakler John Denby Wheater und Brian Field sowie der nicht mit ihm verwandte Ex-Handelsmatrose Leonard Field (die in den Kauf der Leatherslade-Farm verwickelt waren), der Clubbesitzer Robert Welch, der Damenfriseur Gordon Goody, der Anstreicher James Hussey und der Tischler Ronald Biggs. Sie alle waren mehrfach vorbestrafte Kleinkriminelle, die mit Londoner Verbrecherorganisationen zu tun hatten – einerseits mit der »South West Gang«, deren Capo Bruce Reynolds war, andererseits mit der von Ronald »Buster« Edwards geleiteten »South East Gang«.

Der Silberschmied und Amateurrennfahrer Roy »The Weasel« James sowie Reynolds' Schwager John Daly wurden erst im Dezember gefasst. Edwards, Reynolds und White blieben weiterhin unauffindbar, ebenso wie der Großteil der Beute – insgesamt 2.300.000 Pfund. Man vermutete, dass die drei (und eventuell ein paar unbekannt gebliebene »Masterminds« der Bande) das Geld nach Europa geschafft und sich Gesichtsoperationen unterzogen hatten, um der Entdeckung zu entgehen.

Die Verhandlung gegen die Zugräuber vor dem Bezirksgericht von Aylesbury begann am 20. Jänner 1964. Vorsitzender war der Ehrenwerte Mr. Justice Edmund Davies. Acht der insgesamt zwanzig festgenommenen Personen, inklusive Roger Cordrey, hatten sich bereits vor Prozessbeginn geringerer Vergehen für schuldig bekannt; die restlichen zwölf Angeklagten beteuerten einhellig ihre Unschuld.

Allein die Verlesung der Anklageschrift dauerte zehn Stunden, aber auch sonst war der Prozess rekordverdächtig. In 48 Verhandlungstagen riefen die Staats- und Rechtsanwälte 264 Zeugen auf, und es wurden insgesamt 613 Beweisstücke zugelassen. Es gab Unterbrechungen und Skandale wegen angeblich bestochener und bedrohter Geschworener. Einmal musste die Verhandlung sogar wegen eines Verfahrensfehlers unterbrochen werden – danach wurde ein gesonderter Prozess gegen Ronald Biggs angesetzt, während die Anklage gegen John Daly fallen gelassen wurde. Einige der Beschuldigten mussten sich nur wegen Hehlerei beziehungsweise im Zusammenhang mit dem Erwerb der Leatherslade-Farm rechtfertigen.

Obwohl sämtliche der zehn verbliebenen Angeklagten ihre Schuld bis zum Schluss leugneten, war die Beweislast erdrückend. Die auf dem Bauernhof gefundenen Fingerabdrücke und die bei den Festnahmen sichergestellten Geldbeträge reichten aus, um die Geschworenen zu überzeugen. Nach der Zusammenfassung des Falles durch den Richter, die sechs Verhandlungstage dauerte und mehr als eine Viertelmillion Worte umfasste, zogen sich die Geschworenen zur Beratung zurück. Diese dauerte mehr als 66 Stunden – länger als je zuvor in der Geschichte der britischen Justiz.

Am 26. März kehrten die Geschworenen in den Gerichtssaal zurück und verkündeten ihre Urteilssprüche: Sämtliche Angeklagten wurden für schuldig befunden; die Bandbreite reichte von Verschleierung der Identität des Käufers der Leatherslade-Farm und Behinderung der Justiz bis zur Verschwörung zum Raub und dem Überfall selbst. Am 16. April gab Justice Davies seinen Richterspruch bekannt. Abgesehen von Wheater, der mit drei Jahren Gefängnis davonkam, wurden sämtliche Angeklagten mit Haftstrafen von zwanzig bis dreißig Jahren Dauer bedacht.

Das ungewöhnlich harte Strafmaß führte zu erstaunten Reaktionen in den Medien. Im Leitartikel der *Daily Mail* hieß es zum Beispiel: »Die Allgemeinheit staunt über das Ungleichgewicht, das in diesen Urteilen zum Ausdruck kommt. Wie ist es möglich, dass ein Zugräuber mit dreißig Jahren bestraft wird, was im Normalfall bedeutet, dass er frühestens nach zwanzig Jahren auf Bewährung entlassen wird, während ein Mörder, der lebenslänglich bekommen hat, selten mehr als fünfzehn Jahre absitzen muss? Bedeutet das etwa, dass das Stehlen von Banknoten verwerflicher ist als der Mord an einem Menschen? Welchen Sinn soll die Bestrafung in beiden Fällen haben? Vergeltung? Abschreckung? Oder die Reformierung des Kriminellen?«

Doch all die Empörung nützte nichts. Bei der Berufungsverhandlung wurde das Strafmaß für nur vier der Angeklagten unwesentlich reduziert; danach verlegte man die verurteilten Zugräuber in getrennte Gefängnisse, wo sie in Einzelzellen unter strenger Dauerüberwachung gehalten wurden. Doch das war noch lange nicht das Letzte, was man von ihnen hören sollte.

Am 12. August 1964, ein Jahr und vier Tage nach dem Überfall auf den Postzug, verschwand der Buchmacher Charles Wilson, der bei der Verhandlung kein einziges Wort zu seiner Verteidigung geäußert hatte, aus seiner Einzelzelle im Winston-Green-Gefängnis in Birmingham. Der Ausbruch, der wahrscheinlich von einer darauf spezialisierten »Auftragsfirma« organisiert worden war, war mindestens genauso sorgfältig geplant und ausgeführt worden wie der Zugraub selbst.

Um drei Uhr früh stiegen drei Männer über eine Leiter in das Gefängnis ein, öffneten mit mitgebrachten Nachschlüsseln die Türen zum Hochsicherheitstrakt, wo Wilson wegen Ausbruchsgefahr eingesperrt war, schlugen einen Wärter bewusstlos und holten Wilson aus seiner Zelle. Nach einem schnellen Wechsel in mitgebrachte Zivilkleidung verließen die vier Männer über eine Strickleiter das Gefängnis, sprangen in einen bereitstehenden Jaguar und fuhren Richtung London, wo sich die Spur des Zugräubers trotz aller polizeilichen Bemühungen verlor. Wie es gelungen war, Wilson aus einer besonders bewachten Zelle, die bis wenige Monate davor einen britisch-sowjetischen Doppelagenten beherbergt hatte, zu befreien, konnte nie ganz geklärt werden.

Der Schriftsteller Graham Greene merkte in einem Leserbrief an den *Daily Telegraph* an: »Gehöre ich einer Minderheit an, wenn ich Bewunderung für die Geschicklichkeit und den Mut hinter der ›Great Train Robbery‹ empfinde? Und, was noch wichtiger ist, gehöre ich einer Minderheit an, wenn ich von derart barbarischen Urteilen schockiert bin? – Dreißig Jahre für einen erfolgreichen Diebstahl im Vergleich zu einer lebenslänglichen Strafe (die meist auf höchstens zwölf Jahre hinausläuft) für die Vergewaltigung und Ermordung eines Kindes?

Wenn unsere Justiz einen Mann wegen eines Eigentumsdelikts zu dreißig Jahren Gefängnis verurteilt, darf man nicht überrascht sein, wenn viele diesem Sträfling, der mit ebenso viel Geschicklichkeit und Mut dieser Strafe entronnen ist, Sympathie entgegenbringen.

Immer wieder müssen wir über die schrecklichen Verhältnisse in kommunistischen Gefängnissen lesen. Doch nun erfahren wir, dass es in unseren altmodischen, überfüllten Strafanstalten möglich ist, dass ein Mann für unbestimmte Zeit in Einzelhaft kommt und in einer Zelle schlafen muss, wo nie das Licht gelöscht wird und er alle Viertelstunden von Wärtern kontrolliert wird. Hatte man etwa vor, diese Behandlung dreißig Jahre lang fortzuführen, wenn der Gefangene nicht preisgeben würde, wo die Beute versteckt ist? Diese Methoden erinnern sehr an Folter – und Folter im Auftrag unserer Banken ist noch unsympathischer als Folter aus ideologischen Motiven.«

Am 8. Juli 1965 gelang auch Ronald Biggs eine spektakuläre Flucht. Er hatte sich im Londoner Wandsworth-Gefängnis mit dem Ausbruchsspezialisten Paul Seabourne angefreundet und einen Plan geschmiedet, der erfolgreich aufging. Zu Beginn seiner täglichen Stunde Hofgang ertönte ein lautes Motorengeräusch von draußen; dann ratterten plötzlich zwei Strickleitern mit Metallsprossen über die Mauern. Biggs und sein Freund Eric Flower rannten auf die Leitern zu, während zwei Häftlinge, die für ihre Hilfe je fünfhundert Pfund erhalten hatten, die herbeieilenden Wärter gekonnt zu Fall brachten.

Auf der anderen Seite der Mauer wartete ein Möbelwagen, dessen Dach entfernt worden war – dieser Umbau war vom Straßenniveau aus natürlich nicht sichtbar. Im Laderaum des Lasters befand sich eine Plattform, die mit Hilfe von Flaschenzügen gehoben und gesenkt werden konnte; von dieser erhöhten Position aus war es kein Problem gewesen, die Leitern über die Gefängnismauer zu werfen. Biggs und Flower sprangen in den mit Matratzen ausgelegten Möbelwagen – gefolgt von zwei anderen Häftlingen, die die Chance zur Flucht genützt hatten –, stiegen mit Seabourne und Kumpanen in einen Ford Zephyr um und fuhren zu einem vorbereiteten Versteck.

Es dauerte einige Tage, bis Biggs telefonisch mit seiner attraktiven und kriminell ebenfalls vorbelasteten Frau Charmian Kontakt aufnehmen konnte. Anschließend reisten er und Flower mit falschen Pässen nach Europa, wo sich Ronald »Ronnie« Biggs in Paris einem Gesichtslifting unterzog und sich die Nase brechen ließ, um sein Aussehen zu ändern. Später machte er sich über Zürich auf den Weg nach Australien, wohin ihm »Charm« und seine beiden Söhne achtzehn Monate später nachfolgten.

Doch Scotland Yard schlief nicht. 1966 wurde James White in einer Kleinstadt in der Grafschaft Kent verhaftet, ein halbes Jahr später stellte sich Mastermind Buster Edwards den Behörden, und am 25. Jänner 1968 konnte der Ausbrecher Charles Wilson in Kanada ein zweites Mal dingfest gemacht werden. Bruce Reynolds, der den Behörden um Haaresbreite entkommen war, wurde erst über fünf Jahre nach dem Postraub – am 8. November 1968 – geschnappt. Er hatte einige Zeit lang mit seiner Frau und seinem Sohn ein luxuriöses Leben in verschiedenen europäischen Städten geführt, bevor er unter falschem Namen ein Haus in Torquay an der »englischen Riviera« erwarb, um sich dort niederzulassen. Es dauerte ein weiteres Jahr, bis Scotland Yard das Ehepaar (die beiden hatten nur ihre Vornamen geändert) aufspürte und Reynolds vor Gericht brachte – wo er ebenfalls zu einer Haftstrafe von fünfundzwanzig Jahren verurteilt wurde. »Das Leben, das ich geführt habe, war so, als ob man seine Zeit draußen absitzt«, war sein einziger Kommentar dazu.

1970 wurde auch die neue Existenz in Australien für Biggs zu gefährlich. Nachdem sein Kumpel Eric Flower verhaftet worden war, beschloss er, sich wieder einmal zu verändern, und unternahm eine Schiffsreise nach Südamerika, wo er sich unter dem Namen Michael Haynes in Rio de Janeiro niederließ. Er betrieb einen erfolgreichen Handwerksbetrieb für die englischsprachige Gemeinde der Großstadt und fand auch eine neue Freundin, die ihn seine Frau und die gemeinsamen Kinder vergessen ließ. Als Scotland Yard und die britische Presse ihn 1974 endlich aufspürten, rettete ihn nur die brasilianische Regierung vor der Deportation, indem sie sich darauf berief, dass kein Auslieferungsabkommen mit England bestand.

Ronnie Biggs erlangte Ende der siebziger Jahre, nachdem etliche Versuche von Kopfgeldjägern, ihn aus seinem Zufluchtsland zu entführen, höchst medienwirksam gescheitert waren, neuerlich zweifelhafte Berühmtheit. Jahrelang hatte er davon gelebt, sensationsgeile englische Touristen gegen eine bescheidene Gebühr von fünfzig Pfund zum Grillen in seinem Garten einzuladen; doch nun wurde er – als wohl berühmtester nichtpolitischer Justizflüchtling der letzten Jahrzehnte – plötzlich zu einem Idol der Punk-Generation.

Diese nur teilweise ironische Verehrung gipfelte darin, dass Punk-Zampano Malcolm McLaren den ehemaligen Kleinkriminellen 1978 für einige Wochen zum Sänger der legendären Sex Pistols bzw. ihrer beiden »überlebenden« Mitglieder Steve Jones und Paul Cook machte. Im Song »No One Is Innocent«, von vielen Kritikern als eine der schlechtesten Schallplatten aller Zeiten bezeichnet, pries Biggs das Kindermörderpärchen Ian Brady und Myra Hindley ebenso wie den Naziflüchtling Martin Bormann. Danach geriet er – abgesehen von gelegentlichen Interviews – wieder in Vergessenheit, bis 1994 seine Autobiographie »Odd Man Out« erschien, in der er den großen Zugraub in allen Einzelheiten beschrieb.

Viel von der Beute war ihm nach seiner Verhaftung nicht geblieben; es reichte nur, um seine Flucht zu finanzieren. Doch immerhin hatte er seine Freiheit wiedererlangt – und die Befriedigung, dass drei bedeutende Mitglieder der Posträuberbande (wie er in seinem Buch behauptete) nie gefasst worden waren, weil sie in der Leatherslade-Farm stets Handschuhe getragen hatten; ebenso war der pensionierte Lokomotivführer der Verhaftung entgangen, weil seine Fingerabdrücke der Polizei nie bekannt gewesen waren.

Im Dezember 1999 erlitt der mittlerweile siebzigjährige Biggs einen schweren Schlaganfall (den dritten innerhalb von zwanzig Monaten), der ihn gelähmt und ohne Sprachvermögen zurückließ. Mit seinem Verstummen geht die große Ära der liebenswerten Gauner und ihrer filmreifen Coups zu Ende. Und nicht nur Hollywood wird ihr nachtrauern.

Postraub im Wienerwald
ÖSTERREICHISCHE (UND DEUTSCHE) EISENBAHNÜBERFÄLLE

»Sie kamen wie die Phantome. Maskiert und bewaffnet. Sie sprachen nur zwei Worte – dann fielen die tödlichen Schüsse.«
(Aus einem Zeitungsbericht)

Der Postkurs 302, eine Art fahrendes Sammelpostamt, hatte am
Montag, dem 9. April 1990, fahrplanmäßig um 15 Uhr 40 den
Hauptbahnhof Linz verlassen, so wie jeden Tag. Er war an den
Regionalzug nach St. Pölten angekuppelt. In jeder der neunzehn
Stationen bis zur Endstelle wurden Postsendungen, Briefe, Pake-
te und Geld übernommen – diesmal besonders viel Geld, denn der
Zehnte jedes Monats war Fälligkeitstermin für die Steuern von
Firmen und Privaten, die meist mittels Posterlagschein einge-
zahlt wurden.

Chef des Postkurses war der 49-jährige Herbert Filtz, seit
mehr als dreißig Jahren bei der Post angestellt, verheiratet und
Vater eines dreijährigen Sohnes. Vor der Abfahrt hatte er in
Linz Ostergeschenke für sein Kind eingekauft. Mit ihm arbeiteten noch drei Beamte im Waggon: der 36-jährige Michael Schul-
ner, der 42-jährige Heinrich Steininger und der 29 Jahre alte
Michael Fasel.

Um 19 Uhr 20 hatte der Zug St. Pölten erreicht. Hier wurde der
Postwagen von innen verriegelt, da er ab jetzt keine Sendung
mehr entgegenzunehmen hatte, und an den Pendlerzug 2053
angehängt, der um 20 Uhr 42 Richtung Wien abfuhr. Die Garnitur bestand aus sieben Waggons; die ersten drei waren für Passagiere bestimmt, dann folgten der Postwaggon und schließlich
zwei Güterwagen.

Der zweite Halt nach St. Pölten – zwischen den Ortschaften Kirchstetten und Ollersbach – ist die kleine Personenhaltestelle Schildberg; fahrplanmäßiger Aufenthalt: eine Minute. Der Perron dieser Station ist kaum beleuchtet, nur eine einzige Lampe erhellt das Wartehäuschen. Der Zug muss in einer relativ engen Rechtskurve stehen bleiben. Daher war es weder dem Lokführer noch dem Schaffner (der sich ohnehin nur um die Personenwaggons zu kümmern hatte und niemanden ein- oder aussteigen sah) möglich, die drei dunkel gekleideten Gestalten mit Gesichtsmasken zu bemerken, die sich in einem Gebüsch auf der Böschung versteckt gehalten hatten und jetzt zum Postwaggon traten. Zwei der Männer stellten sich an das Toilettenfenster und einer half dem anderen mittels »Räuberleiter« hinauf, damit er das Fenster – die einzige ungesicherte Stelle des Wagens – herunterziehen und auf diesem Weg »einsteigen« konnte. Dann ließ dieser seine beiden Komplizen durch die Tür in den Waggon. Der Zug war mittlerweile angefahren und die Fahrgeräusche der Lokomotive und der Garnitur überdeckten jeden anderen Laut.

Es war knapp nach 21 Uhr. Kursleiter Filtz saß an seinem Schreibtisch und war, ebenso wie seine Kollegen, mit dem Ordnen der Postsendungen beschäftigt. Plötzlich flog die Tür auf; ein Mann, dessen Gesicht von einer grünen Wollmaske bedeckt war, richtete seine Pistole auf den Beamten. Filtz, offenbar völlig überrascht, erhob sich und fragte noch: »Was wollen denn Sie?«, als auch schon die Schüsse krachten. Der erste ging fehl, er durchschlug nur Filtzs Arbeitsmantel; der zweite jedoch traf ihn in den Unterkörper. Filtz stürzte zu Boden, woraufhin sich der Mörder breitbeinig über sein Opfer stellte und ihm mit angesetzter Waffe einen sofort tödlichen Kopfschuss verabreichte.

Seine zwei Komplizen hielten die drei anderen Postbediensteten, die ihre Arbeitsplätze etwas weiter hinten im Waggon hatten, in Schach. Sie mussten sich auf den Boden legen, wurden mit Handschellen gefesselt und mit Plastiksäcken über den Köpfen an Hilferufen gehindert. Vierzig Minuten verbrachten die drei in Todesangst neben ihrem toten Kollegen. »Wir wussten ja nicht, was die Mörder mit uns machen würden«, erzählten sie nachher der Polizei. »Wir versuchten, auf jedes Geräusch zu achten, und hörten, wie sie die Postsäcke aufschlitzten. Nach fast endloser Zeit war alles vorbei und wir hörten, wie es im Waggon still wurde.«

Der Zug hatte mittlerweile Hütteldorf, einen Vorort von Wien, erreicht, in dem die drei Verbrecher anscheinend den Wagen verließen. Erst als der Zug im Westbahnhof – seiner Endstelle – eingefahren war, wurde der brutale Raubmord von den Postbeamten, die die Sendungen übernehmen sollten, entdeckt. Nach ersten Abrechnungen betrug der fehlende Geldbetrag über 35 Millionen Schilling – die größte je bei einem Postraub in Österreich erbeutete Summe. Sie war in Banknoten und Hartgeld im Gesamtgewicht von 65 Kilogramm abtransportiert worden. Ob die Räuber das Geld erst in Hütteldorf fortgeschafft oder irgendwo auf der Strecke aus dem Zug geworfen hatten, war nicht klar. Die Polizei begann sofort mit Nachforschungen entlang der Strecke und auf allen Bahnhöfen; die Postdirektion setzte für sachdienliche Hinweise eine Belohnung von 300.000 Schilling aus. Doch beides blieb ohne Ergebnis.

Zwei Tatsachen bestimmten die Ermittlungen: Die Täter hatten offenbar sehr gute Kenntnisse über die Abläufe bei Post und Bahn. Sie waren mit der einzigen Schwachstelle des Geldtransports vertraut gewesen, hatten gewusst, dass gerade am 9. April ein größerer Betrag unterwegs war und in welchem der Postkurse die Geldsendungen befördert wurden, und sie hatten auch die Art der Beförderung gekannt. Weiters waren sie mit der Tatsache vertraut gewesen, dass der Zug in Schildberg hielt und dass die kleine Station fast unbeleuchtet und ziemlich schwer einsehbar war. Außerdem mussten sie gewusst haben, dass die Postbeamten unbewaffnet waren. (Das wurde übrigens mit sofortiger Wirkung geändert; ab diesem Zeitpunkt musste jeder Geldtransport von einem bewaffneten Wachmann begleitet werden.) Die Frage war nur, warum sie den Kursleiter trotzdem derart brutal ermordet, ja fast hingerichtet hatten. Kamen sie etwa aus dem Bereich der Bahn oder Post und mussten fürchten, von Filtz wieder erkannt zu werden?

Diskrete Umfragen und Erkundigungen im Umkreis der vier Postbeamten, die den Zug begleitet hatten, erbrachten keinerlei

Hinweise. Die Täter schienen in das Dunkel zurückgekehrt zu sein, aus dem sie gekommen waren. Hatte es sich vielleicht um eine professionell arbeitende Bande von Berufsverbrechern gehandelt, die ihren Coup exakt und umfassend recherchiert hatte? Die Handschellen, mit denen die drei Beamten gefesselt worden waren, waren von einer Marke, die zwar nicht in Österreich, wohl aber in Deutschland erhältlich war. Gehörten die Räuber etwa einer internationalen, auf Zugüberfälle spezialisierten Bande an?

Ein ganz ähnlich organisierter Überfall in Deutschland, der sich genau 48 Stunden nach dem Raubmord auf der Westbahnstrecke ereignete, schien diese Theorie zu bestätigen.

Am 11. April um 21 Uhr 38 verließ ein Zug den Kölner Postverladebahnhof Richtung Düsseldorf. Kurz danach tauchten plötzlich – wie aus dem Nichts – drei schwarz gekleidete Männer mit dunklen Masken im Postwaggon auf, die bis an die Zähne bewaffnet waren. Sie zwangen die drei Angestellten des Geldtransports, sich auf den Boden zu legen, fesselten und knebelten sie mit Klebebändern und zogen ihnen Postsäcke über den Kopf. Dann packten sie die Geldsäcke, die immerhin 1,6 Millionen Mark enthielten, in Nylontaschen, die sie aus dem fahrenden Zug warfen. Erst als der Zug knapp vor Düsseldorf wegen Gleisarbeiten langsamer fahren musste, verließen die Täter selbst den Zug.

Auch in diesem Fall besaßen die Zugräuber offensichtlich genaue Kenntnisse der Gegebenheiten bei Bahn und Post, die sie entweder im Dienst oder durch nähere Bekanntschaft mit Angestellten dieser Institutionen erhalten haben mussten. Die Vorgangsweise bei ihrem Coup war ganz ähnlich wie kurz zuvor in Österreich – mit dem einen Unterschied, dass es hier keinen Mord gegeben hatte. Doch der Verdacht, es könnte sich bei den Verantwortlichen um ein und dieselbe international operierende Bande handeln, erwies sich sehr schnell als unbegründet.

Wie sich bald herausstellte, waren die Kölner Täter portugiesische Arbeiter, die im Verladebahnhof der Post beschäftigt waren und den Ablauf derartiger Geldtransporte daher genau kannten. Schon drei Stunden vor dem Überfall hatten sie sich im Geld-

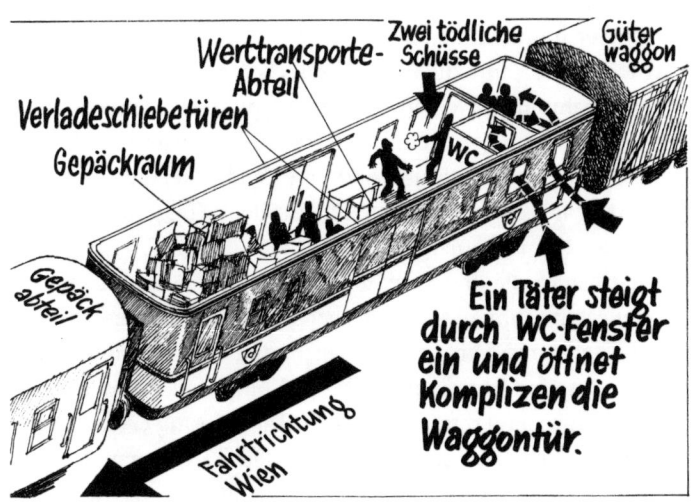

Der Raubüberfall bei Schildberg. Tatskizze

transporter hinter Luken im Dach versteckt. Kurz nach der Abfahrt waren sie dann aus ihren Verstecken gesprungen und hatten die Beamten mit einem Revolver und zwei Schreckschusspistolen in Schach gehalten. Der vierte Kollege war dem Zug mit dem Auto nachgefahren und hatte die Geldsäcke, die von seinen Komplizen an verabredeten Stellen aus dem Zug geworfen worden waren, eingesammelt.

Er hätte auch die drei Täter an der ihnen bekannten Langsamfahrstelle aufnehmen sollen. Dabei kam es allerdings zu einer Panne: Die Posträuber verfehlten sich, und die drei aus dem Zug suchten gut eine Stunde nach ihrem Komplizen mit dem Auto. Erst der deutschen Freundin eines der Täter gelang es, das Treffen telefonisch doch noch zu organisieren. Die Täter versteckten die Beute bei einer Bekannten, die aber bald merkte, in welche Machenschaften sie hier hineingezogen werden sollte, und umgehend die Polizei verständigte.

Man durfte davon ausgehen, dass der Coup nicht von langer Hand geplant worden war. Wie ein Sprecher der Düsseldorfer Polizei berichtete, sollen sich die vier Täter erst etwa zwei Wochen vor der Durchführung spontan zu ihrem Raubzug entschlossen haben.

Für die Wiener Kripo, die mit ihren Kollegen aus Niederösterreich kooperierte, hatte sich damit die Möglichkeit erledigt, die Kölner Räuber könnten mit den Attentätern aus dem Wienerwald identisch sein. Auch eine weitere Spur, die zunächst viel versprechend ausgesehen hatte, führte zu nichts. Aus Unterweltkreisen war der Hinweis gekommen, dass ein gewisser Gernot H. während der Verbüßung einer längeren Haftstrafe seinen Gefängnisgenossen immer wieder von einem großen Plan erzählt habe, den er nach Absitzen seiner Strafe ausführen wolle. Als sein großes Vorbild habe er stets den englischen Posträuber Ronald Biggs (siehe Kapitel »Scotland Yard und die Superhirne«) genannt. Ob er aber von einem Postauto oder einem Postwaggon gesprochen hatte, daran konnten sich die Zeugen nicht mehr erinnern.

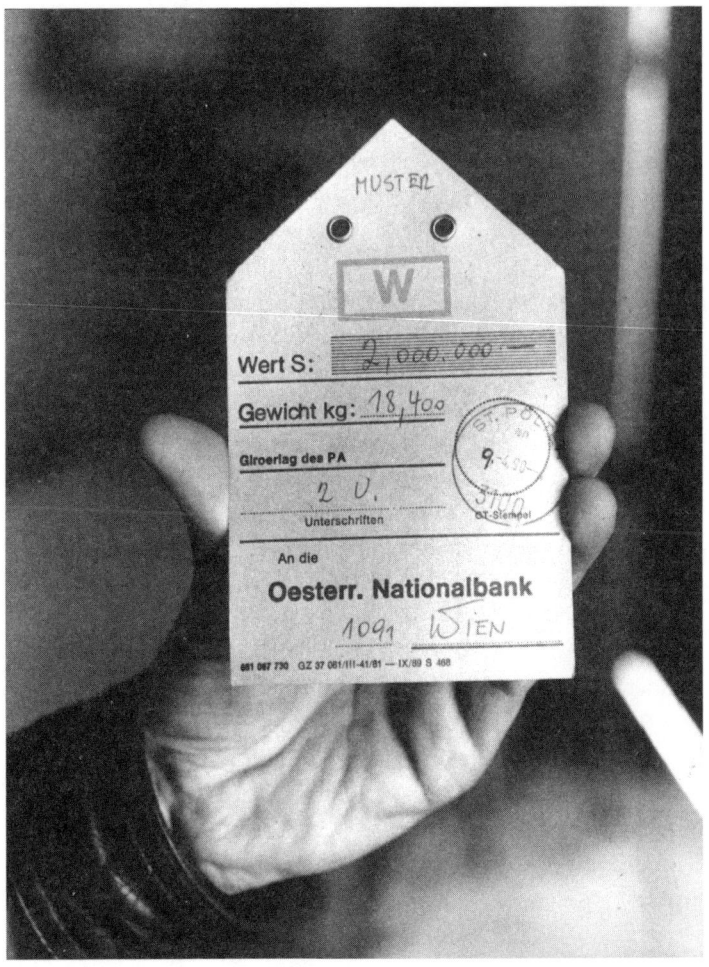

Der Raubüberfall bei Schildberg: Begleitzettel eines Geldsacks mit Wert- und Gewichtsangabe. Pressefoto

Jedenfalls stammte Gernot H. aus Linz, von wo er aber spurlos verschwunden war. Die Polizei startete eine internationale Fahndung, doch erst nach drei Wochen stellte sich heraus, dass der Verdächtige längst in Passau im Gefängnis saß – und zwar nicht erst seit Beginn der europaweiten Suche, sondern auch zum Zeitpunkt des Überfalls. Diese Blamage warf kein besonders gutes Licht auf die interne Kommunikation der österreichischen Behörden …

Trotz der hohen Belohnung und obgleich eine Vielzahl von Hinweisen eingegangen war (mehrere Zeugen wollten in der Nacht des Raubüberfalls verdächtige Männer mit großen Säcken durch Wien haben laufen sehen), verliefen die Ermittlungen im Sande. Fest stand nur, dass es sich um äußerst professionell agierende Täter gehandelt haben musste, die nicht nur das Auskundschaften der Möglichkeiten zum Raub effizient beherrschten, sondern auch keine Scheu davor hatten, einen Mord zu begehen, und zudem genug Disziplin besaßen, die Beute in Sicherheit zu bringen.

Es sollte noch fast drei Jahre dauern, bis »die größte Straftat, die sich jemals auf dem Raubsektor in Österreich ereignet hat« (wie die Behörden verlautbarten), aufgeklärt werden konnte. Die Zusammenarbeit der verschiedenen Kriminalabteilungen und das Wirken der kurz zuvor gegründeten Mitteleuropäischen Polizeiakademie trugen zur Ermittlung der Täter bei. Das »Hirn« der Bande war tatsächlich ein Professioneller der verbrecherischen Sonderklasse. Er hieß Libor Oller und stammte aus der Slowakei, wo er die instabilen Zustände nach der Wende und der Trennung von Tschechien dazu benützt hatte, ein riesiges Wirtschaftsimperium aufzubauen, das ihm auch politischen Einfluss sicherte; einmal war er sogar als Innenminister seines Landes im Gespräch gewesen.

Das Geld für diese ökonomisch-politische Karriere hatte Oller sich mit Raubzügen in Österreich beschafft – und zwar nicht nur mit der Ausplünderung des Postwaggons, sondern auch mit diversen anderen Überfällen. Der erste, am 18. Juli 1983, hatte einem Geldtransport der Meinl-Bank gegolten; der nächste, fast ein Jahr danach, der Filiale der Creditanstalt in der Shopping City Süd (SCS) bei Wien; 1985 wurde die SCS selbst ausgeraubt.

Schon damals fiel der Verdacht auf Libor Oller und Konsorten. Doch erst 1993 waren genug Indizien gesammelt worden, um den Mann, der Minister werden wollte, verhaften und für lange Zeit ins Gefängnis sperren zu können.

Der große Überfall auf den Postzug war jedoch keineswegs der erste seiner Art. Schon in den vergangenen Jahrzehnten hatte es immer wieder Verbrecher gegeben, die Geldtransporte mit der Bahn leichter zu »knacken« fanden als solche in Panzerwagen. Nur die erbeuteten Summen waren früher längst nicht so hoch gewesen …

Als im Februar 1948 am Bahnhof Mistelbach ein Postzug abgefertigt wurde, stellte sich beispielsweise heraus, dass ein Geldsack mit einem Betrag von 3.000 Schilling fehlte. Das Verschwinden war unerklärlich, da der Waggon nach der Aufgabe der Wertpost versiegelt worden war und man die Türen verriegelt hatte. Vom Dieb fehlte jede Spur.

Drei Monate später war wieder ein Sack verschwunden – diesmal mit der für die damalige Zeit erklecklichen Summe von 17.000 Schilling. Die Situation glich der beim letzten derartigen Vorfall. Als Täter konnte ein Eisenbahner ausgeforscht werden, der sich seine Kenntnis der Strecke und des Betriebes zunutze gemacht hatte. Er war beim letzten Halt des Zuges zugestiegen, hatte sich auf dem Trittbrett versteckt, während der Fahrt die Schiebetür mit einem Nachschlüssel geöffnet und dann den Sack während der Fahrt aus dem Zug geworfen. Anschließend hatte er die Tür wieder versperrt und war selbst abgesprungen. Sein etwas zu aufwendiger Lebenswandel, für den er keine befriedigende Erklärung abgeben konnte, hatte ihn dann schließlich verraten.

Elf Jahre später, im Februar 1959, setzte sich der Postbeamte Josef Fürhauser entgegen der Vorschrift – in dem kaum beheizbaren Postwagen, wo er eigentlich Dienst hatte, war es eiskalt – nach vorne in eines der fast leeren Passagierabteile. Plötzlich stand ein bewaffneter Mann vor ihm, der in den Postwagen wollte. Als Fürhauser versuchte, ihn daran zu hindern, schoss der Verbrecher auf ihn. Der schwer verletzte Beamte brach bewusstlos zusammen, während der Täter einen Geldsack mit gezählten 493.500 Schilling an sich raffte und aus dem Zug sprang. Es war die Blutspur, die schließlich zur Festnahme des Mannes führte; er hatte sich in der Aufregung selbst in die Hand geschossen.

In den kommenden Jahrzehnten stiegen sowohl die Höhe der Geldbeträge als auch das Risiko für die begleitenden Beamten.

Am 12. September 1965 beförderte der Postwagen der Bregenzerwälderbahn mehr als eine Million Schilling (es hatte gerade einen Steuertermin gegeben), bewacht von dem 59-jährigen Postbeamten Ludwig Köhle. »Plötzlich ist ein junger Mann in das Abteil gestürzt und hat mit zwei Messern auf mich eingestochen«, erzählte Köhle den Behörden später. Aus achtzehn Stichen blutend, hatte der Beamte es gerade noch geschafft, die Notbremse zu ziehen. Der Unbekannte war ohne Beute geflohen und konnte – trotz eines Phantombilds, das die Polizei nach den Angaben des Überfallenen zeichnen ließ – nie ausgeforscht werden.

Im Dezember 1972 überfielen zwei maskierte Räuber dann den Bahnhof Königsbrunn an der Wagram, an der Strecke von Wien nach Krems. Sie fesselten den Fahrdienstleiter Franz Piegler und den Postbeamten Alois Ploiner und warteten dann auf das Eintreffen des Postzugs. Ploiner konnte jedoch, gerade als der Zug in den Bahnhof einfuhr, die Tür zum Bahnsteig hin aufstoßen und gellend um Hilfe rufen. Die Räuber flüchteten mit einem Auto und konnten erst 1986, nach zahlreichen Banküberfällen, verhaftet werden. Als Beute wären in dem Postzug mehr als drei Millionen Schilling zu holen gewesen.

Libor Ollers Überfall, bei dem 35 Millionen Schilling geraubt wurden, ist tatsächlich bis heute in Österreich der größte seiner Art geblieben. Mit der Beute der berühmten englischen Zugräuber im Jahr 1963 konnte sich jedoch auch dieser Coup der neunziger Jahre nicht vergleichen; anscheinend war das diesbezügliche Know-how in der englischen Unterwelt schon damals um einiges höher als fast dreißig Jahre danach im ehemaligen Ostblock.

Der seltsame Monsieur X
GESCHICHTE EINES SCHÜCHTERNEN ERPRESSERS

Es kommt nicht gerade selten vor, dass Eisenbahngesellschaften mit der Drohung erpresst werden, Anschläge auf ihr Betriebsnetz, auf Strecken, Signalanlagen oder Waggons durchzuführen und damit entsprechend großen Schaden an Gütern sowie Leib und Leben der Reisenden anzurichten. Solche Erpressungsversuche sind auch großen Unternehmen, die Güter für den Massenvertrieb – beispielsweise Arzneiwaren oder Lebensmittel – herstellen, wohl bekannt. Wie Eisenbahnattentate treten solche Fälle oft epidemisch auf, sind wenig spektakulär und werden vermutlich oft intern erledigt, schon um die Öffentlichkeit nicht zu beunruhigen. Wie so oft bestätigen Ausnahmen jedoch auch hier die Regel.

Der Brief mit eindeutig erpresserischer Absicht, der am 7. Oktober 1975 bei der Direktion der Deutschen Bundesbahn in Karlsruhe einging, unterschied sich doch in mehrfacher Hinsicht von den sonst üblichen »Wenn Sie nicht, dann ...«-Schreiben.

Erstens war die geforderte Summe – 100.000 Mark – im Vergleich maßvoll, aber auch die sollte nur geliehen sein, spätestens in einem Jahr würde sie zurückgezahlt werden. Zweitens war eine durchaus anständige Verzinsung des Betrags mit sieben Prozent mit im Angebot. Und drittens enthielt der Brief eine detaillierte persönliche Begründung für den Erpressungsversuch – ebenfalls ziemlich ungewöhnlich, wie sogar der Schreiber selbst zugeben musste:

»Erpresser ist unverschuldet in großen Schwierigkeiten. Schulden und sonstige private Verbindlichkeiten betragen weit über 80.000,–. Für eine neue Geschäftsankurbelung werden noch 20.000,– benötigt. Alle Geldquellen (Kredit) und Sicherheiten hierfür sind ausgeschöpft und versiegt. Gerichte dieses Rechtsstaates sind gegen Schuldner viel zu lahm (bin um 70.000,– gebracht worden). Verfahren dauern Monate. Schuldner bis dahin auf und davon. Meine vierköpfige Familie will aber auch leben! Kriegsinvalidenrente auch zu klein. Geschäft ging noch dieses Jahr sehr gut und würde, da Spezialvertrieb, sofort gut weitergehen, wenn Verbindlichkeiten abgedeckt und Ware gekauft werden könnte. Als neuer Karlsruher Bürger bedauert Erpresser diese Entwicklung sehr, da bislang unbescholten und absolut ehrlich, also kein Profi. Alle Möglichkeiten erschöpft, kein Dialog darüber mit ihnen möglich! Habe daher alles genau bis zum Selbstmord im Entdeckungsfalle durchgeplant!«

Zum Zeichen, wie ernst es ihm sei, wollte der Briefschreiber innerhalb der nächsten Tage eine kleine Demonstration seiner Fähigkeiten geben. Die Bahn solle in einer Annonce in der Frankfurter Allgemeinen Zeitung am 18. 10. 1975 unter der Chiffre »Ziegler 134 399« ihre Zahlungsbereitschaft bekunden. Wäre sie dazu nicht bereit, würden sich die Anschläge steigern: Zugsentgleisungen, Zusammenstöße und Brände mit entsprechenden Schäden, auch an Menschenleben, seien zu erwarten. Gezeichnet war der Brief mit »Monsieur X«; so würde der Unbekannte auch seine Anschläge »signieren«.

Fast zweieinhalb Jahre lang, von Oktober 1975 bis Februar 1978, sollte dieses Pseudonym die Bahnbehörden und die Polizei in Atem halten. Die angekündigte Erstdemonstration fand tatsächlich statt, auch wenn sie noch sehr behutsam angelegt war. In einem zweiten Brief des Erpressers vom 10. Oktober war sie genau beschrieben worden: Am 7. und 8. Oktober waren zwei blinkende Warnleuchten bei Bruchsal und Söllingen am Gleiskörper aufgestellt worden – Stücke davon fanden sich später tatsächlich. Zwischen Fahrleitungsmasten bei Söllingen waren außerdem in der Höhe von 1 Meter 70 Drähte quer über die Schienen gespannt worden. Ein Lokführer hatte dort einen Schlag gegen seine Maschine gemeldet, dessen Ursache er nicht erklären konnte. Am 8. Oktober war dann zwischen Söllingen und Kleinsteinbach um 17 Uhr 53 die Zwangsbremsung eines

Schnellzuges ausgelöst worden. Das Bremsgestänge der E-Lok war mit Draht umwickelt gewesen. Spuren des Saboteurs fanden sich keine; es konnte nur festgestellt werden, dass die Warnblinkleuchten im Einkaufszentrum »Wertkauf« erhältlich waren. Der Draht hatte eine einzige, leider nicht signifikante Besonderheit, nämlich einen rechteckigen statt eines runden Querschnitts, was die Behörden aber auch nicht weiterbrachte.

Auch der nächste Brief vom 21. Oktober, in dem Anweisungen für die Geldübergabe gegeben wurden, war zumindest unüblich. Monsieur X schickte eine Herrenhandtasche mit, in der zweihundert Mark in Scheinen lagen. In dieser Tasche sollte das Geld übergeben werden; die zweihundert Mark waren als Spesenersatz für den Überbringer gedacht! Am 28. Oktober bestimmte der mysteriöse Briefeschreiber den Übergabeort: Am darauf folgenden Tag, zwischen 18 Uhr 45 und 19 Uhr, würde er in einem Gasthaus in Achern (Baden) anrufen. Die Polizei bereitete eine vorgetäuschte Übergabe vor, aber der Anruf kam nicht. Zwei Wochen später erst meldete sich Monsieur X: ihm sei zu viel Polizei in der Nähe des Übergabeortes gewesen. Auch ein zweiter Versuch am 14. November in Zarten bei Freiburg schlug fehl. Ein dreiviertel Jahr lang geschah daraufhin gar nichts. Polizei und Bahn wollten den kuriosen Fall schon erleichtert zu den Akten legen – da meldete sich Monsieur X plötzlich wieder, diesmal aber mit einem Paukenschlag.

Um 5 Uhr 26 am 25. August 1976 entgleiste ein Nahgüterzug, der aus einer E-Lok und neunzehn Waggons bestand, bei Rastatt. Zwölf Waggons sprangen aus den Schienen, zwei stellten sich auf dem Bahnkörper quer, drei stürzten über die Böschung. Der Lokführer erlitt einen Schock; der angerichtete materielle Schaden betrug 293.000 DM. Bei einer Bahn-Fernsprechanlage in der Nähe des Tatortes war die Scheibe eingeschlagen und das Kabel zerrissen worden. Den Anschlag hatte der Unbekannte ausgeführt, indem er achtzig Gleisbefestigungsschrauben entfernt hatte. Die Natur half nach: Durch Abkühlung in der Nacht hatte sich der Abstand der gelösten Schiene so vergrößert, dass der Zug entgleisen musste. An einem Fahrleitungsmast hatte Monsieur X, wie in seinem ersten Brief angekündigt, seine Visitenkarte hinterlassen: »Verantwortlich für dieses Unglück: DB Direktion in Karlsruhe, Lammstraße 19. 100.000,– DM waren zu viel! Nun wird's wesentlich billiger! Mit herzlichen Grüßen, Monsieur X.«

Das am Bahnmast befestigte Schreiben stammte eindeutig von derselben Schreibmaschine wie die anderen Briefe des unbekannten Erpressers. Sonst ließen sich im Tatortbereich trotz intensivster Suche keine Spuren finden.

Am 6. September 1976 bekannte sich X schriftlich zu dem Unglück, erhöhte seine Forderung auf 250.000 DM und verlangte eine Kontaktaufnahme über den Rundfunk. Die für den 1. Oktober vorgesehene Geldübergabe klappte jedoch wieder nicht.

Daraufhin schwieg Monsieur X wieder ein halbes Jahr, um sich am 28. April 1977 mit einem neuen Anschlag erneut zu melden. Diesmal wurde am Bahnhof Muggensturm die elektrische Zuleitung zum südlichen Einfahrsignal durchtrennt und an einem Spannmast in der Nähe wurden die Seile durchgeschnitten, an denen die Betongewichte hingen, die den Fahrdraht spannten; infolge dessen fiel die Fahrleitung herunter. Noch in derselben Nacht verübte X einen ähnlichen Anschlag bei Windschläg, nördlich von Offenburg. Beide Attentate verursachten erhebliche Störungen im Zugverkehr. Die Linie musste für mehrere Stunden gesperrt werden, der Sachschaden betrug 43.000 DM. In Windschläg hatte der Täter seine mittlerweile bekannte Visitenkarte hinterlassen, mit derselben Schreibmaschine geschrieben wie die früheren Schriftstücke. Sonst gab es wieder keine einzige verwertbare Spur, aber auch keinen neuen Brief, der zur Geldübergabe aufforderte.

An der Art des Anschlags dürfte der Täter aber Gefallen gefunden haben. Die Sabotageakte wurden fortgesetzt, zuerst am 10. Mai auf der Strecke Baden-Baden–Steinbach und eine Woche später bei Rastatt-Niederbühl, wo zusätzlich ein Ausleger, an dem der Fahrdraht hing, abgeschraubt worden war. Ein äußerst gefährliches Unternehmen: Der Abstand zwischen arbeitendem Täter und dem Ausleger mit 15.000 Volt konnte nicht mehr als vierzig Zentimeter betragen haben. Sein Zeichen hatte Monsieur X diesmal mit gelber Ölkreide an die Fahrleitungsmasten geschrieben.

Eine konkrete Hoffnung, den Erpresser und Attentäter bald zu finden, bestand nicht. Ohne verwertbare Spuren konnten Polizei und Bahnverwaltung nur versuchen, die möglicherweise gefährdeten Strecken und Anlagen zu schützen, so gut es ging. Entlang der Linie Offenburg–Karlsruhe setzte man motorisierte Streifen ein; zusätzlich wurden sämtliche gefährdeten Spannmasten bewacht. Monsieur X bemerkte offenbar die Sicherheitsvorkehrungen, denn er verlegte von jetzt an seinen Tätigkeitsbereich und änderte seine Arbeitsmethode. In der Nacht zum 2. Juni 1977 entfernte er 84 Gleisschrauben an der Strecke Karlsruhe–Mannheim bei Wiesenthal und Graben-Neudorf, löste die Schiene und drückte sie sieben Zentimeter zur Seite. Da er aber eine Langsamfahrstrecke erwischt hatte, passierte nichts. Zwei Güterzüge überfuhren unbeschadet das Hindernis, bevor es entdeckt wurde. Die Signatur fehlte, aber etwa zwei Stunden vor dem Anschlag hatte eine männliche Stimme am Telefon der Fahrdienstleitung in Muggensturm verkündet: »Hier Mister X, heute knallt's noch.«

Zwei Monate später wurde schon wieder eine neue Methode erprobt: Aus Vierkantstahl hatte der Täter hakenförmige Bügel zusammengeschraubt, jeden einzelnen säuberlich mit »Neues von Mr. X« signiert und diese in größerer Anzahl auf die Fahrdrähte der Oberleitungen in beide Richtungen bei Bühl-Baden, eine Woche später bei Achern-Fautenbach gehängt. In seinem obligaten Bekennerschreiben nannte er diese Bügel »Fahrleitungsparasiten«. Zweimal waren die Stromabnehmer der E-Loks beschädigt worden, beim zweiten Anschlag riss auch das Fahrleitungssystem, der angerichtete Schaden betrug aber nur 68.000 DM.

Monsieur X musste selbst eingestehen, dass diese neue Erfindung nicht den gewünschten Effekt gebracht hätte. Er schrieb, dass ihm eine Perfektionierung zu langwierig und kostspielig sei und er deshalb wieder zur bewährten Methode zurückkehren würde, nämlich Schienenschrauben zu lösen. Damit verübte er am 17. Oktober sein letztes, aber auch erfolgreichstes Attentat. 138 Befestigungsschrauben löste er am linken Schienenstrang auf der Bahnstrecke Karlsruhe–Basel zwischen Kenzingen und Riegel. Der Fernschnellzug »Italien-Express« D 271 überfuhr mit 120 Fahrgästen, sieben Bediensteten und 140 Stundenkilometern die Stelle. Die E-Lok und alle zwölf Waggons entgleisten. Lokomotive und zehn Waggons kamen auf dem Bahnkörper zum Stehen. Zwei Waggons schossen in eine Wiese, einer stürzte um. Neunzehn Personen wurden zum Teil schwer verletzt. Der gesamte Zugverkehr musste über das Elsass umgeleitet werden, da Unterbau und Fahrleitungssysteme beschädigt waren. Der angerichtete Gesamtschaden betrug 1,7 Millionen Mark. Die Signatur im bekannten Wortlaut fand sich diesmal auf dem Sockel eines Fahrleitungsmastes: »Verantwortlich für dieses Unglück: DB Direktion in Karlsruhe, Lammstraße 19. 100.000,– DM waren zu viel! Nun wird's wesentlich billiger! Mit herzlichen Grüßen, Monsieur X.«

Anders als bei den »weniger geglückten« Attentaten traf das Schreiben mit sehr detaillierten Anweisungen zur Geldübergabe schon nach etwas mehr als drei Wochen ein. Der Brief an die Bundesbahndirektion in Karlsruhe war am 9. November im Postamt Mannheim 2 aufgegeben worden. Er enthielt das Tatbekenntnis und eine Forderung, die wieder bei einer viertel Million Mark lag. Der Betrag sollte in zweihundert 1.000-, sechzig 500- und zweihundert 100-DM-Scheinen, alle gebraucht, bereitgelegt werden. Kennwort für die Übergabe war »Wendelin«. Der Überbringer des erpressten Geldes sollte mit einem grauen VW-Käfer mit gelben Scheinwerfern und einer gelben Warnblinkleuchte auf dem Dach zum Übergabeort fahren, der telefonisch an einen bestimmten Anschluss der Bahndirektion durchgegeben werden würde. Der Ort werde dann durch zwei Blinkleuchten gekennzeichnet sein; dort würden sich ein Schlauchboot und eine Tasche – oder ein anderes sicheres Behältnis –, in die das Geld zu legen sei, befinden. Danach habe sich der Bote sofort zu entfernen und als Zeichen eine der Warnblinkleuchten mitzunehmen. Die Polizei bildete eine Einsatzgruppe, die einen Beamten zu dem angegebenen Telefonanschluss setzte.

Tatsächlich kam am 14. November, zwei Minuten nach zehn Uhr, der Anruf. Er wurde eindeutig mit verstellter Stimme, möglicherweise von einem Tonband, aus einer öffentlichen Fernsprechstelle im Karlsruher Stadtteil Rintheim getätigt, wie die eingerichtete Fangschaltung ergab. Das Geld sei in ein Süßwarengeschäft in Karlsruhe zu bringen, wo man auf weitere telefonische Nachricht warten solle. Obwohl sofort ein Einsatzkommando zu der fraglichen Zelle geschickt wurde, konnte der Anrufer nicht mehr angetroffen werden. Zeugen hatten zur fraglichen Zeit zwar einen jungen Mann gesehen, konnten aber keine näheren Angaben machen.

Trotz der im ersten Brief so detailliert und entschieden vorgebrachten Bedingungen begann jetzt wieder das schon bekannte Katz-und-Maus-Spiel des Täters mit der Polizei um die Übergabe. Zuerst wollte der Erpresser vom Überbringer »Wendelin« das genaue Gewicht des Geldes wissen, offenbar um festzustellen, ob man die Summe tatsächlich bereithielt. Der Anruf im Süßwarengeschäft erfolgte überdies so schnell, dass noch kein Beamter dort hätte sein können, was auch Monsieur X gewusst haben musste. Anschließend wurde »Wendelin« ins Seehotel in Achern zitiert, der versprochene Anruf dort erfolgte aber nicht.

Bundesbahndirektion und Polizei hatten schon nach den ersten Anschlägen überlegt, ob man sich bei der Fahndung nach dem seltsamen Herrn X nicht auch an die Öffentlichkeit wenden sollte. Diesem Täter, der eigenartige Briefe schrieb, fast perfekt und spurlos agierte, aber offenbar auch davor zurückschreckte, die verlangte Frucht seiner Anschläge zu kassieren, der die Übergabe so kompliziert plante, dass er sich selbst nicht mehr zurechtfand, der unerklärliche Pausen zwischen seine Anschläge legte – kurz, der sich ganz anders benahm, als sich ein zielbewusster, gewinnorientierter Attentäter verhalten hätte –, schien anders nicht beizukommen zu sein.

Die Bahnverwaltung wollte zwar, um die Bevölkerung nicht zu beunruhigen, die Öffentlichkeit nicht einschalten, gab jedoch nach dem letzten Anschlag mit Personenschaden nach. Als Forum dafür wählte man Eduard Zimmermanns berühmte Sendung *Aktenzeichen XY – ungelöst*. Am 2. Dezember sollte der bereits fertig gestellte Beitrag gesendet werden. Am 30. November war jedoch ein neues Schreiben eingetroffen, diesmal in Rastatt aufgegeben, in dem sich Monsieur X bitter über die polizeilichen Maßnahmen, Fahndungen und Fangschaltungen an den Telefonen beklagte. Er gab an, die Übergabe verschoben zu haben, da ihm das Wetter zu schlecht gewesen sei. Diesmal bestimmte er neue Übergabemodalitäten und versprach der Bahn, sich bei ihrer Weigerung »ein paar fette Weihnachtszüge« vornehmen zu wollen.

Wegen dieser Drohung wurde die Ausstrahlung des Beitrags in *Aktenzeichen XY* vorerst ausgesetzt. Aber auch diese neuen Anweisungen, denen zufolge »Wendelin« von der Autobahnraststätte Mahlberg-West bis Basel und zurück gehetzt wurde, funktionierten nicht. Ergebnislos blieben auch die umfangreichen Fahndungsmaßnahmen der Polizei. Es war immerhin möglich, dass die persönlichen Angaben in den Briefen nicht ablenken sollten, sondern tatsächlich den Verhältnissen des Täters entsprachen. Also wurden im Großraum Karlsruhe, Baden-Baden und Freiburg alle Konkurse, Schuldner und Gerichtsverfahren gegen säumige Zahler untersucht; sämtliche Formulare, die von Kunden und Klienten ausgefüllt werden mussten, wurden mit den vom Erpresser verwendeten Schreibmaschinenschriften verglichen; weiters forschte man nach den Materialien, die für die Herstellung der »Fahrleitungsparasiten« verwendet worden waren – alles in allem ein ungeheurer Aufwand an Zeit und Personal.

Leider blieben all die Recherchen jedoch ohne greifbares Ergebnis. Deshalb wurden die Überwachungsmaßnahmen intensiviert, und man unterteilte die Bahnstrecke zwischen Mannheim, Heidelberg und Basel in 32 Abschnitte, in denen nachts zwischen 21 und 1 Uhr Doppelfußstreifen unterwegs waren. Diese hatten Funkkontakt zu motorisierten Streifen, die Straßen und Zufahrtswege entlang der Linie überwachten, und zu Beobachtungsposten in den Zügen. Über hundert Beamte waren im Dauereinsatz. Sie konnten zwar keine neuen Spuren entdecken, aber wenigstens hörten die Anschläge auf.

Auch die Ausstrahlung des schon vorbereiteten Beitrags in der Sendung *Aktenzeichen XY – ungelöst* Mitte Jänner 1978, zu der

Ein Anschlag des Monsieur X: entgleiste und zum Teil umgestürzte Waggons
des Nachtgüterzuges bei Rastatt, 25.8.1976. Polizeifoto

man sich dann doch entschlossen hatte, schien zunächst keinen Erfolg zu haben. Zwar kamen, auch wegen der hohen Belohnung von 110.000 DM, ungewöhnlich viele (über sechshundert) Hinweise, die alle überprüft werden mussten. Kein einziger brachte die Behörden jedoch auf die Spur des Täters.

Erst einen Monat später, am 17. Februar, kam der Tipp, der endlich zur Feststellung der Personalien des Monsieur X und danach zu seiner Verhaftung führen sollte. In einem Straßburger Hotel war am 21. November 1977 ein Brief abgegeben worden, den ein Herr Ziegler in zwei Tagen abholen würde. Besagter Herr tauchte erst am 25. des Monats auf; inzwischen hatte aber der Hotelier, dem schon die Abgabe des Briefes äußerst mysteriös vorgekommen war, den Umschlag geöffnet, den Brief fotokopiert und der Polizei übergeben. Er war auch dem Abholer siebenhundert Meter weit durch die Innenstadt von Straßburg bis zu einem Pkw der Marke Ford-Kombi mit dem Kennzeichen FR-CE 295 gefolgt.

Im Brief stand, dass ein »Wendelin« sofort auf der Autobahn in Richtung Metz zu fahren habe (daher die gelben Scheinwerfer am VW, die damals in Frankreich vorgeschrieben waren) und dabei die Warnblinkleuchte einschalten sollte. Er hätte der Straße bis zu den zwei stationären Warnblinkern zu folgen, wo er Schlauchboot und Tasche für das Geld finden würde. Der Brief war mit derselben Schreibmaschine geschrieben worden wie die »Wendelin«-Briefe vorher, stammte also eindeutig vom Erpresser.

Der Täter hatte, da die Übergabe nicht funktioniert hatte und »Wendelin« den Brief in Straßburg nicht abholen konnte, jetzt selbst das nutzlose Schriftstück zurückgenommen, ohne zu wissen, dass der Hotelier den Inhalt kannte und für die Polizei kopiert hatte. Anhand des Kennzeichens konnte der Täter leicht ausgeforscht werden: Er hieß Hermann Kraft, war 51 Jahre alt, stammte aus Karlsruhe und war von Beruf Aquarienzubehörhersteller.

Sehr erleichtert, wie sich denken lässt, präsentierte man den Verdächtigen der Öffentlichkeit; tatsächlich aber waren die Beweise gegen ihn äußerst dünn. Nur in mühevoller Kleinarbeit und unter Zuhilfenahme der modernsten technischen und mikroanalytischen Methoden ließen sich Zusammenhänge zwischen den in Krafts Wohnung sichergestellten Materialien

(Papier, Eisen usw.) und den bei den Attentaten verwendeten herstellen. Sogar ein Literaturwissenschaftler wurde beigezogen, der eine computergestützte Stilanalyse, wie sie sonst zur Identifizierung anonymer Werke eingesetzt wird, von den Bekennerschreiben und Briefen Krafts erstellte.

Der Verdächtige leugnete beharrlich. Offenbar war ihm der Beweisnotstand der Polizei bewusst, und für alle Fälle erfand er – wie schon so viele vor ihm – den großen Unbekannten. Der hieß angeblich Alfred Brockmann, war Mitte fünfzig, wohnte in Karlsruhe und fuhr einen grauen Mercedes. Hermann Kraft wollte für ihn kleinere »Geschäfte« ausgeführt haben, für die Brockmann, ein verdeckt arbeitender, erfolgreicher Privatdetektiv, keine Zeit hatte. Je enger die Indizienkette wurde, desto mehr baute Kraft die Rolle seines Arbeitgebers aus. Als die Analyse des Papiers und der Metallteile aus der Wohnung des Verdächtigen ergab, dass beides bei den Anschlägen verwendet worden war, behauptete er, er hätte dem geheimnisvollen Drahtzieher Zutritt zu Werkstatt und Wohnung gelassen. Kaum erwies sich, dass Lackspuren und Metallsplitter an einigen Kleidungsstücken mit Mikrospuren an den Tatorten identisch waren, kam die Aussage, er hätte ihm auch seine Kleidung geborgt.

Klarerweise konnte besagter Alfred Brockmann trotz intensiver Fahndung im gesamten Bundesgebiet nicht gefunden werden. Kraft gab zu Protokoll, er hätte den Detektiv bei seinem leidenschaftlich betriebenen Hobby, dem Roulettespiel, in Baden-Baden kennen gelernt. Damit machte er jedoch unvorsichtigerweise die Polizei auf ein neues Indiz aufmerksam. Man verglich die registrierten Besuche im Kasino mit den Tatzeiten und konnte eine fast lückenlose Zeittabelle aufstellen. Mehrere Anschläge stimmten mit Krafts nächtlichen Heimfahrten vom Spielkasino in seine Wohnung in Freiburg überein.

Ein wichtiges Indiz, das die Beweiskette recht einfach schließen hätte können, tauchte allerdings trotz der hohen Belohnung nicht auf: die Schreibmaschine, auf der der Erpresser seine Briefe und »Visitenkarten« getippt hatte.

Im Oktober 1978 konnte endlich Anklage erhoben werden. Die Verhandlung gegen Hermann Kraft vor dem Schwurgericht im großen Saal des Rastatter Schlosses fand von Februar bis Anfang

März 1979 statt. 82 Zeugen und zwanzig Sachverständige waren geladen. Am 9. März 1979 kam es zur Urteilsverkündung: Hermann Kraft wurde wegen versuchten Mordes in fünfundzwanzig rechtlich zusammenhängenden Fällen in Tateinheit mit versuchter räuberischer Erpressung und gefährlichem Eingriff in den Bahnverkehr zu lebenslanger Haft verurteilt. Die Revision verwarf der Bundesgerichtshof als »offensichtlich unbegründet«.

Zwei fahrende Gesellen
»NO FUTURE« IN DER ZWISCHENKRIEGSZEIT

Der erste große Eisenbahnanschlag in Deutschland nach dem Ersten Weltkrieg war ein gescheiterter Raubüberfall, allerdings mit überaus schrecklichen Folgen. Drei Täter, polnische Staatsbürger, brachten am 20. Januar 1920 bei Schönlake an der Strecke Berlin–Schneidemühl einen Postgüterzug zum Entgleisen, um ihn auszurauben. Die Waggons stürzten um und fielen auf die Nachbargeleise. In sie raste wenige Minuten später ein aus der Gegenrichtung kommender D-Zug. Achtzehn Menschen wurden getötet, Dutzende zum Teil schwer verletzt. Die durch die Zugkatastrophe an der Ausübung ihres Vorhabens gehinderten Räuber ergriffen sofort die Flucht, konnten aber bald ausgeforscht werden.

Leider machte ihr verbrecherisches Beispiel Schule. Sechs Jahre danach kamen beim Attentat von Leiferde, auf der Strecke zwischen Lehrte und Isenbüttel, vierundzwanzig Menschen ums Leben, als in der Nacht vom 18. auf den 19. August 1926 ein Schnellzug zum Entgleisen gebracht wurde. Der Anschlag war ebenfalls als Raubüberfall geplant gewesen. Die zwei Täter, deren Personalien bald eruiert werden konnten, waren jedoch alles andere als professionelle Verbrecher; ihre Biographien lesen sich vielmehr wie soziologische Beschreibungen typischer Jugendlicher im Deutschland der Zwischenkriegszeit: aufgewachsen in einer instabilen Gesellschaft, ohne ausreichende materielle Existenzmöglichkeit, aus verelendetem Mittelstand stammend und trotz großer künstlerischer und technischer Begabung ohne realistische Hoffnung, ihre Talente je verwirklichen zu können. Statt einer Zukunft hatten sie eine vage Ideologie, die sich revolutionär gab, aber extrem zivilisationsfeindlich war und all ihre ideellen Versatzstücke aus der Vergangenheit bezog. »Mit der Gitarre durch das Land« hieß das Motto, »ein teutsches Lied auf den Lippen, Sandalen an den Füßen, und auf der Suche nach der blauen Blume: Hört, die wilden Wandervögel ziehen wieder durch die Nacht …« So waren sie leichte Beute für politische Rattenfänger aller Art.

Konrad Schlesinger, zum Zeitpunkt des Anschlags knapp zweiundzwanzig Jahre alt und ein hervorragend begabter Musiker, war wohl der tatkräftigere der beiden Zugattentäter. Nach Absolvierung der Musikschulen in Stuttgart und Leipzig hatte er als Kapellmeistervolontär am Stadttheater in Altenberg angefangen – eine unbezahlte Stelle. 1923 starb sein Vater, und Konrad sah sich gezwungen, Geld zu verdienen. Er spielte in Kabaretts und Nachtlokalen Klavier. Später ging er nach Estland, wo er sich bessere Bedingungen versprach, wurde aber bald wieder ausgewiesen. Eine darauf folgende Kapellmeisterstelle in Neuhaldensleben hielt er nicht durch; der damals knapp Neunzehnjährige war den administrativen Anforderungen, die damit verbunden waren, nicht gewachsen. Wieder arbeits- und einkommenslos, engagierte ihn die Hoteliersfamilie Keßler in Rietzlern als Hauslehrer, ohne Gehalt, aber mit freier Unterkunft und Verpflegung.

Beim Klavierunterricht – eine klassische Situation – verliebte sich Konrad in die jüngste Tochter des Hauses und sie sich in ihn. Selbstverständlich passte den wohlhabenden Eltern die Aussicht, einen stellungslosen Musikus zum Schwiegersohn zu bekommen, ganz und gar nicht, und sie warfen ihn kurzerhand hinaus. Schlesinger nahm nur seinen Pass und das wenige Bargeld, das er noch besaß, mit. Seine übrige Habe und die Kleidungsstücke verschenkte er zornig mit genialischer Geste (»Frei wie die Vögel ziehen wir … «), um auf Wanderschaft zu gehen.

Wie wenig romantisch das Leben »auf der Walz« war, sollte sich bald herausstellen. Die Schweiz ließ ihn nicht einreisen, also wanderte er durch Süddeutschland und lernte in Karlsruhe einen Musikantenkollegen kennen: den Pianisten Walter Weber, der sein Kaufmannsdasein aufgegeben hatte und sich ebenfalls als reisender Musiker durchzuschlagen hoffte. Zusammen mit dessen bisherigem Wanderkollegen, dem Pianisten Windmann, wollten sie den deutschen Rhein abwärts ziehen und sich mit ihrer Musik den Lebensunterhalt verdienen. Das gelang aber nicht, und ihre finanzielle Situation wurde immer aussichtsloser; sie hungerten und mussten meist im Freien übernachten. Da war es kein Wunder, dass sich die meisten ihrer Gespräche um Möglichkeiten drehten, schnell zu Geld zu kommen.

Ob es wirklich Konrad Schlesinger gewesen war, der die Idee zur Sprache gebracht hatte, es müsste doch ganz einfach sein, einen Zug entgleisen zu lassen und die Reisenden zu berauben, die ja stets Geld und Wertsachen dabei hätten – wie Walter Weber später aussagte –, konnte nie ganz geklärt werden. Schlesinger gab seinerseits an, sie hätten die Idee von einem plötzlich auftauchenden Landstreicher aufgeschnappt. Weber behauptete nach seiner Festnahme weiters, er hätte von allem Anfang an von dem Plan abgeraten, da dabei Menschen zu Schaden kommen könnten. Er hatte seinen Freunden aber auch den Hinweis gegeben, man solle vor Begehung der Tat doch noch auf seinen Bruder Willi warten, der Techniker sei und am ehesten Ratschläge zu einer effektiven Durchführung des Überfalls geben könnte. Besagter Bruder saß zwar gerade wegen Diebstahls im Gefängnis, würde aber in wenigen Tagen freikommen.

Willi Weber, der zweite der späteren Attentäter, war ein knappes Jahr älter als Schlesinger. Er hatte in Salzufflen das Gymnasium besucht, war aber nach dem Tod seines Vaters in der Obertertia ausgetreten und hatte eine Maschinenbaulehre absolviert. Diese war ihm sehr leicht gefallen, doch zu einem Studium fehlte das Geld. Willi arbeitete daraufhin als Monteur, wechselte aber häufig seine Arbeitgeber, die ihm in ihren Zeugnissen durchwegs hervorragende Fachkenntnisse, aber auch Unruhe und Unstetigkeit bescheinigten. Im Juni 1925 ging der junge Mann nach Berlin, um vielleicht in der Großstadt einen adäquaten Posten zu finden – ohne Erfolg. Er verlor jede materielle Lebensgrundlage, hungerte und musste sich obdachlos melden. Nach Hause heimgekehrt, fand er derart elende Verhältnisse vor, dass er unbedingt wieder nach Berlin zurück wollte. Dort gab es wenigstens eine Armensuppe und eine Wohlfahrtsanstalt. Die Fahrkarte aber konnte er sich nicht leisten. Beim Versuch, eine zu stehlen, wurde er geschnappt und zu dreimonatiger unbedingter Haft verurteilt, die er im Gefängnis von Detmold absitzen musste. Es war ein Lebenslauf, der dem seiner neuen Kameraden durchaus entsprach und dessen absolute Aussichtslosigkeit – selbst wenn sie zum Teil selbst verschuldet gewesen sein mochte – auch heute noch erschüttert.

Walter Weber und Schlesinger holten Willi am 29. Juli, dem Tag seiner Haftentlassung, in Detmold ab. Auch Willy besaß kaum Geld – abgesehen vom dem wenigen, das er in der Strafanstalt erarbeitet hatte – und sah einer äußerst tristen Zukunft entgegen. Zu dritt diskutierten die jungen Männer alle vorhandenen legalen und illegalen Möglichkeiten des Gelderwerbs, wobei wieder der Eisenbahnanschlag zur Sprache kam. Willi Weber zeigte sich der Idee durchaus nicht abgeneigt. Ein internationaler Zug mit einem Postwagen müsse es allerdings sein, meinte er, dort sei sicher viel Geld zu holen.

Inzwischen waren sie über Bückeburg nach Hannover gewandert, und Schlesinger notierte sich am Bahnhof bereits die Fahrpläne von in Frage kommenden Zügen. Als Walter Weber sah, wie ernst es beiden anscheinend mit dem Attentat war, setzte er sich ab. Mit einem wandernden Geiger, den er am Bahnhof kennen gelernt hatte, wollte er weiter Richtung Helmstedt ziehen. Dort sollte er später wieder mit seinen Kameraden zusammentreffen – und was diese in der Zwischenzeit unternahmen, davon wollte er lieber gar nichts wissen.

Schlesinger hatte sich mittlerweile eine Radfahrerkarte ausgeliehen und suchte auf zwei Rädern nach einer passenden Gegend für den Anschlag. Die Strecke zwischen Meinersen und Leiferde schien ihm am geeignetsten, da sich viel Wald in der Nähe befand. Von diesem Zeitpunkt an, sagte er später aus, habe er nur mehr an den Plan gedacht und wie in einem Fiebertraum gelebt. Am Bahnhof studierten er und Willi einen Postwagen, der ihnen aber zu schwer und zu gut gesichert für einen Anschlag schien. Am Güterbahnhof in Lehrte »organisierten« sie bald darauf einen eisernen Bremsklotz. Dort verabschiedeten sie sich auch endgültig von Walter Weber und dem fahrenden Geiger, die weiter »auf die Walz« gingen. An barem Geld hatten sie gerade noch vier Mark, für die sie Brot und Margarine kauften.

Am nächsten Tag, dem 9. August, marschierten Willi Weber und Schlesinger ganze fünfzig Kilometer weit zum geplanten Ort des Überfalls. Weber schlief gleich nach der Ankunft im Freien ein, Schlesinger beobachtete einstweilen die durchfahrenden Züge und machte sich Notizen. Ein Bremsschuh würde wohl nicht ausreichen, eine Entgleisung herbeizuführen, sie müssten einen Hemmschuh besorgen. Weber ging mit dem Beschaffungsauftrag nach Leiferde, Schlesinger nach Meiersen, doch beide kehrten erfolglos zurück. Am 12. August abends machten sie sich zu zweit in das fünfundzwanzig Kilometer entfernte Braunschweig auf, ließen sich dort am nächsten Tag von der städtischen Wohlfahrtsbehörde warmes Essen geben und kletterten abends gestärkt über die Einfriedung des Güterbahnhofs, wo sie den benötigten Hemmschuh mitgehen ließen. Mit diesem kamen sie am 15. August wieder am späteren Tatort an.

In der nächsten Zeit lebten sie nur vom Rest ihres Brotes sowie von unreifem Obst und Kartoffeln, die sie aus Gärten und von Feldern gestohlen hatten und in Moorwasser kochten. Sie fühlten sich beide so schwach, dass sie fast den ganzen Tag schliefen. In der Nacht vom 16. auf den 17. August wollten sie ihr Vorhaben ausführen, aber ein Streckenarbeiter hinderte sie vorerst daran. In der nächsten Nacht errichteten sie dann mit dem Hemmschuh, dem Bremsklotz und mit einem Schwellenschraubenschlüssel und einem Gleisheber, die sie am 11. August an der Strecke gefunden hatten – in Verbindung mit allerlei Brettern, Latten und Balken –, eine komplizierte (wie der Polizeibericht später festhielt) Barrikade, die aber mühe- und schadlos von dem aus Berlin kommenden Nachtschnellzug weggefegt wurde.

So ging es also nicht. Beiden wurde klar, dass nur eine Beschädigung der Schienen Erfolg versprach. Zusätzlich zu dem gefundenen Werkzeug besorgten sie also am nächsten Tag bei den zwei nächsten unbemannten Bahnposten einen Laschenschlüssel und noch einen Schwellenschraubenschlüssel. Damit lösten sie die inneren Schwellenschrauben der Schiene und die beiden Laschen am östlichen Stoßende. Kurz vor Durchfahrt des ersten D-Zugs stemmten sie noch das gelöste Schienenende nach innen und Weber, der Techniker, klemmte den Laschenschraubenschlüssel dazwischen. Der Zug fuhr ohne Probleme über das Hindernis und entgleiste ebenfalls nicht. Gemeinsam wuchteten sie jetzt die gelöste Schiene noch weiter nach innen. Kaum waren sie damit fertig, als sich auch schon der nächste D-Zug mit 88 Stundenkilometern Geschwindigkeit näherte.

Willi und Konrad suchten hinter einem Gebüsch Deckung. Diesmal klappte der Anschlag: Der Zug kam unter ohrenbetäubendem Krachen und Fensterklirren zum Stehen. An weitere Einzelheiten konnten sich die beiden zu Tode erschrockenen Räuber später nicht mehr erinnern, und als der Schrei eines oder einer Verletzten ertönte, ergriffen sie ziellos die Flucht in den Wald. Erst nach etwa zwanzig Minuten hielten sie an und beschlossen, noch einmal zum Tatort zurückzukehren, um nachzusehen, ob dort möglicherweise nicht doch etwas zu »erreichen« wäre. Als sie an der Unfallstelle angekommen waren, gab die Lokomotive – wie sie später im Verhör zu Protokoll gaben – schrille Pfeifsignale ab, ansonsten habe tiefe Stille und Dunkelheit geherrscht. Nur am Ende der gelösten Schiene sahen sie ein kleines Feuer brennen. Daraus hätten sie geschlossen, dass nichts Besonderes passiert sei und man das Feuer entzündet habe, um bei seinem Licht die Schiene wieder einzusetzen. Sehr nahe konnten sie daher nicht an den Ort des Anschlags gekommen sein, der ja immerhin vierundzwanzig Todesopfer gefordert hatte – sonst hätten sie zumindest die umgestürzten und ineinander verkeilten Waggons sehen müssen.

Trotzdem floh das verzweifelte Paar zu Fuß Richtung Norden, über Dieckhorst, Helmstedt, Neuhaldensleben, Burg und Genthin nach Berlin, wo sie am 25. August ankamen. Am 6. September wurden sie dortselbst in einem städtischen Obdachlosenasyl verhaftet.

Das Schwurgericht billigte keinem der beiden Angeklagten irgendwelche Milderungsgründe zu und berücksichtigte weder ihre Jugend noch ihre materielle Not oder ihr Vorleben, sondern betonte vor allem die planmäßige, vorsätzliche Art der Ausführung des Anschlags. Willi Weber und Konrad Schlesinger wurden wegen mehrfachen heimtückischen Mordes zum Tode verurteilt. Die Todesstrafe wurde später allerdings in lebenslange Haft umgewandelt.

In der Öffentlichkeit hatte der Fall begreiflicherweise einiges Aufsehen erregt. Zuerst forderte man die unbedingte Todesstrafe für die Täter; einige Leute meinten sogar, man sollte die jungen Männer wie ihre Opfer von einem Zug überfahren lassen. Als jedoch die Schicksale der beiden Angeklagten bekannt wurden, verkehrte sich die öffentliche Meinung ins Gegenteil. Vor allem die Presse protestierte vehement gegen das als zu hart empfundene Urteil.

Auch der Gerichtssachverständige für Psychiatrie, Dr. Mönkemöller aus Hildesheim, hatte sich nicht zur Empfehlung einer milderen Strafe durchringen können, obwohl er das Leben und die Schicksale der Angeklagten genau kannte. Er rechtfertigte seine Entscheidung mit der großen Gefahr von Nachahmungstätern, die Eisenbahnattentate, ebenso wie Brandstiftungen, unweigerlich nach sich zögen, und natürlich mit den verheerenden Folgen eines weiteren derartigen Anschlags. Damit sollte er leider recht behalten. Unter den zahllosen Schaulustigen, die nach dem Unglück die Unfallstelle besichtigten, befand sich auch ein Herr namens Friedrich Opitz aus dem nahen Braunschweig (siehe Kapitel »Böse Streiche mit Todesfolge«), der dadurch auf abwegige Ideen kam – Gott sei Dank mit weniger verheerenden Folgen.

Böse Streiche mit Todesfolge
FRITZ OPITZ, RAUBMÖRDER UND ZUGATTENTÄTER

Drei Jahre lang, zwischen März 1928 und August 1931, wurden Bahndirektion, Bahnpolizei und Polizei von Braunschweig von insgesamt 64 Eisenbahnanschlägen in Atem gehalten, für die es weder Motiv noch Zweck zu geben schien. Die Attentate begannen einfach, wie Kinderstreiche, steigerten sich aber in ihrer Intensität von Mal zu Mal. Zuerst waren Steine auf die Schienen gewälzt, dann Betonklötze, Schwellen und Bohlen als Hindernisse aufgebaut, schließlich Laschen und Schrauben der Geleise gelöst, Weichen beschädigt und die Drahtseile zu den Signalen zerschnitten worden. Aufgrund ihrer Anzahl konnten die Anschläge nicht mehr, wie anfangs vermutet, als Lausbubenstreiche abgetan werden; vor allem ab dem Zeitpunkt, als der Unbekannte – oder die Unbekannten – auch auf Züge, vor allem auf Lokomotiven, schossen. Hatte es durch die Hindernisse und Signalbeschädigungen kaum nennenswerten Schaden gegeben, so waren durch die Schüsse immerhin drei Beamte (wenn auch nur leicht) verletzt worden.

Bei der verwendeten Waffe musste es sich um ein ungewöhnliches, möglicherweise selbst gebasteltes Gerät handeln, das eine Art Schrapnell verschießen konnte – vielleicht eine umgebaute Leuchtpistole oder ein Selbstschussapparat. Eine am 28. November 1928 unter Feuer genommene Lokomotive wies 58 Treffer auf, die aber nur Dellen und Lackschäden verursacht hatten. Der Lokomotivführer war durch einen Streifschuss mehr erschreckt als ernstlich verletzt worden.

Am 7.12.1929 kam es dann zu einem Feuergefecht zwischen dem Bahnschutz und dem unbekannten Attentäter, der gerade einen zentnerschweren Stein auf die Geleise geschleppt hatte. Ein Bahnbeamter wurde am Fuß getroffen. Das Geschoss, das diesmal aus einer regulären Pistole vom Kaliber 7,65 stammte, blieb in seinem Schnürschuh stecken. Der Täter entkam unerkannt im Dunkel der Nacht. Er ließ sich von dem Vorfall keineswegs von weiteren, ähnlichen Anschlägen abhalten. Das letzte sinnlose Attentat dieser Art geschah am 1. August 1931.

Noch vor dem Ende der Bahnanschläge wurde die Bevölkerung Braunschweigs durch eine dichte Serie brutaler Raubüberfälle in Angst und Schrecken versetzt. Der Räuber schlug immer in den späten Abend- oder den Nachtstunden zu, auf einsamen Waldwegen oder Landstraßen und immer am Waldrand. 57 Überfälle wurden zwischen dem 24. Mai 1931 und dem 1. November 1934 registriert, drei davon mit tödlichem Ausgang. Dass es sich bei diesen Raubüberfällen um ein und denselben Täter handeln musste, vermutete man wegen der nur geringfügig abgewandelten Weise, in der sie durchgeführt wurden.

Anfangs konzentrierte sich der Räuber auf einsame Spaziergänger und allein fahrende Fuhrwerke, später wurden auch Personengruppen und Automobile überfallen. Der Täter lauerte seinen Opfern an Feldwegen auf, wo er plötzlich aus Gräben, hinter Hecken oder Bäumen auftauchte, sie mit einer Taschenlampe blendete und ihnen ihr Bargeld abnahm. Uhren und Wertgegenstände aller Art wies er, selbst wenn sie ihm angeboten wurden, barsch zurück. Für Fuhrwerke und Autos stellte er Fallen auf, richtete Hindernisse ein oder spannte Drähte über die Fahrbahn. Liebespaare, die er als Opfer besonders zu bevorzugen schien, konfrontierte er nicht sofort, sondern schlich sich stattdessen lautlos an und beraubte sie erst, nachdem er eine Zeitlang ihr Liebesspiel beobachtet hatte.

Die Tatwaffe war ein Schlagstock; später führte der Unbekannte aber zusätzlich eine Schusswaffe mit, von der er auch Gebrauch machte. Zuerst gab er nur Schreckschüsse ab, doch nach 1932 schoss er gezielt, zuerst auf Pferde, dann auf Menschen. Die drei Raubmorde ereigneten sich alle im Jahr 1933. Nach jedem seiner Überfalle verschwand der Täter spurlos in der Dunkelheit. Auch sofort eingesetzte Streifen konnten ihn nicht finden, woraus man schließen durfte, dass er ausgezeichnete Ortskenntnisse hatte. Das wichtigste Indiz für die Vermutung, dass für alle Überfälle ein und derselbe Täter verantwortlich sein musste, lieferten die Schusssachverständigen des Polizeilabors. Mit einer Ausnahme, bei der ein Kleinkalibergewehr verwendet worden war, stammten alle abgegebenen Schüsse aus derselben Waffe: einer automatischen Pistole Marke Mauser, Kaliber 7,65.

Die Polizei, die versucht hatte, durch Straßensperren und Posten an besonders gefährdeten Wegen und Waldstücken dem Raubmörder aufzulauern, begann jetzt auch gezielt nach dieser, allerdings recht weit verbreiteten, Handfeuerwaffe zu fahnden. Der Täter ging den Behörden zwar nicht ins Netz, aber immerhin hörten die Überfälle mit Anfang November 1934 schlagartig auf.

Das Bahnwärterhaus Nr. 4 an der Bahnlinie von Braunschweig Richtung Helmstedt und Magdeburg, das einsam in dem Buchhorst genannten Wald lag, hatte schon seit längerer Zeit einen häufigen, aber seltsamen Besucher. Er war mittelgroß und zwischen dreißig und vierzig Jahre alt. Er kam meist mit dem Fahrrad, manchmal auch mit einem Motorrad oder zu Fuß, und interessierte sich für den Dienst der dort arbeitenden Beamten, besonders als in der Nähe der Großteil der 64 rätselhaften Eisenbahnanschläge passierte. Der Mann ging mit den Streckenposten die Geleise ab, begutachtete die Vorfälle und lieferte mehr oder weniger fachkundige Kommentare dazu. Die Diensttuenden in dem abgelegenen Bahnwärterhäuschen schätzten seine Gesellschaft und hörten vor allem gern die pikanten Geschichten, die er als Ergebnis seines eigentlichen Hobbys, wie er es nannte – des nächtlichen Belauschens von Liebespaaren –, freimütig erzählte.

Für diese seltsamen Missionen war er besonders ausgerüstet, mit starken Stablampen und einem lichtstarken Feldstecher, für den er selbst Regenschutzblenden gebastelt hatte. Durch seine vielen nächtlichen Streifzüge hatte er sich außerdem hervorragende Ortskenntnisse erworben. Er konnte ohne weiteres auch in lichtlosen Nächten seinen Weg mit dem unbeleuchteten Fahrrad finden. Der Mann war Angestellter einer Versicherung in Braunschweig und berichtete auch an seinem Arbeitsplatz bereitwillig von seinen voyeuristischen Streifzügen durch die Wälder um Braunschweig. Einmal verpetzte er sogar eine Kollegin, die er in eindeutiger Situation mit einem Herrn hinter ein paar Büschen beobachtet hatte. Im Winter verschmähte er für seine einschlägigen Ausflüge auch den Stadtpark nicht; auch dort hatte er einen Kollegen in verfänglicher Situation ertappt.

Im Büro galt er aber vor allem als Amateursachverständiger für Kriminalfälle aller Art und aufregende Sensationsgeschichten. Er studierte begeistert jede der einschlägigen Zeitungsmeldungen und fuhr auch gern zu Tatorten und Unglücksstellen. Bekannt war beispielsweise, dass er sofort nach der Nachricht vom Bahnattentat von Leiferde (siehe die Kapitel »Zwei fahrende Gesellen« und »Nicht denken, nur notieren«) in der Nacht des 18. August 1926 zum Schauplatz gefahren war, wo er die Unglücksstelle genau besichtigt und fotografiert hatte. Wie aus seinen wiederholten Schilderungen im Büro zu schließen war, hatte ihn dieser Vorfall besonders beeindruckt. Niemandem – weder den Bahnbeamten von Block 4 noch den Kollegen und Kolleginnen in der Versicherung – kam jedoch der Gedanke, den etwas sonderbaren Fritz Opitz, der sich ansonsten stets als treuer Ehemann, liebevoller Vater von Zwillingen und guter, verlässlicher, wenn auch manchmal seltsam verschlossener Kollege gezeigt hatte, mit den Eisenbahnattentaten oder den 57 Raubüberfällen in derselben Gegend in Verbindung zu bringen.

Erst eineinviertel Jahre nach dem letzten Überfall konnten ihm die Behörden eine kriminelle Tat nachweisen, wobei Kommissar Zufall entscheidend Regie führte: Am Nachmittag des 25. Jänner 1936, eines Samstags, meldete die Direktion des Stadtbades von Braunschweig dem nächsten Polizeirevier, man habe einen Dieb auf frischer Tat ertappt und halte ihn fest. Schon seit längerer Zeit waren an Samstagnachmittagen im Bad regelmäßig kleine Geldbeträge gestohlen worden; das Personal hatte sich daher auf die Lauer gelegt und Erfolg gehabt. Der Dieb, ein gewisser Friedrich Opitz, von Beruf Versicherungsangestellter, hatte gerade eine Kabine im Dampfbad mit einem Nachschlüssel geöffnet und aus der Brieftasche des dort abgelegten Anzugs zwanzig Reichsmark entwendet. Er wurde festgenommen, aber am nächsten Vormittag wieder freigelassen. Immerhin hatte er die Tat gestanden, seine Identität war nachgewiesen und es bestand keine Fluchtgefahr.

Der Zufall war also noch einmal gefordert. Am 30. Jänner 1936 fanden zwei Knaben, die an der Wabe – einem durch den Stadtteil Gliesmarode in Braunschweig fließenden Bach – spielten, zwei defekte Pistolen, einen Selbstschussapparat und einige lose Schlüssel. Später entdeckten sie am Ufer noch eine kaputte Aktentasche mit dreizehn goldenen und fünfzehn silbernen Armreifen sowie zwei Halsketten. Die Polizei wurde alarmiert, suchte weiter und spürte in dem inzwischen Hochwasser führenden Bach noch ein Pistolenfutteral, das Schloss zur Aktentasche, zwei Magazine zu einer Pistole Kaliber 7,65 und ein Stück Wachs mit Abdrücken von Schlüsselbärten auf.

Nach Abklingen des Hochwassers kamen zwei Tage danach zusätzlich noch ein Karton mit Leuchtpatronen, von denen eine nachträglich mit Schrot gefüllt worden war, und einige Schlüsselrohlinge zu Tage. Die beiden Pistolen der Marke Mauser hatten das mittlerweile bekannte Kaliber 7,65 und trugen die Fabrikationsnummern 50019 und 51687. Der Fund schien interessant genug, um ihn Regierungsrat Schraepel, dem Chef der Braunschweiger Kriminalpolizei, vorzulegen. Diesem gelang es durch zwei simple Schlussfolgerungen, sowohl die bisher rätselhaften Eisenbahnanschläge als auch die Raubüberfälle und Morde aufzuklären.

Das aufgefundene Schlosserwachs und die Schlüssel stimmten mit denen überein, die man beim Badekabinendieb Opitz gefunden hatte. Die Pistolen lieferten ebenfalls wertvolle Hinweise: Sie waren bei den Mordanschlägen verwendet worden – und der einsame Räuber konnte sehr wohl auch der Eisenbahnattentäter sein. Dieser hatte zwar zuerst offenbar eine Eigenbauwaffe, dann aber bekanntlich eine Pistole vom Kaliber 7.65 verwendet. Der eigentliche Nachweis von Opitz' Täterschaft gelang allerdings nur mit Einsatz aller wissenschaftlichen Hilfsmittel, die der Kriminalpolizei damals zur Verfügung standen, wofür der Fall auch jahrelang als Musterbeispiel galt.

Nur das Motiv für die Anschläge und Überfälle war noch unklar. Eine Gewinnabsicht konnte bei den Eisenbahnattentaten mit

Eisenbahnattentäter und Raubmörder Fritz Opitz in Attentats-Adjustierung.
Polizeifoto

Sicherheit ausgeschlossen werden; ebenso bei den Raubüber-fällen, da die erbeuteten Summen zu gering waren, um für den Täter eine Rolle zu spielen. Opitz bezog ein regelmäßiges, ganz ansehnliches Einkommen und hatte sich seinen Opfern gegen-über nicht wirklich wie ein Räuber verhalten. Er hatte ihnen immer nur einen Teil ihres Bargelds abgenommen, Wertsachen verschmäht und meist auf eine Durchsuchung verzichtet. Auf-fallend war hingegen, dass er bevorzugt Liebespaare überfallen hatte; möglicherweise waren ja doch sexuelle Motive ausschlag-gebend gewesen.

Seine einzigen Vorstrafen hatte Fritz Opitz wegen diverser Sittlichkeitsdelikte bekommen. Im Winter 1925 war er als Exhi-bitionist angehalten worden. Damals hatte er in den nächtlichen Straßen Braunschweigs junge Mädchen beeindrucken wollen, indem er ihnen mit aus der Hose hängendem Glied gegenüber-trat, das er zur Verdeutlichung noch eigens mit einer starken elektrischen Taschenlampe beleuchtete – mit derselben Taschen-lampe übrigens, mit der er später seine Raubopfer geblendet hatte. Auf die Idee zu den Eisenbahnanschlägen war er aller Wahrscheinlichkeit nach durch das Attentat von Leiferde ge-kommen, von dem er immer wieder erzählt hatte …

Vom 24. Mai bis zum 10. Juni 1937 stand Opitz vor dem Schwurgericht, das ihn aufgrund der von Schraepel in minutiöser Kleinarbeit zusammengetragenen Indizien in fünfzehn Fällen, darunter zwei Morden, schuldig sprach. In 42 weiteren Fällen musste er mangels direkter Beweise freigesprochen werden. Erst der im Laufe der Verhandlung aufgekommene Verdacht, Opitz müsse Komplizen gehabt haben, hatte ihn zu einem Geständnis veranlasst. Damit versuchte er vor allem seine Frau, die in den Verdacht der Mittäterschaft geraten war, von jedem möglichen Vorwurf zu befreien. Am 12. Oktober 1937 wurde Friedrich Opitz durch das Fallbeil hingerichtet.

Ein Nachspiel hinsichtlich der Eisenbahnattentate hatte der Fall noch: Die zwei verantwortlichen Bahnbeamten in Magdeburg und Braunschweig wurden nach zehntägiger Verhandlung vor der Strafkammer in Braunschweig am 10. Juli 1934 zu dreein-halb beziehungsweise eineinhalb Jahren Zuchthaus verurteilt. Beide hatten durch Unterschlagungen und betrügerische Abrechnungen 30.000 Reichsmark ergaunert, die angeblich durch den erhöhten Bahnschutz wegen der Anschläge von Opitz notwendig geworden waren.

Als im Februar 1956, beinahe zwanzig Jahre nach der Verhandlung gegen den Serientäter, wieder eine Reihe von Eisenbahnattentaten in der Umgebung von Braunschweig und im Raum Salzgitter-Gifhorn verübt wurde, schien Fritz Opitz auf einmal wieder auferstanden zu sein. Der Sprecher der Sonderkommission sprach von einer »eher spielerischen als verbrecherischen Absicht hinter den Anschlägen«, wahrscheinlich wieder einmal, um die Bevölkerung nicht zu beunruhigen.

Es wurde auch ein Verdächtiger festgenommen, ein gewisser Konrad Schmielke, Angehöriger eines Bahnbauzuges, der die Anschläge gestand. Aber die eigentlichen Motive dieses Mannes blieben ebenfalls ungeklärt.

Zugkatastrophe in Bia-Torbágy
DER »EISENBAHN-LUSTMÖRDER« SYLVESTER MATUSKA

Der erste Vorfall schien bedeutungslos, wenn auch nicht ganz ungefährlich. In der Silvesternacht 1930/31 entdeckte ein Streckengeher auf den Geleisen der Westbahn bei Maria Anzbach im Wienerwald, dreißig Kilometer vor Wien, einen Felsbrocken. Es gelang ihm, das Hindernis wegzurollen, bevor der nächste Zug die Strecke passierte. Schaden entstand keiner. Die Gendarmerie erhob Anzeige gegen Unbekannt wegen Bahnfrevels. Es bestand jedoch wenig Aussicht, den oder die Täter zu erwischen. Wahrscheinlich hatte es sich, gerade in dieser Nacht, ohnehin nur um einen alkoholbedingten »Scherz« irgendwelcher übermütiger Anrainer gehandelt.

Der Vorfall wurde nicht weiter verfolgt und weder von der Exekutive noch von der Bahnbehörde allzu ernst genommen – auch dann nicht, als genau einen Monat später, am 30. Jänner 1931, an fast derselben Stelle wieder ein Anschlag verübt wurde. Ein sechzehn Kilo schwerer Schraubstock war an einer Schiene festgedreht worden. Der Schnellzug von Wien nach Passau überfuhr knapp vor Mitternacht das Hindernis. Der Lokomotivführer hatte zwar eine Notbremsung eingeleitet, aber nicht verhindern können, dass die Vorderräder der Lokomotive aus den Geleisen sprangen. Zum Glück blockierten sie die folgende Garnitur, sodass ein schwerer Unfall ausblieb. Es gab keine Verletzten und der Zug konnte nach zweistündigem Aufenthalt die Fahrt fortsetzen. Diesmal musste eindeutig Absicht festgestellt werden – das Anbringen des schweren Werkzeugs ließ sich nicht mehr als Lausbubenstreich oder »bsoffene Gschicht« interpretieren –, aber es gab keine Spuren. Fremde waren in der Gegend nicht auffällig geworden und der Sinn des Anschlags war unklar. Wem oder wozu sollte eine Eisenbahnentgleisung gerade an dieser Stelle nützen? Die Bahnverwaltung setzte für Hinweise eine Belohnung von 5.000 Schilling aus.

Dass gerade die scheinbare Motivlosigkeit des Attentats charakteristisch für die »Arbeit« des wohl berühmtesten Verbrechers der österreichischen Kriminalgeschichte war, für die seltsame Leidenschaft des einzigen »Eisenbahn-Lustmörders«, wie ihn der englische Kriminalhistoriker Colin Wilson nennt, sollte sich erst im September desselben Jahres – nach zwei weiteren, ungleich gefährlicheren, folgenreicheren und blutigeren Attentaten – herausstellen. Der Stein und der Schraubstock von Maria Anzbach waren nur marginale Fingerübungen gewesen.

Etwas mehr als sechs Monate nach den Vorfällen, am 8. August 1931, und mehr als 550 Kilometer davon entfernt, explodierte um zehn Uhr nachts unter dem Schnellzug Berlin–Basel (bei Jüterbog, ca. fünfzig Kilometer vor Berlin) eine Bombe. Sieben Personenwaggons, ein Gepäckwagen und der Speisewagen entgleisten. Da der Zug gerade relativ langsam gefahren war, gab es zum Glück »nur« 75 meist leicht Verletzte. Der Anschlag schien eindeutig ein politisches Motiv zu haben; immerhin hatten Reichskanzler Brüning und Außenminister Curtius geplant, mit diesem Zug zu einem Besuch in die Schweiz zu fahren, sich aber erst in letzter Minute anders entschieden. Außerdem stellte die Polizei ein »Bekennerschreiben« sicher. An einem Telegrafenmasten am Unfallort hatte jemand ein Blatt der Zeitung *Der Angriff*, des Organs der nationalsozialistischen SA, befestigt. Mit Buntstift war darauf geschrieben: »Attentat!!, Revolution!!, Sieg!!« Alle Nachforschungen verliefen jedoch im Sande, trotz der von der Reichsbahndirektion ausgesetzten hohen Belohnung von 100.000 Reichsmark. Die beiden »Lausbubenstreiche« aus Niederösterreich waren den Ermittlern natürlich unbekannt. Aber selbst wenn sie davon gewusst hätten, wäre wohl niemandem der Gedanke gekommen, dass es hier eine Verbindung zum Jüterboger Attentat geben könnte.

Kriminalpsychologen gehen davon aus, dass Serienmörder einer Entwicklung unterworfen sind, die sich in Stufen vollzieht.

Die ersten Taten, oft schon vor der Pubertät, sind meist unauffällig oder so geringfügig, dass sie nicht verfolgt oder bestraft werden. Der Täter fühlt sich sicher und wird von unscheinbaren Anfängen zu immer schwereren, brutaleren und blutigeren Verbrechen getrieben, die in immer schnellerer Abfolge verübt werden müssen. Maria Anzbach war die erste und zweite, Jüterbog die dritte Stufe. Die vierte folgte nur knapp fünf Wochen später.

Noch ein paar Meter nach der lang gezogenen Linkskurve, dann würde der Nachtexpress von Budapest nach Wien den Viadukt über das Tal bei Bia und Torbágy, wenige Kilometer nach Budapest, passiert haben. Der Lokführer nahm die Geschwindigkeit zurück, zog an der Signalleine. Ein kurzer Pfiff, dann wurden schon die Pfeiler und das Eisengeländer der Brücke im Scheinwerfer der Maschine sichtbar. Es war null Uhr sieben am Sonntag, dem 13. September 1931.

In diesem Moment explodierte unter dem dritten Wagen mit grellem Blitz und einer unglaublichen Detonation eine Bombe. Die Lokomotive wurde durch den plötzlichen Halt in die Höhe gerissen, kippte nach rechts und stürzte mitsamt dem Geländer sechsundzwanzig Meter in die Tiefe. Sie riss dabei sechs der insgesamt zwölf Wagen des Zuges mit sich, den Paketwagen, zwei Schlafwagen und drei Personenwaggons. Gott sei Dank brach die Kupplung zum hinteren Zugteil; die anderen Waggons blieben knapp vor dem Abgrund stehen.

Die Explosion war so gewaltig gewesen, dass Schienentrümmer und Waggonteile auf die beiden kleinen Ortschaften neben dem Talübergang gestürzt waren. Die Bewohner, aus dem Schlaf gerissen, dachten im ersten Augenblick an ein Erdbeben. Ihnen bot sich in der Dunkelheit ein entsetzliches Inferno: Zwischen zerborstenen Stahlträgern, zersplitterten Holzteilen, zerrissenen Sitzbänken und aufgeplatzten Gepäckstücken lagen menschliche Körperteile, Tote, Sterbende und schreiende Verletzte. Durch das einzige Ortstelefon rief man Hilfe herbei – Ärzte, Feuerwehr aus der Umgebung, Ambulanzen aus Budapest, Militär und Polizei. Es dauerte Stunden, bis die Retter, mit Hilfe einer Scheinwerfer-

Sylvester Matuschkas Attentat bei Jüterbog. Polizeifoto

batterie, einen Überblick über die Katastrophe hatten. Hans Habe, damals Reporter bei der *Wiener Sonn- und Montagszeitung*, war auf die erste telegrafische Meldung hin sofort mit dem Redaktionsauto zur Unglücksstelle aufgebrochen.

»Nach fünf viertel Stunden überquerten wir die ungarische Grenze. Von hier an wird der Verkehr immer dichter«, schrieb er in seinem Bericht über das Ereignis. »Wir begegnen einer Sanitätskolonne, einem Leichentransport, Militärautomobilen und Dutzenden von Privatwagen Neugieriger. Entlang der Bahnstrecke, in der Nähe des gesprengten Viaduktes, sind primitive Holzsärge aufgereiht. Die Explosion war jedoch mit solcher Heftigkeit erfolgt, dass mehrere Passagiere buchstäblich zerrissen oder bis zur Unkenntlichkeit verstümmelt worden waren. Die Körperteile, die in den einzelnen Särgen liegen, gehören nicht unbedingt zusammen, in einem Sarg befinden sich drei Beine, in einem anderen zwei blutige, vollkommen entstellte Köpfe.«

Die Bilanz der Katastrophe war furchtbar: Einundzwanzig Tote und mehr als ein Dutzend Schwerverletzte, von denen einer noch am Unglücksort seinen Verletzungen erlag, sowie dreißig Leichtverletzte. Die Polizei aus Budapest, unter der Leitung von Kriminalrat Dr. Schweinitzer, hatte noch in der Nacht mit der Spurensicherung begonnen. Unter den weit verstreuten Gepäckstücken fand man einen billigen Kunststoffkoffer aus braunem Vulkanfiber, der eine Höllenmaschine enthielt, die aus einem einfachen elektrischen Zünder und Ekrasit bestand. Das waren Sprengutensilien, wie sie üblicherweise in Steinbrüchen oder im Bergbau verwendet wurden. Ekrasit war noch in der k. u. k. Armee entwickelt worden, war schlag- und stoßfest und konnte nur durch Funken zur Explosion gebracht werden; dann entfaltete es jedoch eine Wirkung, die die des Dynamits noch übertraf. Aus unerfindlichen Gründen war diese zweite Bombe nicht losgegangen. Im Koffer lag ein Blatt Papier mit der in ungarischer Sprache geschriebenen Botschaft des Attentäters:

»Arbeiter! Ihr habt weder Arbeit noch Rechte. Wir werden sie für Euch bei den Kapitalisten erwirken. Wir werden solche Attentate monatlich wiederholen. Unsere Leute sind überall. Gibt man uns keine Arbeit, werden wir weiter auf diese Weise tätig sein. Fürchtet nichts, unser Benzin geht nicht aus. Der Attentäter.«

Kriminalpolizei beim Lokalaugenschein in Maria Anzbach im Wienerwald, dem Schauplatz von Sylvester Matuschkas ersten Attentatsversuchen. Polizeifoto

Ein politisches Attentat? Möglicherweise; zumindest wurde diese Version von der Nachrichtenabteilung der Polizei verbreitet.

Hans Habe suchte zuerst, wie es Aufgabe eines Reporters war, unter den Überlebenden, die die Polizei noch nicht weiterreisen ließ, nach Augenzeugenberichten. Als er mit Kriminalrat Dr. Schweinitzer sprach, mengte sich plötzlich ein stämmiger, mittelgroßer Mann mit quadratisch gebautem Schädel und militärischem Haarschnitt ins Gespräch: »Ich habe gehört, dass Sie mit jemandem sprechen wollen, der dabei gewesen ist«, sagte er. »Ich war in einem der letzten Waggons des Zuges.« Er stellte sich den Polizisten als Sylvester Matuska (ausgesprochen: »Matuschka«) vor, ungarischer Kaufmann in Wien. Er sei wegen geschäftlicher Verhandlungen in Budapest gewesen und habe mit dem Nachtzug wieder zurück nach Wien fahren wollen. Er sei auch bereit, dem Reporter eine ausführliche Schilderung der Ereignisse zu geben. Jetzt aber müsse er schnell nach Hause zurück, zu Frau und Tochter, die sich sonst – gottlob unnötige – Sorgen machen würden. Der Herr Reporter könne ihn doch sicher im Auto in seine Wohnung in der Margaretenstraße mitnehmen.

Nachmittags trafen sich Zeuge und Journalist im »Café Margareten«. Herr Matuska hatte genaue Skizzen des Attentats mitgebracht; auf seine Zeichenkünste war er sehr stolz. Eingehend und irgendwie begeistert erzählte er von den schrecklichen Szenen am Viadukt.

»Die Menschen brüllten vor Schmerzen. Ich sah eine Frau, deren rechter Arm von ihrem Leib gerissen worden war. Sie war blutüberströmt. Die Knochen stachen aus ihrer Schulter heraus wie umgekehrte Speere. Ein Mann, der nur leicht verletzt worden war, lief am Bahndamm entlang und brüllte mit entmenschter Stimme: ›Wo ist mein Kopf, wo ist mein Kopf?‹ Ich kann euch die Szenen des Grauens nicht schildern.«

Für den Reporter war der beredte Augenzeuge ein Glücksfall, denn er konnte in der Morgenausgabe seiner Zeitung als ein-

Der Viadukt von Bia-Torbágy nach dem Attentat. Pressefoto von E.A. Hilscher

ziger einen ausführlichen authentischen Bericht über den Vorfall bringen.

Die ungarische Polizei hatte sich anfangs ganz auf den Verdacht eines politischen Motivs für den Anschlag konzentriert. Das Bekennerschreiben, dessen Diktion allerdings gar nicht zum Stil einer der gängigen Ideologien passte, wurde in allen Zeitungen, auch ausländischen, veröffentlicht. Die Politik als Auslöser des Attentats war nicht von vornherein von der Hand zu weisen; die Zeit war geprägt durch vehemente, oft gewalttätige politische Auseinandersetzungen.

Das Jahr 1931 hatte den bisherigen Höhepunkt der Wirtschaftskrise gebracht. Keine Regierung schien einen Ausweg aus galoppierender Inflation, Massenarbeitslosigkeit und Verelendung zu finden. In Ungarn hatte ein monarchistisch-konservatives Regime die kurzlebige Räteregierung Bela Kuhns abgelöst. Die Angst vor der Wiederkehr des Kommunismus beherrschte aber immer noch die Innenpolitik.

Man machte daher zunächst die »Roten« für das Attentat verantwortlich. Schon am Morgen des nächsten Tages waren fünfzehn ehemalige Mitglieder der Partei verhaftet worden – eine reine Alibiaktion, wie sich bald herausstellte. Auch die Jagd nach einem Ludwig oder Stefan oder Michael Leipnik, einem Deutschen, der als Kurier angeblich schon mehrmals illegal nach Ungarn eingereist war, um für die Weltrevolution zu werben, und der zumindest Mitwisser des Attentats sein sollte, wurde bald mangels konkreter Hinweise abgeblasen.

Kriminalrat Dr. Schweinitzer, der von allem Anfang an die politischen Motive nicht ganz so ernst genommen hatte wie seine Vorgesetzten, war der allzu redselige, bereitwillig Auskunft gebende Matuska aus Wien aufgefallen. Der Mann hatte nicht unter Schock gestanden wie alle anderen Betroffenen, seine Kleidung war sauber und nicht zerdrückt oder beschädigt gewesen, und er war – mit Ausnahme eines kleinen Kratzers an der Stirn – unverletzt geblieben. Umfragen ergaben, dass ihn keiner der Mitreisenden im Zug gesehen hatte. Einem der Passagiere, dem

Attentat von Bia-Torbágy: Ungarische Gendarmen bewachen Gepäckstücke aus dem Schlafwagen. Pressefoto von E.A. Hilscher

Grafen Palffy-Daun, hatte er erzählt, er sei in einem der ersten Waggons gesessen. Von dort aber war kein einziger Passagier ohne schwere Verletzungen entkommen. Dr. Schweinitzer nahm sich vor, seine österreichischen Kollegen zu bitten, Herrn Matuska im Auge zu behalten.

Ansatzpunkt der Untersuchungen und Schlüssel für die Aufklärung musste der verwendete Sprengstoff sein. Explosives Material in dieser Menge konnte von niemandem so ohne weiteres beschafft werden. Der oder die Käufer mussten dabei zwangsläufig mit anderen Menschen in Kontakt gekommen sein. Bei jedem Kauf musste ein so genanntes Sprengbuch vorgelegt werden, das die Bezirksbehörde nur an Bezugsberechtigte gegen Nachweis von Gründen – meist an Bergbaufirmen oder Steinbruchbesitzer – abgab und in das der Verkäufer genau Datum sowie Art und Menge der Explosivstoffe eintragen musste. Es konnte nicht allzu schwer sein, durch Umfragen in Österreich und Ungarn, wo es ähnliche Vorschriften gab, die noch aus der Monarchie stammten, auf die Spur des Ekrasit-Käufers – und damit des Attentäters – zu kommen. Wenige Tage nach dem Bahnanschlag hatte sich außerdem bei der Wiener Polizei ein Berufschauffeur gemeldet, der im Frühsommer des Jahres von einem Unbekannten zu einer Überlandfahrt angeheuert worden war. In der Munitionsfabrik Wöllersdorf bei Wiener Neustadt hatten sie eine Kiste Ekrasit, in Blumau 100 Sprengkapseln abgeholt. Die Personenbeschreibung, die der Fahrer gab, passte in etwa auf Sylvester Matuska.

Eine direkte Verbindung gab es aber zu der Anzeige, die am 22. September beim Gendarmerieposten Rabenstein bei St. Pölten erstattet wurde. Eine Frau Anna Forgo-Jung, eine Dame der Wiener Gesellschaft, zeigte an, dass ein Herr Matuska, angeblich Kaufmann aus Wien, im Frühjahr mit ihr wegen Ankaufs eines Gutes verhandelt, schließlich aber nur den Steinbruch in Tradigist bei Rabenstein gepachtet habe. Den Zins in Höhe von 150 Schilling habe er mit einem Scheck bezahlt, der sich aber als ungedeckt erwiesen hätte und von der Bank nicht angenommen worden war. Daraufhin hätte man sich auf zwei Raten à 75 Schilling geeinigt. Am 3. Juli sei der Steinbruch kommissioniert und Herrn Matuska die Berechtigung zum Einkauf von Sprengmitteln gegeben worden. Das solle er auch sofort getan haben, und zwar in ziemlichen Mengen.

Die Sprengungen, die er am Steinbruch vornahm, schienen allerdings ohne jeden erkennbaren Sinn und Zweck zu sein. Seit Ende Juli hatte Frau Forgo-Jung Herrn Matuska überhaupt nicht mehr gesehen. Sicherheitshalber hatte sie auch gleich eine Schriftprobe aus dem Vertrag mit ihrem Pächter mitgebracht. Ein Vergleich mit dem Bekennerbrief von Torbágy erwies, dass es sich eindeutig um dieselbe Schrift handelte. Damit war die Indizienkette geschlossen.

Matuska wurde aber erst am 10. Oktober verhaftet. Die Wiener Kriminalpolizei wollte ihren deutschen Kollegen Gelegenheit geben, seine Täterschaft auch in dem bisher ungeklärten Attentat bei Berlin nachzuweisen, was nicht besonders schwierig war. Matuska war in Jüterbog, wo er sich einquartiert hatte, erkannt worden. Der verwendete Sprengstoff war Ekrasit gewesen; derselbe, den er in Wöllersdorf gekauft und in seinem Steinbruch gelagert hatte. Der Zündmechanismus entsprach dem von Bia-Torbágy. Die deutschen Kriminalisten unter Leitung des berühmten Kriminalrats Gennat nahmen mit ihren Kollegen aus Ungarn an den Verhören in Wien teil.

Matuska leugnete zuerst. Den Sprengstoff habe er wohl gekauft – das war ihm ja unwiderlegbar nachgewiesen worden –, er habe ihn aber, da er für seine Zwecke unbrauchbar gewesen sei, in den Bach geworfen. In Torbágy sei er früher nie gewesen. Er sei ja selber Leidtragender des Attentats – und überhaupt, er behalte sich vor, Schadenersatzanklage gegen die ungarischen Eisenbahnen vorzubringen. Bei einem Lokalaugenschein im Steinbruch und in einem weiteren »Unternehmen«, einer Fabriksruine bei Tattendorf, fand man zwar das angeblich versenkte Ekrasit nicht an der angegebenen Stelle, wohl aber Draht von der Sorte, wie er auch in Bia-Torbágy für die Zündleitung der Bombe verwendet worden war.

Nach drei Tagen intensiver Verhöre gestand Matuska dann doch, schob aber einen gewissen Herrn Dr. Bergmann vor, auf dessen Befehl und Geheiß er alle Anschläge geplant und verübt haben wollte. Er erzählte zuerst ausführlich von den zwei »Übungsattentaten« an der Westbahn zu Beginn des Jahres.

Schon einige Tage vor Silvester – wollte er damit vielleicht eine Beziehung zu seinem Vornamen herstellen? – kundschaftete er in Maria Anzbach eine geeignete Stelle für seinen Anschlag aus und fuhr dann am Nachmittag mit einem Taxi vom Westbahnhof nach Neulengbach. In der Dunkelheit ging er die Schienen bis zur vorgesehenen Stelle bei Maria Anzbach entlang und versuchte dort, an einem Geleise zwei Schrauben zu lockern, was ihm jedoch nicht gelang. Auf das andere wälzte er einen Felsbrocken, wurde dabei aber vom Streckengeher überrascht. Aus seinem Versteck hinter den Büschen musste er beobachten, wie der nächste Zug unbeschadet die Strecke passierte. Auch der Zettel mit einer politischen Botschaft, den er an die Felswand geheftet hatte, fiel niemandem auf.

Dieser Fehlschlag entmutigte ihn aber keineswegs. Bei einer Reise nach Budapest kleidete er sich völlig neu ein, erwarb eine schwarze Brille und einen Schraubstock und ließ sich am Vormittag des 30. Jänner wieder vom Taxi nach Neulengbach bringen. Fast an derselben Stelle wie am Silvesterabend klemmte er den Schraubstock fest und wartete auf die Wirkung seiner Sabotage, die aber seinen Vorstellungen wieder nicht entsprochen haben dürfte. Immerhin konnte er beobachten, wie aufgeregte Menschen in der Dunkelheit nach dem Grund für das Entgleisen der Lokomotive suchten und wie mühevoll das Schienenfahrzeug wieder in die Geleise zurückgehoben werden musste. Sein Pamphlet, das diesmal an einem Telegrafenmast befestigt war, bemerkte wieder niemand.

Er montierte es ab und kehrte enttäuscht nach Wien zurück. Vielleicht war Deutschland in seiner angespannten und politisch instabilen Lage besser für sein Vorhaben geeignet als das offenbar so unaufmerksame Österreich? Anfang April reiste Matuska nach Berlin, quartierte sich dort in einer kleinen Pension ein und besorgte sich einen Apparat zum autogenen Schweißen, wobei er sich dem Verkäufer gegenüber als pensionierter irischer Offizier ausgab. Wollte er so eine falsche Spur legen, da er fürchtete, mit seinem Akzent zu auffällig zu sein?

Er schaffte es jedoch nicht, mit dem Apparat umzugehen. Da ihm jegliche Vorkenntnisse im Schweißen fehlten, misslang der Versuch, an den Geleisen eines Vorortezuges ein Hindernis unverrückbar zu befestigen, schmählich. Schon im Ansatz war es offenbar zu schwierig, mit mechanischen Mitteln einen Zug zum Entgleisen zu bringen. Es mussten andere Methoden entwickelt werden, wobei Matuska seine Weltkriegserfahrungen zugute kamen. Den größten Effekt und die größte Wirkung, so erinnerte er sich, hatten damals Bomben gehabt – Sprengstoff. Um aber an Sprengstoff zu kommen, musste ein detaillierter Plan entwickelt werden, waren Voraussetzungen zu erfüllen. Dieses Problem bewältigte er durch den Erwerb des Steinbruchs bei St. Pölten, wo er Probebomben detonieren ließ. In Jüterbog hatte er die Dosis allerdings noch zu gering bemessen, deshalb nahm er für Bia-Torbágy sicherheitshalber die doppelte Menge für die beiden Bomben.

Am 15. Juni 1932, nach achtmonatiger Untersuchungshaft, begann der Schöffengerichtsprozess gegen Sylvester Matuska vor dem Wiener Landesgericht für Strafsachen. Der Angeklagte hatte sich nur wegen des »Verbrechens der öffentlichen Gewalttätigkeit durch boshafte Handlungen unter besonders gefährlichen Verhältnissen« zu verantworten – und zwar für die beiden Anschläge in Maria Anzbach, für die von der Bundesbahn eine Schadenssumme von 4.199 Schilling und 72 Groschen errechnet worden war. Das Attentat von Bia-Torbágy musste in Ungarn verhandelt werden, dem Auslieferungsbegehren war bereits stattgegeben worden.

Trotzdem wurde der Prozess zu einer der seltsamsten Gerichtsverhandlungen in der österreichischen Justizgeschichte. Grund dafür war allein die Person des Angeklagten und wie sich dieser verantwortete. Schon die einleitenden Feststellungen zur Person gerieten zur Farce, bei der der Angeklagte die Bühne beherrschte und Richter, Staatsanwalt und Verteidiger virtuos an die Wand spielte.

Sylvester Matuska war am 29. Jänner 1892 in einem kleinen Dorf bei Maria-Theresiopel in der südungarischen Baska zur Welt gekommen. Sein Vater war Pantoffelmacher und starb früh. Der Mutter gelang es trotzdem, den Jungen ins Gymnasium zu schicken, das er mit Erfolg absolvierte. Allerdings war er schon als Kind auffällig und zeigte einen aggressiven Geltungsdrang mit starker sadistischer Komponente – wie aus einem Lehrbuch über die Psychologie des Serienmörders. Kaum hatte er schreiben gelernt, beschmierte er alle erreichbaren Mauern des Dorfes mit seiner Signatur; auf die Dorfkirche malte er: »Sylvester Matuska, Ministerpräsident«. Ohne ersichtlichen Grund richtete er noch als Volksschüler unter den Dorfgänsen ein blutiges Gemetzel an, dem zwanzig Tiere zum Opfer fielen. Eine Vorübung? Nach der Matura besuchte Matuska die Lehrerausbildungsschule, musste aber 1914 einrücken. Im Ersten Weltkrieg befehligte er eine Maschinengewehrabteilung und wurde bei Kriegsende als Oberleutnant mit einer ganzen Reihe von Tapferkeitsauszeichnungen ausgemustert.

1918 wurde er als Lehrer an der geistlichen Schule in Cantavir angestellt. Im darauf folgenden Jahr heiratete er eine Kollegin, und 1920 wurde die gemeinsame Tochter Gabriele geboren. 1921 gab er den Lehrberuf auf und erwarb ein Gut in der Puszta bei Mazötur. Die Landwirtschaft erwies sich aber nicht als seine Sache. Der Hof wurde bald darauf weiterverkauft, und die Familie zog nach Budapest. Matuska betätigte sich dort als Kaufmann, erwarb zwei Häuser und handelte mit Realitäten, Zwiebeln, Holz, Delikatessen und Wein. Doch der Erfolg blieb ihm verwehrt. Ein zu teuer eingekaufter großer Posten von Tigerblut, dem berühmten ungarischen Rotwein, wurde sauer und brachte entsprechend große Verluste.

Sylvester Matuska verließ also Budapest und kaufte 1928 ein Haus in der Margaretenstraße 81, Ecke Hofgasse, im fünften Wiener Gemeindebezirk. (Es steht übrigens heute noch.) Das Scheitern seiner kaufmännischen Ambitionen dürfte ihn völlig aus der Bahn geworfen haben. Zwar spielte er nach außen hin noch den biedermeierlich betulichen Familienvater, gab sich aber immer mehr abstrusen Ideen hin und widmete sich, bei seinen vielen Geschäftsreisen außer Haus, in besonders intensiver Weise dem schönen Geschlecht. Sein Hausarzt attestierte ihm denn auch einen phantastischen Geltungsdrang und einen übersteigerten Geschlechtstrieb.

Der Angeklagte hatte bereits in der Voruntersuchung behauptet: Verantwortlich für seine Anschläge sei nicht er, sondern ein ominöser Dr. Bergmann, den er in einem Berliner Kaffeehaus kennen gelernt haben wollte. Damals sei ein dicker Herr mit Glatze und blassem Gesicht auf ihn zugekommen und habe ihn aufgefordert, etwas gegen den Atheismus zu unternehmen. Er sei dafür auserwählt und könne auf diese Art ein berühmter Mann werden. Bergmann habe ihn dann mit nach Hause genommen und ihm seine wunderschöne Frau zu »beliebigem geschlechtlichen Gebrauch« überlassen. Er habe ihn auch am nächsten Tag in einen Geheimbund eingeführt, der sich zum Ziel gesetzt hatte, durch Attentate die Welt auf ihre Schlechtigkeit aufmerksam zu machen und eine Revolution der Guten und Frommen vorzubereiten.

Dieser Bergmann habe in der Folge weitgehend sein Leben bestimmt und ihn nicht mehr verlassen, aber nicht als Mensch aus Fleisch und Blut, sondern als Geist. Immer wieder hätten Matuskas Phantasien um Züge und Eisenbahnen gekreist. Während einer Zugfahrt habe es sich auch zugetragen, dass Bergmanns Geist ihm den Auftrag gegeben habe, Eisenbahnanschläge zu planen. Trotzki sei durch fünf Attentate berühmt geworden, und dasselbe Los sei auch Matuska bestimmt.

Der manische Redner führte weiter aus: Die Eisenbahn, meinte er, die jetzt noch mit Dampf betrieben werde, müsse elektrifiziert werden. Damit würden unzählige Menschen wieder zu Arbeit und Brot kommen. Matuskas Erfindungen könnten dabei hilfreich sein. (Zwei davon führte er im Gerichtssaal begeistert vor: eine Holzkanone, die er für den Mandschurischen Krieg entworfen hatte, und eine Unterwasserturbine.)

Nach dem Tigerblut-Desaster hatte Matuska der französischen Staatsbahn eine Schutzvorrichtung anbieten wollen: Auf einem dritten Gleis sollten Informationen laufen, die dem Lokomotivführer und den Stationsvorständen in gleichem Maß zugänglich sein und ihnen auf einer nach den Regenbogenfarben aufgeteilten Skala Auskünfte über Standort, Geschwindigkeit oder Hindernisse geben würden. Sogar einen Apparat zur Verhinderung von Eisenbahnanschlägen hatte er geplant ...

Bergmanns Geist hatte sich im Dezember 1930 gemeldet. Schon am letzten Tag desselben Monats war sein gehorsamer Schüler im Wienerwald zu Werke gegangen. Charakteristisch für Matuskas unentwirrbare Melange aus Phantasie und Wirklichkeit war, dass es einen Dr. Bergmann tatsächlich gab – er hieß mit Vornamen Gustav und wohnte nicht in Berlin, sondern in Wien – in der Börsegasse. Allerdings war er Matuska nie persönlich begegnet; man nahm an, dass der Attentäter den Namen aus Zeitungsveröffentlichungen übernommen haben musste.

Auch der von Matuska erwähnte »Geist Leo«, ein weiterer Lieferant abstruser Ideen, hatte ein reales Vorbild: den Maschinenfabrikanten und Patentinhaber Leo Schabensky. Doch auch dieser hatte, abgesehen von einer flüchtigen persönlichen Begegnung, keinerlei Beziehung zum Attentäter, wurde jedoch als Zeuge vorgeladen und verhört.

Warum das Gericht auf die abstrusen Ideen des Angeklagten einging – zum Gaudium des Publikums und der Presse –, ist nicht mehr nachvollziehbar. Wahrscheinlich sollte unter allen Umständen vermieden werden, dass man Matuska für unzurechnungsfähig erklären musste, worauf es der Angeklagte offensichtlich anlegte. Der Vorschlag seines Verteidigers, Alfred Adler als psychologischen Gutachter beizuziehen, wurde abgelehnt. Zwei vom Richter bestimmte Sachverständige erklärten Matuska nach kurzer Untersuchung für voll schuldfähig, attestierten ihm nur eine »hypomanische Konstitution«, die sich in einem »übersteigerten Selbstwertgefühl, in phantastischen Wahnvorstellungen, Ideenflucht und zeitweiliger hektischer erotischer Betriebsamkeit« äußere.

Sein häufiger Wohnungswechsel, in Budapest zum Beispiel, hatte nicht (wie die ungarische Polizei vermutete) konspirative,

Sylvester Matuska vor dem Schöffengericht in Wien. Pressefoto von Lothar Rübelt

sondern amouröse Gründe. Die zahlreichen Geliebten sollten sich möglichst nicht gegenseitig auf die Zehen treten. In Jüterbog hatte er nicht nur seine Vermieterin, sondern auch deren Tochter so fasziniert, dass sie ihm noch ins Gefängnis aufmunternde Liebesbriefe schrieben. Seine Frau, die von all diesen Eskapaden wusste, hielt trotzdem zu ihm. Sie war während des gesamten Prozesses anwesend und sagte kein böses Wort gegen ihn aus. Er sei immer ein vorbildlicher, liebender Familienvater gewesen. Seiner Tochter Gabriele hatte er sogar eine teure elektrische Modelleisenbahn geschenkt und viel mit ihr gespielt – meistens allerdings Eisenbahnentgleisen.

Weniger zufrieden waren die Mieter seines Hauses. Sie kannten ihn als hektischen Angeber, der immer mit einem braunen Plastikkoffer, wie er auch für die Bombe in Bia-Torbágy verwendet worden war, herumlief. 1929 war auf dem Dachboden des Hauses ein Brand ausgebrochen, möglicherweise aufgrund Matuskas Versuchen mit Zündern; dabei war das Dach beschädigt worden.

Trotz der Geister Leo und Bergmann, trotz aller weltverbessernden Erfindungen, Ideen und Projekte wurde Matuska am 17. Juli 1932 aufgrund der lückenlosen Indizien und des Gutachtens der Psychologen vom Schöffengericht schuldig gesprochen und zu sechs Jahren schweren Kerkers verurteilt, verschärft durch zwei Fastentage und zweimal hartes Lager an den Tagen der Anschläge bei Maria Anzbach. Matuska kam in die Strafanstalt Stein an der Donau, wurde aber im Juli 1933 nach Ungarn überstellt. Im November 1934 begann der Prozess wegen zweiundzwanzigfachen Mordes vor einem Geschworenengericht in Budapest. Der psychiatrische Sachverständige plädierte zwar diesmal für eine Einweisung in ein Asyl wegen Geisteskrankheit; die Geschworenen ließen sich jedoch nicht darauf ein. Am 20. November wurde Matuska wegen mehrfachen Mordes zum Tod durch den Strang und zu zusätzlich zwanzig Jahren Zuchthaus verurteilt. Da aber nach internationalem Recht bei einer Zweitanklage das Recht des erstverurteilenden Landes gelten musste, wurde das Urteil auf lebenslangen schweren Kerker herabgesetzt – in Österreich gab es keine Todesstrafe.

Über die eigentlichen Motive Matuskas hatte keiner der beiden Prozesse Klarheit gebracht. Gewinnsucht konnte es nicht gewesen sein. Der Angeklagte hatte sich hoch verschulden müssen, um das Material für seine Anschläge zusammenzubringen. Sein Wiener Haus war bei einem Wert von ungefähr 45.000 Schilling mit über 80.000 Schilling belastet und stand kurz vor der Exekution. Er hatte keine Reparaturen zahlen und auch die Pacht für den Steinbruch, den er doch zur Sprengstoffbeschaffung unbedingt brauchte, nur mit Mühe auftreiben können.

Steckte also einzig und allein Geltungssucht hinter seinen Taten? Zu deren Befriedigung wären sicher einfachere und vor allem billigere Methoden zur Verfügung gestanden, zieht man Matuskas unzweifelhaft vorhandene Intelligenz und seine überbordende Phantasie in Betracht. Auffällig war, dass bei allen, selbst den abstrusesten Projekten und Wahnideen – waren sie nun gespielt oder nicht –, immer irgendwie die Eisenbahn zur Sprache gekommen war. Und warum hatte er seiner Tochter, die er liebte, das damals für Mädchen ungewöhnliche und teure Spielzeug einer elektrischen Eisenbahn geschenkt?

Der Chef der ungarischen Kriminalpolizei erzählte Hans Habe, man hätte bei der Untersuchung von Matuskas Knickerbockern, die er nachweislich während des Attentats in Ungarn getragen hatte, nicht nur Spuren von Ekrasit, sondern innen auch Spermaflecken festgestellt. War Matuska also tatsächlich ein Eisenbahn-Lustmörder gewesen und hatte damit eine neue Seite im großen Buch der sexuellen Perversionen aufgeschlagen? (In Teilen der amerikanischen Underground-Szene ist er dafür noch heute bekannt; so schrieb zum Beispiel Punk-Sänger Jello Biafra für die Band Lard einen Song mit dem Titel »Sylvestre Matuschka«.)

Mit dem Urteil in Budapest war das Kapitel Matuska jedoch keineswegs abgeschlossen; es sollte nach dem Zweiten Weltkrieg eine ebenso seltsame wie unglaubliche, wahrscheinlich aber doch ins Reich der Legenden gehörende Fortsetzung finden.

Zwei Jahre nach Ende des Krieges, unter dem Budapest besonders gelitten hatte, versuchte der Ostkorrespondent der *Daily*

News aus Los Angeles Erkundigungen über Matuska einzuziehen. Die ungarischen Behörden schwiegen oder machten Ausflüchte; in ungarischen Gefängnissen jedenfalls hielt er sich nicht mehr auf. War er geflohen oder entlassen worden? Anfang Juli 1953 soll es – wieder amerikanischen Berichten zufolge, die Hans Habe zitiert – einer amerikanischen Patrouille gelungen sein, bei Hong-Song einen Trupp Nordkoreaner gefangen zu nehmen, die gerade versucht hatten, eine Brücke zu sprengen. Sie wurden von einem Weißen kommandiert.

Der wachhabende amerikanische Offizier, ein junger Captain aus Michigan, wollte den Mann persönlich verhören, da er in ihm einen Überläufer vermutete. Er ließ ihn vorführen und staunte. Für einen Frontsoldaten war sein Gegenüber eindeutig zu alt; der Captain schätzte ihn auf über sechzig. Auf seine Fragen antwortete er nicht, schien sie nicht zu verstehen. Erst als ein Dolmetscher aus dem Hauptquartier geholt wurde, der auch deutsch sprach, antwortete der Unbekannte:»Ich bin Sylvester Matuska.« Als dies auf den jungen Offizier keinen Eindruck machte, was den Sprecher sichtlich enttäuschte, setzte er stolz hinzu: »Sie sind noch jung. Sie wissen nicht, wer ich bin. Ich bin der Massenmörder von Bia-Torbágy. Fesseln sie mich. Sie haben die wertvollste Beute des Krieges gemacht.«

Leider ist diese schöne Geschichte nicht besonders glaubwürdig. Sicher ist nur, dass es Matuska gelungen sein muss, die Wirren der letzten Kriegs- und unmittelbaren Nachkriegszeit zu benutzen (was bei seiner rhetorischen Gabe nicht allzu schwierig gewesen sein kann), um in die Freiheit zu gelangen. Völlig unrealistisch ist die ebenfalls kolportierte Version, die russische Armee hätte ihn als Eisenbahnattentatsspezialisten eigens suchen lassen und angeworben, um ihn bei Sonderkommandos einzusetzen. Kein Geheimdienst der Welt würde wohl einen »manischen Phantasten«, dessen Vorgeschichte ja bekannt war, mit derartigen Aufgaben betrauen, selbst wenn er noch so spezifische Talente hätte – die Matuska außerdem nachgewiesenermaßen nicht besaß.

Seine Tätigkeit für die nordkoreanische Armee wäre hingegen immerhin möglich, wenn auch wenig wahrscheinlich. Er hätte sich nur einem der Freiwilligenkontingente anschließen müssen, die aus vielen sozialistischen Bruderstaaten nach Nordkorea kamen, um den Befreiungskampf zu unterstützen. Allerdings wäre er dafür, wie der Captain aus Minnesota zu Recht bemerkte, schon etwas zu alt gewesen. Seltsam ist auch in dem zitierten Bericht, dass Matuska erst einem Deutsch sprechenden Dolmetscher antwortete. Um mit seinen nordkoreanischen Untergebenen kommunizieren zu können, hätte er wohl ein paar elementare Redewendungen ihrer Sprache beherrschen müssen.

Völlig unglaubwürdig aber wird der Bericht durch die Tatsache, dass er kein Wort über Matuskas weiteres Schicksal enthält. Was hatte man nach dieser Eröffnung mit ihm gemacht? Wo war er hingekommen? Was machte er jetzt? Das wäre doch wohl das Interessante, Wichtige an der Nachricht gewesen.

Hans Habe, der diese Geschichte als Erster erzählte, gibt nur ganz allgemeine, anonyme Quellen – »amerikanische Berichte, Artikel eines österreichischen Polizeioffiziers« – dafür an. Hat er diese Story erfunden, im Andenken an seine erste große Reportage? Oder machen sich Legenden wie Matuschka im Laufe der Jahre und Jahrzehnte einfach selbstständig?

Sabotage in Oftering
MATUSKAS KINDER — ODER POLITISCHE TERRORISTEN?

Wie alle großen, in der Öffentlichkeit heftig diskutierten Verbrechen fanden auch die Eisenbahn-Lustattentate Sylvester Matuskas (siehe Kapitel »Zugkatastrophe in Bia-Torbágy«) ihre Nachahmer.

Am 10. April 1934, um 2 Uhr 49 in der Nacht, entgleiste der D-Zug Wien–Paris bei Kilometer 202,4 nächst der Haltestelle Oftering zwischen den Bahnhöfen Hörsching und Marchtrenk in Oberösterreich, wenige Kilometer nach Linz. Ein Zeitgenosse berichtete: »Montag um 22 Uhr 55 nachts verließ der D-Zug Nr. 117 den Wiener Westbahnhof. Die Garnitur war sehr gut besetzt, dieser Nachtzug führt durchlaufende Wagen Salzburg–München, Passau–Frankfurt und mehrere Kurswagen aus Österreich und dem benachbarten Ausland nach Paris. Die Maschine war eine der größten und schwersten der Bundesbahnen, auf ihr befanden sich Oberkondukteur Friedrich Kiesling als Zugsführer, Anton Almer als Lokomotivführer und Ludwig Ranzenberger als Heizer.

Almer und Ranzenberger führten sehr oft diese schwere Maschine, sie galten als so genannte ›vorsichtige Fahrer‹. Da der D-Zug eigentlich aus zwei Teilen bestand, führte er zwei Postwagen mit. Der eine enthielt die Post für Salzburg, der andere die Post für Deutschland. Zwischen diesen beiden Postwagen befand sich der Paketwagen. Als vierter Wagen, also als erster Personenwagen, lief der Schlafwagen der Mitropa. In beiden Postwagen arbeiteten während der Fahrt nicht weniger als dreizehn Postbedienstete.

Vor halb drei Uhr früh verließ der D-Zug ordnungsgemäß Linz. Die Nacht war sehr stürmisch und regnerisch. Da der Zug eine geringe Verspätung hatte, wollte der Lokomotivführer die

Geschwindigkeit, die 80 Stundenkilometer betrug, noch steigern. Er hatte das Recht dazu, da auf dieser geraden Strecke die Geschwindigkeit bis 100 Kilometer betragen kann. Der Train befand sich bei Oftering zwischen Hörsching und Marchtrenk. Die Signale waren in vollster Ordnung, da geschah plötzlich das Furchtbare: Die riesige Maschine bäumte sich auf, wurde noch ein Stück weit fortgerissen, stürzte dann nach links um, wobei sie sich tief in den Schotter des Bahndamms bohrte.

Die folgenden drei Dienstwagen wurden aus den Schienen geworfen. Ineinander verkeilt und zertrümmert, kamen sie im Graben sogar noch ein Stück vor der umgestürzten Riesenlokomotive zu liegen. Der Lokomotivführer, der rechts stand, klammerte sich im Augenblick der Katastrophe instinktiv ans Gestänge und entging dadurch dem sicheren Tod. Er wurde schwer verletzt.

Furchtbar war das Schicksal des Lokomotivheizers Ranzenberger. Der Zweiunddreißigjährige stand links und kam unter die Maschine zu liegen. Kopf und Oberkörper wurden unter Schotter, Kohlenhaufen aus dem Tender und abgesplitterten Blechteilen verschüttet, sodass der Unglückliche erstickte.

Die dreizehn Postbeamten wurden ohne Ausnahme mehr oder minder schwer verletzt.

Zugsführer Kiesling musste sich aus den Trümmern des Dienstwagens blutüberströmt bis zum Mitropa-Schlafwagen durcharbeiten, der als vierter Wagen gelaufen war und nun, nach dem Unglück, noch vor dem Paketwagen lag.

Trotz seiner schweren Verletzungen eilte der Zugsführer zum nächsten Blockhaus und erstattete die dienstliche Meldung von dem schweren Unglück. Der Zug war auf einer Distanz von 40 Metern zum Stehen gekommen, die Personenwagen wurden nur gering beschädigt, von den Reisenden wurde kein einziger verletzt.

Lautes Schreien und Stöhnen drang aus den entgleisten Waggons. Passagiere und unverletzt gebliebene Bahnangestellte machten sich sofort daran, die verschütteten Postbeamten aus den Eisen- und Holztrümmern zu befreien. Zugleich wurde eine Notbeleuchtung mit Kerzen installiert. Ein im Zug befindlicher englischer Arzt leistete den Verletzten erste Hilfe und legte ihnen Notverbände an. Es war noch Glück im Unglück, dass der D-Zug aus der Gegenrichtung, der sonst den Pariser D-Zug in der Nähe der Unglücksstelle zu kreuzen pflegt, gestern früh bereits bei der Ausfahrt aus Hörsching den unmittelbar danach verunglückten Zug passierte.

Aus Linz und Wels kamen sehr bald Hilfszüge mit dem erforderlichen Material an die Unglücksstelle. Die Verletzten wurden in die Krankenhäuser von Linz und Wels gebracht. Die Leiche des Heizers Ranzenberger wurde in einem nahen Bauernhaus in einer Kammer aufgebahrt. Ranzenberger, ein überaus tüchtiger Angestellter, hinterlässt eine Witwe und zwei Kinder im zartesten Alter. Vor der Abfahrt aus Wien äußerte er zu einem Kollegen, dass ihn ein eigenartiges Gefühl beklemme, das er sich jedoch nicht näher erklären könne. Er und Almer waren mit der Riesenmaschine gut vertraut. Die Lokomotive hat wegen ihrer hohen Geschwindigkeit in Bahnkreisen den Namen ›fliegender Teufel‹ erhalten.«

Die von der Bahndirektion und der Polizei angeordneten »strengen« Untersuchungen ergaben bald, dass es sich um kein Unglück, sondern um ein geplantes Attentat gehandelt hatte. An der zweigleisigen Strecke war die linke Schiene Richtung Salzburg herausgeschraubt und beseitigt worden, sie lag unterhalb des Dammes abgelegt. 28 Minuten vor dem D-Zug hatte ein Nachtpostzug die Strecke ungehindert passiert, der Anschlag musste daher in dieser kurzen Zeit durchgeführt worden sein. Dafür waren zweifellos mehrere Täter notwendig, die zudem noch exakte Kenntnisse der Bahnanlagen und des Bahnbetriebs sowie des Fahrplans an dieser Stelle haben mussten.

Ein politisches Motiv stellte die Polizei sofort und entschieden in Abrede, es war angeblich auch kein darauf hinweisendes Bekennerschreiben gefunden worden. Bekannt war aber, dass in Marchtrenk schon früher zweimal Bahnanschläge verübt worden waren, die allerdings keinen Schaden angerichtet hatten und möglicherweise (nach Art Matuskas) Vorübungen gewesen waren. Außerdem hatte eine Zeugin – eine Bäuerin, die unter

Der erfolglose Raubanschlag auf den Ostende-Express bei Oftering.
Zeitungsillustration

Schlaflosigkeit litt – gesehen, wie zwischen halb vier und vier ein großes Automobil mit abgeblendeten Scheinwerfern auf der Straße von Oftering nach Wels gefahren sei. Bei dem Verkehrsaufkommen, das damals auf einsamen, nächtlichen Landstraßen herrschte, war dies ein bemerkenswertes Vorkommnis. Waren die Täter in diesem Wagen geflüchtet?

An der Unfallstelle gab es keine Beobachter – die Schaulustigen stellten sich erst am nächsten Tag ein, dann allerdings zu Tausenden. Es war niemand da, den man auf Spermaflecken in der Hose hätte untersuchen können. Die Polizei nannte als Motiv einen Racheakt einer oder mehrerer Personen. Aber wer hätte sich mit diesem Attentat an wem rächen sollen? Raub schied aus, auch wenn sich wertvolle Pakete oder Geldsendungen in den Postwaggons befunden hatten.

Matuska hatte bei seinen Taten politische Motive vorgeschoben: Einmal, in Jüterbog, hatte er den Anschlag auf die Rechte, das andere Mal, in Bia-Torbágy, auf die Linke geschoben. Inzwischen aber waren Eisenbahnanschläge, meist mit Sprengstoff, zu Mitteln politischen Terrors avanciert. Vor allem nach der Machtergreifung der Nationalsozialisten in Deutschland sah sich Österreich mit mehreren Wellen rechten Terrors konfrontiert. Aber auch die Linke schien dieses Mittel nicht zu verschmähen. Am 22. Juli 1934 hatten zwei angeblich aus der tschechischen Emigration zurückgekehrte Sozialisten, Rudolf Anzböck und Josef Gerl, einen Anschlag mit Ammonit auf die Signalanlagen der Donauuferbahn versucht. Bei den Vorbereitungen zu einem zweiten Versuch stellte sie der Oberwachtmeister Forstner, der im darauf folgenden Feuergefecht von Gerl erschossen wurde. Gerl büßte für diese Tat mit dem Tod.

Das Attentat von Oftering konnte daher nicht einer Person gegolten haben, sondern sollte wohl die Post oder die Eisenbahnverwaltung treffen – also doch ein politisches Motiv, wenn auch im weiteren Sinn. Beide Organisationen waren starken Repressionen ausgesetzt; die Debatte über einen Streik der Eisenbahner wegen bevorstehender Lohnkürzungen hatte zum Rücktritt aller drei Präsidenten des Nationalrats, zur Selbstauflösung des Parlaments und damit zum Ständestaat und der austrofaschistischen Diktatur geführt. Auf ein rein politisches Motiv deutete auch hin, dass die Presseberichte nach dem Attentat zuerst sehr ausführlich waren, nach drei Tagen aber abrupt aufhörten und nie wieder aufgenommen wurden.

Und doch fand der zunächst so rätselhaft scheinende Anschlag zweidreiviertel Jahre später seine Lösung. An ihr war allerdings der bekannte Kommissar Zufall wesentlich mehr beteiligt als die Behörden. Im September 1934 hatte ein Anwohner des Mühlbaches, der von Wels durch die Traunauen ostwärts bis Ebelsberg plätschert und einmal im Jahr zu Reinigungszwecken und der Überprüfung der Schleusen trockengelegt wurde, etwas Seltsames beobachtet. Ein unbekannter Mann stand am Wehr und schien dort im Bachbett etwas zu suchen. Der Anrainer dachte sofort an einen versuchten Fischdiebstahl und fragte den Ortsfremden barsch nach seinen Absichten. Dieser ergriff sofort erfolgreich die Flucht, musste aber sein Fahrrad zurücklassen.

Im Bachbett, wo der Unbekannte sich in so verdächtiger Weise herumgetrieben hatte, stellte man zwei Klauen- und einen Steckschlüssel sicher – die bisher vermissten Werkzeuge, die bei dem Attentat verwendet worden waren. Der wahrscheinliche Täter konnte jedoch nicht gefunden werden.

Zwei Jahre später, in der Nacht zum 19. Dezember 1936, stand der Gendarmeriebeamte M. K. Posten an der Straßenbrücke über die Traun. Es lag eine dünne Schneedecke und die Nacht war relativ hell. Von der anderen Uferseite fuhr ein Mann mit einem unbeleuchteten Fahrrad auf die Brücke zu; beim Näherkommen sah der Posten, dass aus dem Rucksack des Radfahrers ein langes Eisenstück, eine Brechstange, ragte. Zur Rede gestellt, hielt der Mann zwar an, drehte sich aber plötzlich nach links und schoss mit einer in der rechten Jackentasche versteckten Pistole auf den Beamten. Dieser wurde am Oberarm schwer verletzt, versuchte aber dennoch, dem Richtung Norden in die Ortschaft Fliehenden nachzuschießen, wobei er jedoch nicht traf. Mit letzter Kraft schleppte sich der Verletzte zum nächstgelegenen Haus, von wo aus seine Kollegen und die Rettung verständigt wurden. Vor der Einlieferung ins Spital konnte der Gendarm noch Hinweise auf die Identität des Flüchtigen geben, den er vom Sehen her kannte.

⬚

Mit Hilfe eines Dritten wurde der Name des Mannes ausgeforscht. Er hieß A. St. und war Häusler und Hilfsarbeiter in Ufer. Um sieben Uhr früh konnte er verhaftet werden. Nach langem Verhör gestand er nicht nur eine Reihe von Einbruchsdiebstählen in der Umgebung, sondern auch das Attentat auf den Nachtschnellzug. Zusammen mit J. Sch., seinem Komplicen, hatten sie den Plan schon im Herbst 1932 besprochen.

Sch. habe sich vorher in Linz genau erkundigt und festgestellt, dass der zur Entgleisung vorgesehene D-Zug jedesmal eine größere Menge Bargeld in den Postwaggons mitführte. Sie hatten daher die Absicht gehabt, den Zug zu berauben, sobald dieser entgleist wäre. Beide waren zum Zeitpunkt der Tat bewaffnet gewesen, St. mit einem Karabiner und Sch. mit einer Pistole. Drei Attentatsversuche im Raum Wels hatten keinen Erfolg gehabt. Mit dem Abschrauben der Schienen durch Lösen der Schraubenmuttern hätten sie bereits, so gab St. an, am 9. April gegen 23 Uhr begonnen. Es herrschte eine sehr stürmische und regnerische Aprilnacht, in der das erste Frühlingsgewitter dieses Jahres tobte. Gegen 1 Uhr 40 sollte der D-Zug die Attentatsstelle passieren. In der Zeit von 23 Uhr bis kurz nach 1 Uhr 30 hätten noch einige Züge, so gab der Täter an, die sabotierte Stelle passiert. Keiner von ihnen war entgleist, und das sei insofern möglich gewesen, als das fünfundzwanzig Meter lange gelöste Schienenstück auf den Schwellen der geraden Bahnstrecke liegen geblieben und durch die Züge nicht weggeschoben worden sei. Erst als sie sicher gewesen seien, dass der fragliche D-Zug bald anrollen würde, hätten sie die abgeschraubte Schiene auf die Bahnböschung geschoben, sie dort liegen gelassen und das Herankommen des Zugs abgewartet. Sie hätten sich hinter einem sich in der Nähe der Attentatsstelle befindenden Gesträuch versteckt und hatten vor, den Raub auszuführen beziehungsweise

die Geldsäcke aus den Waggons zu nehmen, sobald der D-Zug
entgleist gewesen wäre.

Die Unglücksstelle bot nach dem großen Krach jedoch ein ver-
heerendes Bild. Der Zugriff der Täter auf die drei Postwaggons
war behindert, da sich der massive Mitropa-Schlafwagen vor den
Paketwagen geschoben hatte, auf den nicht angeschraubten
Schienen stehen geblieben war und selbst dem Druck der mit
einer Geschwindigkeit von achtzig Stundenkilometern nachfolgenden Schnellzugwaggons standgehalten hatte. Die Zugschaffner verließen gleich nach dem Unfall die Waggons und schlugen
Lärm. Viele Reisende – teilweise auch mit Taschenlampen versehen – begaben sich aus ihren Abteilen ins Freie, und die Täter
konnten ihre Absicht nicht ausführen.

St. und Sch. verließen ohne Beute den Tatort, und St. warf die
zum Lösen der Schraubenmuttern verwendeten Klauen- und
Steckschlüssel (diese stammten von einem größeren Industriebe-
trieb mit Gleisanschluss der Bundesbahn) auf dem Weg zu seiner
Wohnung in den bereits erwähnten Mühlbach.

Bei der Verhandlung wurden St. und Sch. wegen Mordes,
Raubes, Brandlegung, schwerer Sachbeschädigung und Verstoßes
gegen das Sprengstoffgesetz von einem Sondergericht in Linz
zum Tode verurteilt. Die Hinrichtung durch den Strang wurde
am 8. Jänner 1937 im Hof des Landesgerichts Linz vollstreckt.

Outlaws & Desperados
DIE GROSSEN ZUGRÄUBER DES WILDEN WESTENS

Nirgends hatte die Eisenbahn so großen Einfluss auf die gesellschaftliche Entwicklung wie in den Vereinigten Staaten von Amerika. Die Schienen veränderten und erschlossen dieses riesige Land, machten einige Städte wohlhabend und richteten andere zugrunde, ließen Industrie und Handel aufblühen – und stellten für viele Menschen den Weg zu Glück und Wohlstand dar. Nicht alle waren jedoch bereit, durch ehrliche Arbeit zu Reichtum zu gelangen. Nach dem Bürgerkrieg und bis in die zwanziger Jahre gab es immer wieder Kriminelle, die in der Bahn eine Möglichkeit sahen, auf schnelle und illegale Weise an größere Summen zu gelangen. Allein zwischen 1890 und 1900 ereigneten sich auf dem Gebiet der USA zweihundert Überfälle auf Post- und Paketwaggons.

Die privaten »Express Cars« (Paketwagen), in denen natürlich auch Geld und Wertpapiere befördert wurden, waren für Überfälle besonders anfällig. Ihre hölzernen Wände waren alles andere als kugel- oder feuersicher, und die beiden Türen an den Enden der Waggons konnten mit einer Brechstange relativ mühelos geöffnet werden. Erst gegen Ende des 19. Jahrhunderts rang man sich trotz finanzieller Bedenken dazu durch, stählerne »Express Cars« einzusetzen. Doch selbst diese mit »Schießscharten« ausgestatteten Waggons, in denen zum Teil auch besser gesicherte Safes unterwegs waren, konnten einem gezielten Angriff mit Dynamit und Schusswaffen oft nicht lange standhalten. Dazu kam natürlich, dass die unterbezahlten Angestellten der privaten Transportunternehmen sich von ihren Vorgesetzten kaum dazu motivieren ließen, ihr Leben für die Sicherheit des Frachtguts einzusetzen.

Interessanterweise beschränkten sich die Überfälle auf Geldtransporte der Bahn keineswegs auf den Westen der USA. Der erste Zugraub dieser Art ereignete sich vielmehr am 6. Oktober 1866 in Seymour, Indiana, auf der Strecke von East St. Louis nach Cincinnati. Als die Garnitur gerade die kleine Stadt am White River verließ, schwangen sich zwei maskierte Männer auf die hintere Plattform des Waggons der Adams Express Company. Geschickt turnten die beiden zur schweren Seitentür des Wagen, die nicht versperrt war und sich einfach aufschieben ließ. Die Maskierten richteten ihre Waffen auf den Eilboten Elem Miller, der die ruhige Zeit am frühen Morgen damit zugebracht hatte, einige Schreibarbeiten zu erledigen.

Im Waggon befanden sich zwei Safes: der Eilgut-Safe, der an jeder Station geöffnet werden konnte, um Wertgegenstände zu hinterlegen beziehungsweise herauszunehmen, und ein Durchfahrtssafe, der erst am Bestimmungsort Cincinnati wieder aufgesperrt werden konnte. Die Räuber zwangen Miller, ihnen den Schlüssel für den Eilgut-Safe zu geben, räumten diesen aus und schoben den anderen Geldschrank zur Tür. Dann zog einer der Männer an der Signalleine, um dem Lokomotivführer ein Zeichen zu geben, den Zug zu verlangsamen; danach kippte er den Safe aus dem Waggon. Als der Zug fast zum Stehen gekommen war, zog der Bandit noch einmal an der Signalleine – und noch bevor die Lok wieder beschleunigen konnte, waren er und sein Kumpan abgesprungen.

Die Adams Express Company beauftragte die Pinkerton National Detective Agency mit der Klärung des Falls. Die Detektive von Pinkerton waren dafür bekannt, einen Fall erst abzuschließen, wenn sie den Täter gefasst und zur Strecke gebracht sowie zumindest einen Teil der Beute sichergestellt hatten. Sie kamen nach Seymour, das ein Kreuzungspunkt zweier Eisenbahnstrecken war und daher allerlei Unterweltelemente angelockt hatte. Dort gelang es ihnen binnen weniger Tage, den Raub zu einer der berüchtigsten Banden der Stadt, jener der Reno-Brüder, zurückzuverfolgen und die Schuldigen festzunehmen.

Die neue Verbrechensspielart breitete sich erst über die Südstaaten aus, fand aber auch an der Atlantikküste und im Bundesstaat

New York großen Anklang. Mit der Zeit erwies sich das Grenzland des Wilden Westens jedoch als bevorzugtes Arbeitsgebiet der Zugräuber, da es hier viele spärlich besiedelte Gegenden gab, in denen man die endlos langen Bahnstrecken nur schwer verteidigen konnte.

Viele der Outlaws, die sich auf das Überfallen von Zügen verlegten, waren früher auf das Berauben von Postkutschen spezialisiert gewesen. Einer dieser Männer war Sam Bass, der in Denton County, Texas, aufgewachsen war und nach einer viel versprechenden Jugend dem Glücksspiel und den Rennpferden verfiel, wodurch er permanent in Geldnot geriet. 1876 trieb er mit dem Saloon-Besitzer Joel Collins aus Dallas eine Viehherde nach Nebraska. Von dort aus verschlug es die beiden nach Dakota, wo sie sich als professionelle Spieler versuchten und ihr Geld nacheinander in ein Bordell, eine Quarzmine und ein Frachtunternehmen investierten. Nachdem alle diese Projekte fehlgeschlagen waren, gründeten Bass und Collins eine Bande, mit der sie Postkutschen ausraubten.

Als sich 1877 das Gesetz auf ihre Spur setzte, machten sich Bass, Collins und ihre Komplizen auf den Weg nach Süden. Am 18. September überfielen sie bei Big Springs in Nebraska einen Zug der Union Pacific Railroad und erbeuteten aus dem Paketwagen 60.000 Dollar. Danach teilte sich die Bande auf. Collins und ein gewisser Bill Heffridge ritten nach Kansas, wurden aber an der Buffalo Station der Kansas Pacific Railroad von Soldaten aufgebracht und erschossen. Jim Berry, ein weiteres Mitglied der Bande, hatte in seiner Heimatstadt Mexico in Missouri nichts Besseres zu tun, als seinen Anteil der Beute – 9.000 Dollar in Goldmünzen – in Papiergeld umzuwechseln. Kurz darauf wurde er verhaftet und auf der Flucht erschossen.

Sam Bass hatte sich in der Zwischenzeit wieder auf den Weg nach Texas gemacht, wo er aber bereits steckbrieflich gesucht wurde, da seine Verbindung zu Joel Collins behördlicherseits bekannt war. Einige Wochen lang versteckte er sich in einem Canyon, dann gründete er eine neue Bande, mit der er die Gegend um Denton terrorisierte und gelegentlich Postkutschen ausraubte. Am 22. Februar 1878 überfielen sie die Bahnstation in der Ortschaft Allen und stahlen aus dem ankommenden Zug der Gesellschaft Houston & Texas Central einen Betrag von zwölfhundert Dollar. Bei drei ähnlichen Überfällen in den darauf folgenden Monaten war ihre Beute um einiges geringer.

Bis in den Sommer des Jahres 1878 wurden Bass und seine Kumpane von einem Aufgebot aus Texas Rangers und lokalen Gesetzeshütern gejagt, wobei es zu mehreren Schießereien kam, bei denen zwei der Bandenmitglieder starben. Am 18. Juli ritt Bass mit drei Begleitern in die Ortschaft Round Rock ein, um dort die Bank zu berauben – nicht ahnend, dass einer seiner Männer ein Verräter war und den Rangers einen Tipp gegeben hatte. Es kam zu einem Gefecht, bei dem der Bandenführer schwer verwundet wurde, doch mit Hilfe eines seiner Freunde gelang es ihm, dem Kugelhagel zu entkommen. Am nächsten Morgen konnte er sich gerade noch zur neu errichteten Trasse der International & Great Northern Railroad schleppen, wo er bewusstlos zusammenbrach und erst einige Stunden später von Bahnarbeitern aufgefunden wurde. Sam Bass erlag seinen Verletzungen am 21. Juli 1878 – seinem siebenundzwanzigsten Geburtstag.

Viele Männer des Westens begannen ihre Karriere als Kriminelle in Sachen Eisenbahnüberfall, weil sie sich in bürgerlichen Existenzen versucht hatten und daran gescheitert waren oder wegen privater Tragödien, die ihnen den Glauben an die Sinnhaftigkeit eines ehrlichen Lebens genommen hatten.

Ein solcher Mann war der 1854 geborene Reuben »Rube« Barrow, der in der Nähe von Fort Worth in Texas eine kleine Ranch hatte. Als seine Frau nach der Geburt des zweites Kindes starb, gab Rube die Viehzucht auf und widmete sich einer Laufbahn, die ihm bald den Titel »König der Zugräuber« eintragen sollte. Im Dezember 1886 schlug er das erste Mal zu: Mit seinem jüngeren Bruder Jim sowie Nep Thornton und Henderson Bromley, zwei seiner Ranch-Gehilfen, überfiel er einen Expresszug von Fort Worth nach Denver, um die Passagiere auszurauben.

Nach diesem relativ dilettantischen Anfang widmete er sich Erfolg versprechenderen Projekten. Sein erster Überfall auf einen Paketwagen fand Anfang 1887 bei Gordon, Texas, statt. Wie auch bei seinen späteren Überfällen sprangen Burrow und ein Bandenmitglied auf den Zug auf, als er gerade die Station verließ, und verbargen sich im uneinsehbaren Bereich hinter dem Kohlentender. Keine zwei Kilometer von der Stadt entfernt wurden sie dann von einem weiteren Komplicen erwartet. Sie bahnten sich ihren Weg zur Lok und setzten dem Lokomotivführer und dem Heizer ihre Waffen an die Brust; anschließend eskortierten sie ihre Geiseln zum »Express Car« und zwangen den Eilboten, den Waggon aufzuschließen. Im Juni und im September 1888 raubten sie – jeweils vor der texanischen Ortschaft Benbrook – zwei weitere Züge nach dieser Methode aus. Danach flüchteten die Gebrüder Burrow nach Lamar County in Alabama, wo sie aufgewachsen waren. In den Hügeln dieser Gegend gewährten ihnen Verwandte im Austausch für großzügige Geschenke immer wieder Unterschlupf.

Als das Geld knapp wurde, rekrutierten die Burrows einen Texaner namens Bill Brock und überfielen im nahe gelegenen Genoa wieder einmal einen Zug. Wegen einiger dummerweise am Tatort zurückgelassener Indizien konnten sie aber zweifelsfrei identifiziert werden, und Detektive der Agentur Pinkerton setzten sich auf ihre Spur. Rube und Jim erfuhren rechtzeitig von den Gesetzeshütern und traten – passenderweise mit der Bahn – die Flucht an. Als sie in Montgomery ankamen, wurden sie jedoch bereits erwartet; der Schaffner hatte sie anhand eines Fahndungsplakats erkannt. Die beiden folgten den Beamten scheinbar willig zur Polizeistation, fingen aber kurz vor Erreichen des Ziels zu rennen an. Jim wurde aufgehalten, doch Rube kam tatsächlich davon. Zwei Jahre lang (in denen er weitere drei Züge überfiel, was damals ein krimineller Rekord war) lief er vor dem Gesetz davon, während sein Bruder im Gefängnis krank wurde und verstarb. Nach dem letzten wagemutigen Zugraub, den Rube Burrow ganz allein durchführte, wurde die Jagd auf ihn verstärkt, und er konnte schließlich am 7. Oktober 1890 in seinem Versteck in Alabama festgenommen werden.

Die zwei Hilfssheriffs, die Burrow gefasst hatten – John McDuffie und J.D. Carter –, brachten ihn nach Linden, den Sitz der County-Verwaltung, mussten dort aber feststellen, dass der Sheriff nicht anwesend und das Gefängnis versperrt war. In

Volksheld, Eisenbahnräuber und Raubmörder Jesse Woodson James.
Zeitgenössische Fotografie

einem benachbarten Büro, in dem sie auf zwei Helfer des Sheriffs trafen, wurde Burrows mit Ketten gefesselt. J.D. Carter legte sich schlafen, während die drei anderen Burrows bewachten. In der Nacht klagte der Häftling über Hunger und bat darum, ihm seine Tasche zu bringen, in der sich Vorräte befänden. Kaum hatten ihm die unaufmerksamen Beamten seinen Wunsch erfüllt, zog Burrow einen Revolver unter den Lebensmitteln hervor und richtete ihn auf die Gesetzeshüter. Er ließ sich losbinden, sperrte die Männer, die er überlistet hatte, in einem anderen Zimmer ein und machte sich danach auf die Suche nach dem zweiten Hilfssheriff, der sein Gewehr hatte.

Beim darauf folgenden Schusswechsel traf der Zugräuber den Beamten in die Schulter, wurde aber auch selbst getroffen. Ein Augenzeuge beschrieb, wie Burrow »in die Luft geschleudert wurde und dann zu Boden fiel, wo er sich wie eine Schlange wand und schließlich sein Leben aushauchte«. Schon am nächsten Tag lieferte ein Zug der Southern Express Company, die von der Burrow-Bande mehrmals überfallen worden war, seine sterblichen Überreste in einem Sarg in Lamar County ab, wo sie seinen Verwandten übergeben wurden. Die Bahn hatte wieder einmal gewonnen.

Zu den berühmtesten Outlaws in der Geschichte des amerikanischen Westens zählen – neben der Gang von Jesse und Frank James und (Hollywood-)Legenden wie Butch Cassidy und Sundance Kid – wohl die Dalton-Brüder; auch wenn Europäer diese legendäre Bande in erster Linie aus den beliebten »Lucky Luke«-Comics kennen dürften. Die echten Daltons waren jedoch keineswegs unfähige Gauner, die in gestreiften Gefängnisuniformen durch die Landschaft taumelten, sondern hartgesottene Gesetzesbrecher, zu deren Repertoire natürlich auch das Ausrauben von Zügen gehörte.

Eigentlich gab es in Cass County, Missouri, zehn Gebrüder Dalton, aber nur vier von ihnen – Grat, Bob, Emmet und Bill – entschieden sich für ein Leben als Kriminelle. 1883 zog die gesamte Familie Dalton nach Westen, in ein Indianergebiet, wo drei der

Brüder (Grat, der damals neunzehnjährige Bob und Emmett) als Gesetzeshüter anheuerten, die dafür zu sorgen hatten, dass sich kein Weißer auf dem Land der amerikanischen Ureinwohner ansiedelte und Whiskyschmuggler ihr Gewerbe nicht ungestört ausüben konnten. Die Daltons waren zwar gut in ihrem Job, merkten jedoch bald, dass illegale Nebenaktivitäten ihnen mehr Geld einbrachten als ihr Hauptberuf.

1890 schieden sie aus dem Dienst aus und verlegten sich auf Pferdediebstahl; sie waren darauf spezialisiert, Ponys der Cherokees nach Kansas zu treiben und dort zu verkaufen. Grat wurde bald mit zwei gestohlenen Pferden verhaftet, kam aber ohne Strafe wieder frei und machte sich auf den Weg nach Kalifornien, wo sein inzwischen verehelichter Bruder Bill eine Ranch betrieb; auch Emmett und Bob, die beide steckbrieflich gesucht wurden, fanden dort Unterschlupf. Bill Dalton engagierte sich neben seiner Karriere als Viehzüchter auch politisch und strebte ein Amt in der kalifornischen Regierung an. Da er sich in seiner Kampagne ausdrücklich gegen die oft recht üblen Machenschaften der Bahngesellschaften wandte, stand er auf der »Abschussliste« der Southern Pacific.

Will Smith, der Chefdetektiv dieses Eisenbahnunternehmens, behielt Bill im Auge – und registrierte bald, dass dessen drei mittlerweile eingetroffenen Brüder es mit der Einhaltung der Gesetze nicht allzu genau nahmen. Als Unbekannte am 6. Februar 1891 im kalifornischen Alila den Atlantic Express der Southern Pacific überfielen, hatte er seine Hauptverdächtigen sofort parat. Grat und Bill Dalton wurden festgenommen (die beiden anderen Brüder hatten bereits das Weite gesucht), doch bei der nachfolgenden Verhandlung wurde nur Grat schuldig gesprochen. Ob sie tatsächlich mit dem fraglichen Überfall zu tun hatten, konnte nie vollständig geklärt werden.

Emmett behauptete später, dass weder er noch seine Brüder den Zug in Alila beraubt hätten; ihr erster derartiger Überfall hätte erst im Mai 1891 in Wharton, Oklahoma, stattgefunden. Bob, Emmett und fünf Komplizen beraubten kurz darauf einen weiteren Zug, lösten ihre Bande dann jedoch wegen Streitereien über die Aufteilung der Beute wieder auf. Damit wäre die Geschichte der Daltons vielleicht beendet gewesen – wenn Grat nicht aus dem kalifornischen Gefängnis ausgebrochen und nach Oklahoma geflüchtet wäre, wo sich auch Bill bald wieder ansiedelte. Während letzterer sich immer noch an einer bürgerlichen Existenz versuchte, widmeten sich seine Brüder ganz und gar dem »Eisenbahngeschäft«.

Im Juni 1892 warteten sie bei Redrock, einer kleinen Stadt im Otoe-Indianerreservat, auf den Nachtexpress aus Santa Fe. Als der Zug ankam, stellte eines der Bandenmitglieder fest, dass im ersten Waggon nach dem Paketwagen kein Licht brannte. Da es zu früh war, als dass die Passagiere schon geschlafen hätten, schlossen die Daltons richtig, dass es sich bei dem Zug um einen Köder handeln musste, und sie ließen ihn ungestört durchfahren. Wenige Minuten später kam der richtige Zug, den sie um sechzehnhundert Dollar beraubten (allerdings nicht mehr, da sie den Durchfahrtssafe nicht aufbekamen).

Einige Wochen später überrumpelte die Bande den Bahnhofsvorstand von Adair in Oklahoma und wartete auf die Ankunft eines Expresszugs der Missouri, Kansas & Texas-Linie. Als sie gerade darangehen wollten, den Paketwagen aufzubrechen, fielen plötzlich Schüsse aus einem Schuppen in der Nähe. Ein Zugbegleiter und drei Sheriffs versuchten die Dalton-Gang aufzuhalten, wurden aber bei der darauf folgenden Schießerei selbst schwer verletzt – ebenso wie einige Unschuldige, die sich in einem Drugstore in der Nähe der Station befanden.

Nach diesem Überfall bekam die Suche nach den Daltons oberste Priorität. Ein besonderes, von United States Deputy Marshal Heck Thomas geführtes Aufgebot wurde gegründet, das von vier Bahn- und zwei Transportgesellschaften finanziert wurde. Die besten Revolvermänner und Kopfgeldjäger in weitem Umkreis wurden engagiert, um das Hügelland in diesem Teil Oklahomas zu durchstreifen, in dem die Daltons zu Hause waren, und die Bande unschädlich zu machen.

Bald erhielten die Jäger einen Tipp, demzufolge die Daltons vorhatten, an einem Tag gleich zwei Banken in Coffeyville, Kansas, zu überfallen. Am 5. Oktober 1892 ritten sie tatsächlich in die Stadt ein, wo man sie bereits erwartete. Als jede der beiden Gruppen mit ihrer Beute die jeweilige Bank verlassen wollte, kam es zu einer Schießerei, bei der die gesamte Ortschaft in Mitleidenschaft

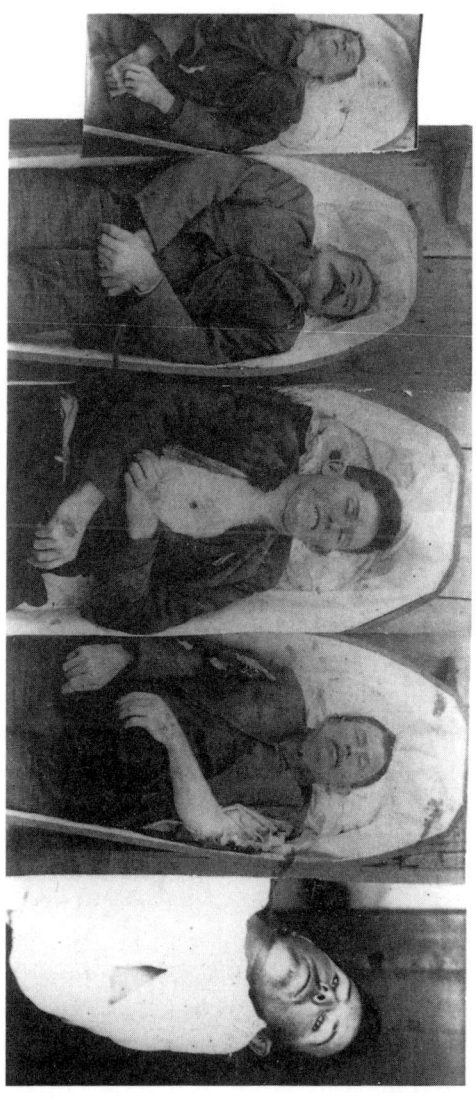

Die Dalton-Gang nach dem Bankraub in Coffeyville: Dick Brodwell, Bill Powers und die Brüder Bob, Grat und Emmet Dalton (von oben). Foto von C.G. Glass, Coffeyville

gezogen wurde. Von den fünf Bandenmitgliedern, die nach Coffeyville gekommen waren, überlebte nur der schwer verletzte Emmett. Dieser letzte der Dalton-Outlaws machte sich nach einer Gefängnisstrafe auf den Weg nach Los Angeles, wo er seinen Ruf dazu nützen wollte, ein Filmstar zu werden. *Beyond the Law*, das einzige Werk seiner Firma, demonstrierte allerdings deutlich, dass er kein besonders guter Schauspieler war. Emmett verlegte sich also aufs Baugewerbe, in dem er halbwegs erfolgreich war, und lebte als braver Bürger bis 1937.

Der dümmste Räuber der amerikanischen Eisenbahngeschichte war wahrscheinlich jener Mann, der am 31. August 1909 in der Nähe von Altoona, Pennsylvania, den Pittsburgh Express überfiel. Als der Zug kurz nach Mitternacht am Juniata River entlangrollte, wurde die Lokomotive plötzlich durch drei kurz aufeinander folgende Explosionen auf den Geleisen erschüttert. Der Lokführer Sam Donnelly hielt den Zug an und stieg mit seinem Heizer G. D. Willis aus, um die Strecke zu überprüfen.

Sie waren noch nicht am Boden angelangt, da trat ein maskierter Mann aus dem Gebüsch, der zwei Revolver auf sie richtete und sich erkundigte, ob die Garnitur einen Postwaggon mitführte. Als dies verneint wurde, fragte er nach einem Paketwagen – und erhielt diesmal positive Antwort. Er befahl den beiden Bahnangestellten, zum »Express Car« voranzugehen. Dort drohte er dem Eilboten John W. S. Harper, den Waggon mit Dynamit aufzubrechen, sollte er nicht freiwillig die Tür öffnen. Dann ließ er sich von Harper die fünf mitgeführten Geldsäcke herauswerfen. Er wies seine zwei Gefangenen an, die Säcke in zwei Taschen zu verstauen, die er mitgebracht hatten, und diese ein paar hundert Meter weit den Abhang neben der Bahnlinie hinaufzuschleppen. »Das ist weit genug«, sagte er schließlich, als sie sich minutenlang rechtschaffen abgemüht hatten. »Ihr könnt zu eurem Zug zurückgehen. Auf Wiedersehen und alles Gute.«

Donnelly fuhr seinen überfallenen Zug mit Höchstgeschwindigkeit zur nächsten Station und benachrichtigte von dort aus die Behörden. Diese kamen, zusammen mit einigen Detektiven der

Eisenbahngesellschaft, bereits im Morgengrauen am Tatort an, wo sie die Spuren des Räubers den Berghang hinauf problemlos verfolgen konnten – sie fanden nämlich alle paar Meter Goldbarren und Münzen auf dem steilen Anstieg. Anscheinend hatte der Bandit seine Kondition oder den Schwierigkeitsgrad seines Fluchtwegs unterschätzt und sich auf dem Weg fast seiner ganzen Beute entledigt. Die Detektive konnten den gestohlenen Betrag bis auf einen Rest von 65 Dollar sicherstellen; zudem fanden sie noch alle Goldbarren. Anscheinend war es dem Unbekannten lieber gewesen, sich mit einem halb gefüllten Sack voller Silberdollars abzuschleppen, statt das Gold in Sicherheit zu bringen …

Vagabunden der Schiene
EXKURS: HOBOS – DIE EISENBAHNTRAMPS VON AMERIKA

»Sie wissen, dass ich den Problemen, welche die Verbrecherwelt in den Vereinigten Staaten bietet, die größte Wichtigkeit beimesse. Wir gestatten einer großen und mächtigen Verbrecherklasse, sich ungehindert zu entwickeln, und während in den meisten europäischen Ländern das Verbrechen sorgfältig niedergehalten wird und dort auch beständig abnimmt, nimmt es bei uns von Jahr zu Jahr zu und macht seine wachsende Macht auf verschiedene Weisen fühlbar.

Dieser Zustand ist den verbrecherischen Klassen von Europa so wohl bekannt, dass sie die Vereinigten Staaten als einen ›guten Jagdgrund‹ betrachten und immer zahlreicher dorthin gehen, zum Schaden unseres Landes und all dessen, was uns darin am teuersten ist.«

Dieses Zitat aus einem Brief von Andrew D. White, dem amerikanischen Gesandten in Deutschland, diente als Einleitung zum Buch »Tramping with Tramps«, das 1904 unter dem Titel »Auf der Fahrt mit Landstreichern« auch in deutscher Sprache erschien. Der Verfasser dieses Standardwerks über die frühe Hobo-Kultur hieß Josiah Flynt und hatte sich ganz der Erforschung des Landstreichertums in aller Welt – mit Schwergewicht natürlich auf seine Heimat Amerika – gewidmet. Zehn Jahre lang hatte er in den USA als Tramp unter anderen Tramps gelebt, war mit Hobos auf Güterzügen von Küste zu Küste gereist und hatte auch Ausflüge zu Vagabunden in Deutschland, England und Russland unternommen, um in deren Gesellschaft vergleichende Studien anstellen zu können.

Der erste Teil seines hochinteressanten Buches befasste sich mit allgemeinen Anmerkungen über den Verbrechertypus, wobei sich Flynt weniger den Ansichten von Forschern wie Lombroso anschloss, sondern lieber auf seine eigenen Erfahrungen baute, was sich in Beobachtungen wie dieser ausdrückte:

»Als Klasse sind die Tramps die geduldigsten Menschen, die man sich vorstellen kann, und imstande, jede beliebige Menge von Unbequemlichkeiten und Schwierigkeiten zu ertragen, ohne ihre gute Laune zu verlieren. Wo gibt es z. B. einen stoischeren oder geduldigeren Menschen als den amerikanischen ›Hobo‹, wenn er bei dem schlechtesten Wetter an der Kohlenstation auf den Güterzug wartet, der ihn weiterbefördern soll. Wenn es nötig ist, wartet er lieber tagelang, als dass er ein Billett bezahlt, und er hat eine tiefe Verachtung für den ›Dilettanten‹, der das Warten aufgibt und als zahlender Passagier fährt.«

Im Zuge seiner Feldstudien hatte Flynt Gelegenheit, beide Seiten des schwelenden Konflikts zwischen der normalen bürgerlichen Gesellschaft und deren Außenseitern kennen zu lernen. In den amerikanischen Landstreicherkreisen war er unter dem Tramp-Pseudonym »Cigarette« bekannt, schloss Bekanntschaft mit den verschiedensten Typen und befreundete sich auch mit einigen der legendären Hobos seiner Zeit. In seiner zivilen Identität wurde der Autor, dessen Berichte über das Leben auf den Schienen und Straßen der USA mit großem Erfolg in verschiedenen Zeitschriften erschienen, jedoch zu Vorträgen an Universitäten und vor Gesellschaften für Verbrechensbekämpfung eingeladen, hatte zudem beste Kontakte zu den Direktoren und Sicherheitsleuten verschiedener Eisenbahngesellschaften – und galt weltweit als einer der kundigsten Experten für das internationale Landstreichertum.

»Schon während ich auf der Walze war, hatte sich das Gerücht verbreitet, dass der Tag der Abrechnung zwischen den Eisenbahngesellschaften und den Tramps herannahe und dass dann der Hobo auch, wie der Kunde [= normaler Landstreicher], auf die Landstraßen angewiesen sein würde«, schrieb Flynt beispielsweise in seinem Buch. »Das Leben im Hobolande ist ein so unsicheres, dass seine Bewohner immer in Angst vor drohenden Umwälzungen sind, und ich entsinne mich, dass ich selbst auch glaubte, die Eisenbahngesellschaften würden den Tramps das freie Fahren unmöglich machen. Es schien nicht verständlich, dass eine so wenig einflussreiche Klasse wie die Tramps ein derartiges Privileg so lange ungehindert genießen sollte; und obschon ich mich daran gewöhnte, in den Güterwagen mit ebenso viel Gemütsruhe und oft größerer Behaglichkeit zu fahren als in den Personenwagen, so blieb es doch immer für mich etwas Sonderbares, dass ich nie ein Billett kaufte. Während meines ersten Aufenthaltes im Lande der Hobos, der acht Monate dauerte, muss ich über zwanzigtausend Meilen mit der Bahn gefahren sein, und nicht öfter als zehnmal ist während dieser Zeit irgendwelche Bezahlung von mir verlangt worden. Und bei diesen Gelegenheiten bestand das Tauschmittel aus Dingen wie Pfeifen, Halstüchern, Tabak oder Messern. Einmal musste ich mit einem Bremser Schuhe tauschen, nur um über den Missouri zu kommen, eine Fahrt, die mich unter gewöhnlichen Umständen nur zehn Cents gekostet haben würde, aber da mir diese Summe gerade fehlte und der Bremser meine Schuhe haben wollte, so blieb mir nichts anderes übrig, als sie ihm zu verhandeln.«

Im Herbst 1893 reiste Flynt nach Europa, wo er fast fünf Jahre lebte und arbeitete, bevor er nach Amerika zurückkehrte. »Zeitungsausschnitte mit Berichten über Leben und Treiben der Hobos hatten mich gelegentlich erreicht, und einmal war mir eine Aufforderung zugegangen, einem Anti-Trampkongress beizuwohnen, aber ansonsten hatte ich nicht viel von meinen alten Reisegefährten gehört«, merkte er im Schlussteil seines Buches an.

Kaum war er wieder in den USA, erhielt der Autor jedoch schon die Einladung, sich in sozusagen »offiziellem« Auftrag wieder in Hobokreise zu begeben und eine umfassende Untersuchung über diese so eigentümliche Gesellschaftsschicht zu erstellen. Der neu ernannte Direktor einer Eisenbahngesellschaft hatte nämlich zur

»Aktion scharf« gegen die blinden Passagiere geblasen und war bereit, sich einen Bericht über seine Maßregeln und deren Erfolg oder Mißerfolg einiges kosten zu lassen.

Flynt ging daraufhin wieder »auf die Walz«, diesmal jedoch mit einer Mission und einem Budget, und fasste daraufhin seine Erkenntnisse über das Leben im »Hobolande« zusammen, die hier zitiert seien:

»Kein anderes Land in der Welt befördert seine Bettler umsonst von Ort zu Ort, und ich sehe nicht ein, weshalb unser Land es tun sollte. Der Missbrauch ist in den Vereinigten Staaten während der letzten dreißig Jahre entstanden. Vor dem Bürgerkriege gab es verhältnismäßig wenig Tramps in Amerika und gar keine Eisenbahntramps. Nach dem Kriege tauchte plötzlich eine große Anzahl von Männern auf, die sich so an das Lagerleben gewöhnt hatten, dass sie es unmöglich fanden, wieder zu einer ruhigen Lebensweise zurückzukehren, und so fingen sie an, im Lande herumzuziehen. Gelegentlich arbeiteten sie ein wenig, um sich ›Nadelgeld‹ zu verschaffen, aber um 1870 hatten hunderte von ihnen jeder Absicht zu arbeiten entsagt und die Organisation gegründet, die heute unter dem Namen ›Hobo-Push‹ bekannt ist. Um diese Zeit hatten sie auch herausgefunden, dass unsere Chausseen, besonders im Westen, für Fußwanderungen sehr ungeeignet sind, und nun fingen sie an, auf den Schienenwegen zu gehen. Wenn die Eisenbahn-Gesellschaften zu dieser Zeit dasselbe Verbot erlassen haben würden, welches in Großbritannien und auf dem Kontinent besteht: dass kein Mensch, Eisenbahnbeamte ausgenommen, das Gebiet der Bahnen beschreiten darf, so würden wir gelernt haben, uns diesem Gebot zu fügen, und der Eisenbahntramp hätte sich nicht entwickeln können.

Da ein solches Verbot aber nicht erlassen wurde, so machten die Tramps es sich sehr bald klar, dass es viel bequemer sein würde, in einem Güterwagen zu fahren als auf den Schwellen entlangzutapern (drill). Eine derartige Beobachtung wird im Hobolande immer bald praktisch erprobt, und so übten sich um das Jahr 1875 schon die meisten berufsmäßigen Vagabunden darin, Güterzüge während der Fahrt zu besteigen und zu verlassen. Die Bahnbeamten machten keine ernstlichen Versuche, sie daran zu verhindern, weil sie sie für arme Arbeitslose hielten und weil fast jeder

Amerikaner die Neigung hat, jemand zu helfen, dem es schlecht geht. So kam es, dass 1880 der Tramp von den Eisenbahngesellschaften schon als unvermeidliches Übel angenommen wurde. Heute ist es der Stolz der Hobos, dass sie in jedem Staate der Union für ein Mill per Meile reisen können (a mill = $^1/_{1000}$ Dollar, fiktive Münze), während sie in einer Anzahl von Staaten gar nichts zu bezahlen brauchen. Auf den Linien, wo die Bremser Geld von ihnen verlangen, genügen gewöhnlich zehn Cents für hundert Meilen und zwanzig Cents für eine Nachtfahrt. Sie reisen auf verschiedene Arten; die beliebteste ist, unbemerkt in einen leeren Wagen eines Güterzuges zu schlüpfen. Nachts ist das verhältnismäßig leicht; auf vielen Linien kann man auf diese Weise ungestört bis zum Morgen fahren. Wenn der Zug keine ›leeren‹ (›empties‹) hat, müssen sie oben auf dem Wagen fahren oder zwischen den Puffern, auf den Trittbrettern oder auf den Stangen. Bei Personenzügen sitzen sie oben auf den Wagen oder auf den Drehgestellen.

Es ist wohl keine Übertreibung, wenn man sagt, dass allnächtlich zehntausend Passagiere aus der Trampklasse auf den verschiedenen Eisenbahnen in der Art reisen, wie ich es eben beschrieben habe, und dass weitere zehntausend an den Zisternen und in der Nähe der Bahnhöfe die Gelegenheiten abwarten, um die Züge besteigen zu können. Ich schätze die Zahl der berufsmäßigen Tramps auf etwa sechzigtausend, und ein Drittel davon ist gewöhnlich auf Reisen.

Im Sommer kann man wohl sagen, dass die ganze Tramp-Brüderschaft sich ›in transit‹ befindet. In dieser Jahreszeit legt jeder von ihnen durchschnittlich fünfzig Meilen zurück, wofür er, nach dem Tarif, etwa einen Dollar zu zahlen haben würde. Man würde zwar nicht so viel dafür zu bezahlen haben, im Güterwagen zu fahren, wie eine Fahrt im Personenzuge kostet, aber der Tramp fühlt sich in jenem ebenso behaglich wie in diesem. Wenn man also den Dollar für den Tag als Basis nimmt, so erpressen er und seine 59.999 Gefährten an jedem ihrer Reisetage für 60.000 Dollars freie Beförderung von den Eisenbahngesellschaften. Da die ganze Trampgenossenschaft ungefähr hundert Tage im Jahre reist, so kann man also leicht herausrechnen, welchen Verlust die Gesellschaften im Ganzen haben.

Ferner erleiden sie sehr erhebliche Einbußen durch Diebstähle an Gütern, die sie befördern, und durch Entschädigungen wegen Körperverletzungen, die sie auszahlen müssen. Einige Tramps stehlen und andre tun es nicht, aber alljährlich werden in den Güterwagen zahlreiche Diebstähle ausgeführt, und die Tramps oder die Männer, die sich als Tramps ausgeben, sind meistens die Schuldigen. Berufsmäßige Verbrecher spielen mitunter eine Zeitlang den Tramp, um der Verfolgung zu entgehen, und aller Wahrscheinlichkeit nach sind sie es, welche die meisten größeren Diebstähle begehen. Die eigentlichen Tramps sind entmutigte Verbrecher, und soweit ich sie kenne, stehlen sie höchstens Obst und Metallteile von ausrangierten Maschinen. Wenn man aber alle Diebstähle zusammenrechnet, die von berufsmäßigen Verbrechern und Tramps verübt werden, kommt im Laufe des Jahres doch eine recht merkbare Summe heraus, und ich kann mich selbst an Diebstähle erinnern, welche die Höhe von mehreren tausend Dollars erreichten.

Dass die Eisenbahngesellschaften die blinden Passagiere noch für Verletzungen entschädigen müssen, welche sie sich bei ihren unbefugten Fahrten zugezogen haben, wird jedem als eine sehr ungerechte Zumutung erscheinen, aber dennoch werden derartige Ansprüche beständig an sie gestellt.«

»Es würde zu weit führen, wollte ich hier ausführlich auf den Schaden eingehen, den das ganze Land durch die freie Beförderung der Tramps erleidet, aber einige Punkte muss ich doch noch berühren. Erstens wird die Trampplage durch die Eisenbahnen über ein viel größeres Gebiet verbreitet, als es der Fall sein würde, wenn die Tramps nur auf die Landstraße angewiesen wären. Es gibt Distrikte in den Vereinigten Staaten, die auf diese Weise – wegen der dazwischenliegenden öden Strecken – so schwer zu erreichen sind, dass der Hobo sich nie dahin wagen würde, wenn er nicht die unangenehmen Wegstrecken im Güterwagen so bequem überwinden könnte. Man nehme z. B. die Strecke von Denver nach San Francisco. Kein Vagabund würde durch diese amerikanische Wüste wandern, nur um ›Frisco‹ zu erreichen, und wenn diese

Stadt nur zu Fuß erreicht werden könnte, würde sie den ›Küsten-Bettlern‹ überlassen bleiben. Bei dem jetzigen Stand der Dinge aber kann man einen Bettler heute in Fifth Avenue in New York treffen und vierzehn Tage darauf kann man von ihm in Market Street in San Francisco angebettelt werden. Viele Tramps verstehen es, ebenso schnell zu reisen wie die zahlenden Passagiere.

Dies alles macht es sehr schwierig, die gefährlicheren Elemente im Tramptum aufzuspüren und festzunehmen; und wie ich schon gesagt habe, viele berufsmäßige Verbrecher, die sonst nichts mit den Tramps gemein haben, mischen sich in den Güterwagen unter sie.

Eine Bemerkung von Herrn Allen Pinkerton (bekannter Detektiv) in bezug auf diese Zustände ist im Hobolande populär geworden. Er soll in einer Unterhaltung über die Verfolgung von Verbrechern gesagt haben, er wolle übernehmen, wenn man ihm Zeit lasse, jeden Verbrecher zu fangen, mit einziger Ausnahme des Tramps. Diesen könne man nicht fangen, weil es zu schwierig sei, seinen Aufenthaltsort festzustellen. ›Heute ist er in einer Scheune, morgen in einem Heuschober und übermorgen kann nur Gott wissen, wo er ist, denn dann ist er auf der Eisenbahn, und da könnte man ebenso gut eine verlorene Stecknadel suchen wie ihn.‹

Die Eisenbahnen dienen auch dazu, das Tramp-Element in unsern großen Städten zu erhalten. Die Tramps lassen sich nur sehr selten auf dem Lande und nur auf sehr kurze Zeit in den kleineren Städten nieder. New York, Chicago, Philadelphia, Boston, San Francisco, Buffalo, Baltimore, New Orleans und ähnliche Städte sind ihre Hochburgen. Je mehr sich die verbrecherischen Elemente eines Landes in den Städten festsetzen, desto schwerer ist es, mit ihnen fertig zu werden, und dies geschieht in den Vereinigten Staaten. Chicago z. B. ist ebenso sehr ein Zentrum für die Verbrecherwelt wie für die Geschäftswelt, und fast jeder Güterzug, der auf seinen Bahnhöfen ankommt, bringt ihm eine Verstärkung seiner Verbrecherwelt. Auch ohne die Eisenbahnen würde das Verbrechen ja immer in den Städten überwiegen, die Übeltäter fühlen sich in Straßen und Kaschemmen natürlich heimischer als auf dem Lande, aber ihr überaus zahlreiches Auftreten in unsern Städten ist doch zum größten Teil der freien Beförderung zuzuschreiben, die ihnen die Eisenbahn gewährt.

Eine sehr beachtenswerte Tatsache ist es ferner, dass Arbeitslose durch die Leichtigkeit des freien Fahrens sehr rasch zu berufsmäßigen Vagabunden herabsinken. Ich bin mit Männern gereist, die im Laufe von sechs Wochen nur dadurch freiwillige Vagabunden geworden waren, dass ihre ersten unrechtmäßigen Fahrten auf der Suche nach Arbeit ihnen gezeigt hatten, wie leicht es ist, ohne Geld zu reisen. Der Arbeitslose in den Vereinigten Staaten geht in der Regel von einer großen Stadt nach der anderen, anstatt, wie es in Europa üblich ist, die dazwischen liegenden kleineren Städte und Dörfer mitzunehmen, wo der Arbeitsmarkt gewöhnlich nicht so überfüllt ist. Wenn er nicht ein Mann von großer Willensstärke ist, hat er sich in wenigen Wochen an dieses Reiseleben so gewöhnt, dass er es nicht mehr aufgeben kann. Nun wird er ein ›Einsatz-Mann‹, der nur so lange arbeitet, bis er den ›Einsatz‹ hat und wieder eine Reise machen kann. Unter den so genannten Arbeitslosen in Amerika sind tausende von diesen Leuten.

Endlich darf auch nicht übersehen werden, wie verführerisch die Eisenbahn für romantische und abenteuerlustige Knaben ist.

Ein Kind, das von ›Wanderlust‹ ergriffen ist, wandert gewöhnlich eine Zeitlang umher, aber die Möglichkeit, die es jetzt hat, auf einen Güterzug zu springen und ›schnell in die Welt zu kommen‹, wie ich solche Knaben sagen hörte, trägt doch sehr viel dazu bei, sie zum Fortlaufen zu verführen. Im Hobolande wimmelt es von Jungen, die durch das Bahnfahren dorthin gelangt sind, und nur sehr wenige von ihnen kehren zu ihren Eltern zurück. Wenn sie erst einmal das ›eisenbahnen‹ (›railroading‹) angefangen haben, setzen sie es fort, und es scheint mit den Jahren nur immer anziehender für sie zu werden. Das Gehen hat keine solchen Reize für sie, und wenn das die einzige Art für sie wäre, die Welt zu sehen, würde die Mehrzahl von denen, die jetzt bis an ihr Lebensende herumstreifen, dessen bald müde werden. Die Eisenbahn ermöglicht ihnen aber einen beständigen Szenenwechsel, und allmählich wird dieser Wechsel ihnen so unentbehrlich, dass sie nirgends mehr zur Ruhe kommen können. Sie sind dem ›Eisenbahnfieber‹ zum Opfer gefallen, einer Krankheit der Tramps, gegen die es kein Mittel gibt.«

Fuck The Reagan Administration!
HOBOS, DIE FTRA UND DER »BOXCAR MURDERER«

Die brutale Mordserie, die sich zwischen Dezember 1987 und April 1988 in der kalifornischen Stadt Bell nahe Los Angeles ereignete, ging unter dem Namen »Transient Murders« in die Geschichte der ungelösten amerikanischen Kriminalfälle ein. »Transients« nennt man Unterstandslose, die – häufig als blinde Passagiere auf Güterzügen – durch die Vereinigten Staaten ziehen, auf der Suche nach Arbeit, Sozialhilfe oder einfach nur wärmerem Wetter. Viele dieser auch als »Hobos« bezeichneten Menschen sind alkohol- und/oder drogenabhängig, nehmen nach Möglichkeit verschiedene Identitäten an und hatten in ihrem Leben schon mehrere Zusammenstöße mit den Behörden.

Das erste Opfer der »Transient Murders«, der 52-jährige James Stout, wurde kurz vor Weihnachten 1987 auf einem Eisenbahngrundstück in Bell erschossen aufgefunden. Am 14. März des darauf folgenden Jahres starb der 66-jährige Obdachlose Eric Ford vor der öffentlichen Bücherei des Ortes an einer Schusswunde. Nur wenige Wochen später entdeckte man den ebenfalls durch Kugeln ums Leben gekommenen Dennis Lynch (66) in einem Abbruchhaus. Die letzten beiden Opfer wurden drei Tage danach auf demselben Grundstück entdeckt, auf dem der erste der Landstreicher ermordet worden war; es handelte sich um den 62-jährigen Jack Horn und einen ca. gleich alten Mann, dessen Identität nie geklärt werden konnte. Bis heute fehlt jede Spur des Täters oder der Täter.

Obdachlose werden – nicht nur in den USA – häufiger Opfer von Gewaltverbrechen als Angehörige der bürgerlichen und Mittelstandsgesellschaft. Bei den Tätern handelt es sich jedoch keineswegs immer um andere Nichtsesshafte, sondern auch um »anständige« Bürger, häufig Jugendliche, die ihre Aggressionen gern an Wehrlosen abreagieren – wohl wissend, dass sich die Behörden selten ernsthaft um solche Fälle kümmern. Die Aufklärung dieser Gewaltverbrechen wird noch schwieriger, wenn weder Täter noch Opfer am Tatort bekannt sind, weil sie gerade erst illegal mit dem Zug angekommen sind.

Das amerikanische Eisenbahnsystem besteht aus ca. 270.000 Kilometern Schienen und hat etwa 30.000 »Bewohner«. Diese illegal auf Güterwaggons mitreisenden Menschen sind Wanderarbeiter, Punks, Jahrmarktsmitarbeiter, Eisenbahn-Fans, vergnügungssüchtige Yuppies oder echte Hobos. Letztere bilden die bei weitem größte Gruppe und nennen sich gelegentlich auch »Tramps« beziehungsweise »Trampettes«, um sich vom Rest der blinden Bahnpassagiere zu unterscheiden.

Was diese Schienenbevölkerung trotz ihrer unterschiedlichen Intentionen zusammenhält, ist ein dichtes Informationsnetzwerk, ein Nachrichtensystem, das von einer amerikanischen Küste zur anderen reicht. Welche Müllcontainer enthalten die meisten verwertbaren Essensreste? Wo sind die Bahnwärter besonders streng und brutal? Welche Plätze eignen sich am besten zum Betteln und Schnorren? Wo kann man sich am leichtesten Lebensmittelmarken verschaffen und diese um fünfzig Prozent ihres Nennwertes verkaufen? Es gibt sogar eine selbst produzierte Zeitschrift namens *Hobo Times* (»America's Journal of Wanderlust«), in der sentimentale Gedichte und Geschichten über das Leben der Nichtsesshaften veröffentlicht werden.

In den USA, deren Bevölkerung seit jeher viel mobiler ist als die der Alten Welt, sind die ersten Hobos aus den sechziger Jahren des 19. Jahrhunderts dokumentiert. Damals sprangen viele der Männer, die im Sezessionskrieg gekämpft hatten, auf von Dampflokomotiven betriebene Züge, um irgendwie nach Hause zu gelangen. Das zweite große Hobo-Kontingent begann zur Zeit der großen Wirtschaftskrise in den dreißiger Jahren eine nichtsesshafte Existenz zu führen – immer auf der Suche nach Arbeit irgendwo im Lande. Von Anfang an war das Leben auf den Schienen alles andere als ungefährlich: Unzählige Hobos erfroren in den offenen Güterwaggons, wurden bei Verschubarbeiten zwischen Waggons zerquetscht oder von brutalen Sicherheitsbeamten der Bahn vom fahrenden Zug gestoßen (man erinnere sich an den großartigen Robert-Aldrich-Film *Ein Zug für zwei Halunken*).

Heute gibt es zwar immer weniger Personenverkehr auf amerikanischen Bahnlinien, doch die endlosen Güterzüge rollen nach wie vor durch das weite Land – auf denselben Schienensträngen, die den Wilden Westen erschlossen haben. Nicht jeder, der als Hobo unterwegs ist, wählt dieses Leben jedoch, weil es ihm reizvoll erscheint. Gerade in den letzten Jahren, seit die US-Regierung unter Clinton Sozialleistungen kürzte und aus Einsparungsgründen psychiatrische Anstalten schloss, ist die Anzahl der Obdachlosen (und damit auch die der unfreiwilligen Hobos) stark gestiegen. Alkoholiker, Geisteskranke und Drogensüchtige fahren in den Güterwaggons von Stadt zu Stadt, von Bundesstaat zu Bundesstaat – und natürlich gibt es auch hier, wie in jeder vom Gesetz des Stärkeren bestimmten Gesellschaft, Jäger und Opfer.

Das romantische Image der Hobos als friedliebende Zug-Tramps, die durchs Land ziehen, fröhlich Mundharmonika spielen und von niemandem belästigt werden wollen, hat in den letzten Jahren immer wieder sehr gelitten. Als im April 1997 zwei gemeinsam reisende Teenager ihren letzten Ausflug im Güterwaggon machten, richtete sich die Aufmerksamkeit der Behörden umgehend auf zwei »transients«, die angeblich Mitglieder der Hobo-Organisation FTRA (Freight Train Riders of America) sind. Greg Andress, ein Spezialagent der CSX Transportation Co., warnte: »Das sind nicht mehr die liebenswerten Hobos, wie man sie von früher kennt. Es sind dreckige, gewalttätige Raubtiere.«

Zeugen sahen die siebzehnjährige Wendy Von Huben das letzte Mal, als sie sich in einem Wäldchen in der Nähe eines Verschubbahnhofs in Duval County, Florida, zum Schlafen niederlegte. Sie soll sich in Begleitung eines Hobos, der den Schienennamen »One-legged Bob« trug und angeblich der FTRA angehörte, befunden haben. Kurz zuvor war die Ausreißerin in Begleitung ihres Freundes Jesse Howell in Tampa eingetroffen. Von dort hatte sie ihre Eltern zu Hause angerufen und um die telegrafische Anweisung von Geld für die Rückfahrt mit dem Bus gebeten. Als der Betrag eintraf, steckte sie ihn jedoch lieber ein und sprang auf den nächsten Güterzug. Howell wurde kurze Zeit später tot aufgefunden, von der jungen Miss Von Huben fehlt bis heute jede Spur.

Die Behörden nützten diesen traurigen Anlass dazu, Normalbürger vor den Gefahren des Hobo-Daseins zu warnen. »Jahr für Jahr gibt es zahreiche Todesfälle auf Bahngelände; das schließt auch Selbstmorde, Unfälle und Morde ein«, hieß es in einer offiziellen Verlautbarung. 1985 waren noch 391 Opfer zu beklagen; 1997 waren es bereits 529, davon allein 25 in Florida. »Zum Teil ist die FTRA für die Zunahme dieser Zahl verantwortlich zu machen«, hieß es weiter. »Viele ihrer Mitglieder führen Knüppel oder Totschläger mit sich und sind auf Menschen, die nicht ihrer Gruppe angehören und trotzdem in Güterzügen unterwegs sind, nicht besonders gut zu sprechen.«

»One-legged Bob« wurde wenige Wochen nach Beginn der Fahndung gefasst, leugnete jedoch, die beiden Teenager je gesehen zu haben. Da es – abgesehen von den Zeugenaussagen einiger »notorisch unverlässlicher« Nichtsesshafter – keinerlei Beweise gab, die ihn mit dem Mord in Verbindung brachten, musste er binnen weniger Tage wieder auf freien Fuß gesetzt werden. Soviel man weiß, sprang er auf den nächsten Güterzug auf. Reiseziel: unbekannt.

Der heute 62-jährige Buzz Potter war in seinen Jugendjahren als Hobo unterwegs und begann erst später ein »normales« Leben im Bergbau und als Hafenarbeiter zu führen; heute ist er Herausgeber der *Hobo Times*. Seine nostalgischen Gefühle für die Freiheit der Schienen haben ihn jedoch nie losgelassen, und er springt auch heute noch gelegentlich auf einen Güterzug auf, um kostenlos und ungebunden durch Amerika zu reisen. »Heute ist es gefährlicher als früher, aber daran sind nicht die Hobos schuld«, sagt Potter. »Der ursprüngliche Hobo war ein ganz normaler

Arbeiter, der die Eisenbahn als Gratistransportmittel benützte. Er war sauber und ordentlich gekleidet, hatte einen 20-Dollar-Schein im Stiefel stecken und war unterwegs zu einem Ort, von dem er gehört hatte, dass es dort Arbeit gab. Er war kein Landstreicher, der nur arbeitete, wenn es unbedingt nötig war, und auch kein Gammler, der unter keinen Umständen arbeiten wollte. Er war ein Wanderarbeiter mit seinem eigenen Ehrenkodex und seiner eigenen Geheimsprache, der auf seinen unabhängigen Lebensstil stolz war.«

1995 fuhren Buzz Potter und ein anderer Hobby-Hobo namens Adman (der seinen Spitznamen trägt, weil er eine Werbeagentur besitzt) auf einem Güterzug nach Spokane. Bei einem Aufenthalt in Whitefish, Montana, erzählte ihnen ein Eisenbahnpolizist, dass kürzlich in dieser Gegend ein Hobo namens Paul Matthews ermordet worden sei. Das Opfer war mit einem Axtstiel niedergeschlagen worden; danach wurde der Kopf des Mannes mit einem stählernen Zaunpfahl zertrümmert. Nach der Tat legte der Täter ein Hemd über den Kopf des Ermordeten, als ob er anderen den Anblick ersparen wollte.

Der Mord in Whitefish war nur einer von mehreren Fällen, in denen Hobos auf ähnliche Weise ums Leben gekommen waren. Das erste Opfer war ein gewisser William Pettit, Jr. gewesen, der am 3. Dezember 1995 tot in einem offenen Güterwaggon in Millersburg, Oregon, aufgefunden worden war. Er war erschlagen worden und der Mörder hatte seinen Kopf nach der Tat ebenfalls zugedeckt; außerdem waren ihm seine wenigen Besitztümer abgenommen worden – man nahm sogar an, dass der Täter die Kleidung seines Opfers angezogen hatte. Aus dem Fahrplan ging hervor, dass Pettit dreißig Kilometer weiter nördlich, im Verschubbahnhof von Salem, ermordet worden sein musste. Daher wurde Detective Mike Quakenbush vom Salem Police Department mit dem Fall betraut.

»Es war frustrierend«, erinnerte sich Quakenbush später. »Wir hatten keinerlei Anhaltspunkte. Es gab keine Zeugen, die Verwandten des Opfers hatten ihn seit Jahren nicht mehr gesehen, und ein erkennbares Motiv war auch nicht vorhanden. Damals hatte ich auch noch nicht die geringste Ahnung, wie viele Menschen auf Güterzügen unterwegs sind und dass sie alle Spitznamen haben.«

Am 6. Dezember wurde Michael Clites, ebenfalls ein Nichtsesshafter, tot in einem Güterwaggon bei Portland, Oregon, aufgefunden. Da Clites auf die gleiche Weise umgebracht worden war wie Pettit, begann Quakenbush mit den Behörden in Portland zusammenzuarbeiten.

Bei ihren Recherchen im ganzen Land stellten die Beamten fest, dass es bereits in den vorangegangenen Monaten ähnliche Fälle gegeben hatte. Im August 1994 war der zwanzigjährige College-Student Michael Garfinkle nach einem Ausflug in die Welt der Hobos mit eingeschlagenem Schädel nahe der Geleise in Emeryville, Kalifornien, aufgefunden worden. Einige Monate davor war der Landstreicher Willie Clark in Tallahassee, Florida, gewaltsam umgekommen. In Kansas, im Kanopolis State Park, hatte man die Leiche des 46-jährigen Charles Randall Boyd entdeckt. Die Methode des Killers war den Ermittlern inzwischen vertraut: der anscheinend in großer Wut zertrümmerte Kopf, die fehlenden Wertsachen, die zugedeckte tödliche Verletzung. Der Verdacht, dass ein Serienmörder unter den Hobos sein Unwesen trieb, erhärtete sich mit jedem Tag mehr.

Erst die Ermittlungen in einem weiteren Mordfall brachten Quakenbush und seine Kollegen auf eine konkrete Spur. Im April 1995 war in einem »hobo jungle« (einem Lager der Hobos auf Rangierbahnhöfen bzw. Bahngeländen) in Salt Lake City ein Obdachloser namens Roger Bowman erschlagen worden. – Doch in diesem Fall gab es eine Augenzeugin. Es handelte sich um die Freundin des Opfers, die einen Streit zwischen Bowman und einem anderen Hobo beobachtet hatte. Als sie von einem Besuch im Schnapsladen zurückgekommen war, war Bowman tot und sein Mörder bereits mit dem nächsten Güterzug Richtung Kalifornien unterwegs gewesen. Der wahrscheinliche Täter hieß demnach Brad Foster, war weiß, Ende dreißig oder Anfang vierzig, 1 Meter 80 groß und etwa 90 Kilo schwer.

Kurz danach erfuhr Quakenbush bei seinen Untersuchungen, dass der ermordete Michael Clites kurz vor seinem Tod mit einem anderen Landstreicher, der den Spitznamen »Sidetrack« trug, gesehen worden war. Kollegen aus anderen Bundesstaaten rieten ihm, außerdem nach einem Robert Silveria Ausschau zu halten, der möglicherweise sachdienliche Informationen zu den Mordfällen geben könnte.

Besagter Silveria wurde im März 1996 auf dem Eisenbahngelände in der kalifornischen Kleinstadt Roseville festgenommen. Quakenbush reiste nach Kalifornien, um ihn zu verhören. Dort angekommen, saß er einem etwa 1 Meter 80 großen und neunzig Kilo schweren Mann gegenüber, der das Wort »Freedom« auf den Hals tätowiert hatte. Auf die Frage, welchen Hobo-Spitznamen Silveria habe, antwortete dieser: »Sidetrack.«

In diesem Augenblick wusste Quakenbush, dass er seinen Mann hatte – und der Verdächtige schien es besonders eilig zu haben, sein Gewissen zu entlasten. Er behauptete, heroinsüchtig zu sein, und gestand die zwei Morde in Oregon sowie sechs andere in allen Einzelheiten; außerdem erzählte er den Beamten, dass er nur töten könnte, wenn er wütend sei. Gelegentlich habe er sogar Situationen provoziert, die ihn in Rage brachten, nur um diesen unberechenbaren Zustand heraufzubeschwören.

Der mutmaßliche Täter war sogar einmal für die *Hobo Times* interviewt worden. Damals hatte Silveria erzählt, dass er von Beruf Dachdecker sei und im Güterzug von Arbeitsstelle zu Arbeitsstelle reise. Er gab zu, ein Mitglied der FTRA zu sein, meinte aber, dass die Organisation ihren schlechten Ruf nicht verdient habe. Auf einem Foto, das damals aufgenommen wurde, liegt Silverias Reisegepäck neben ihm auf dem Boden. Aus dem Rucksack ragt ein Axtstiel.

Der Ursprung der im Zusammenhang mit Eisenbahnverbrechen häufig erwähnten FTRA (die von einigen Gesetzeshütern auch »Hobo-Mafia« genannt wird), ist ebenso sagenumwoben und undurchsichtig wie alle anderen Geschichten, die sich um diese Gruppierung ranken. Jene Story, auf die sich die meisten einigen können, berichtet von einer Gruppe von etwa zwölf Hobos – alles frustrierte Vietnamveteranen mit Pseudonymen wie »Melford Lawson«, »Uncle Joe« oder »Joshua Long-gone« –, die 1984 in

»Hap's Bar« in Helena, Montana, zusammensaßen und beschlossen, sich FTRA (Freight Train Riders of America oder – wie der angebliche Gründer Daniel Boone scherzhaft meinte – »Fuck The Reagan Administration«) zu nennen. Boone ist, wie man hört, inzwischen alles andere als stolz auf seine Gründerrolle bei der FTRA; er soll sich von den Schienen zurückgezogen haben und in einem Wohnmobil als Wanderprediger durch die einsamen Berge von Montana ziehen.

Eine Sozialarbeiterin aus Montana, die alle Gründungsmitglieder der Hobo-Gruppierung persönlich kannte, reflektierte in einem Interview mit einer US-Zeitung vor kurzem traurig darüber, wie sich die Zeiten geändert hätten: »Die FTRA, wie man sie heute kennt, ist ganz anders als die von damals. Die ursprünglichen Mitglieder waren gute Typen. Aber jetzt sind neue Leute an der Macht, Kids von zwanzig Jahren, die Drogen nehmen und auf andere losgehen, wenn sie high sind. Sie eignen sich die Schienennamen der Veteranen an, wenn sie ihre Graffiti sehen, und nennen sich einfach FTRA, obwohl sie nichts mit dem Verein zu tun haben.«

»Es gibt Leute, die stellen ihre Luxuszelte in unseren ›jungles‹ auf«, beschwerte sich ein FTRA-Hobo über die Yuppies und Hollywood-Stars wie Christian Slater, die es schick finden, am Wochenende in Güterwaggons zu reisen. »Sie laufen mit Polizeifunk-Scannern und teuren Wanderschuhen herum. Was erwarten die denn, wenn sie mit einem Sack voller Lebensmittel durch Gegenden spazieren, wo andere Leute hungern?! Wir leben auf den Schienen, Mann, das ist kein verdammter Vergnügungspark. Und das hat nichts mit der kranken Idee zu tun, dass die FTRA so etwas wie die Mafia wäre – wir passen nur auf unsere Leute auf, das ist alles.«

Seit der Romanautor James Michener das Hobo-Dasein als das »letzte lebendige amerikanische Abenteuer« beschrieben hat, gehen Jahr für Jahr geschätzte dreißigtausend Menschen illegal auf die Reise mit dem Güterzug; darunter auch viele Hobbyisten, die von den Gefahren der Schiene keine Ahnung haben. Police Detective Mike Quakenbush warnt Abenteuerlustige davor, sich im Kurzurlaub in die Hobo-Szene zu stürzen. »Wir müssen damit rechnen, dass immer mehr Normalbürger zu Schaden kommen«, sagt er. »Je beliebter es wird, einfach auf Güterzüge aufzuspringen, desto wütender werden die echten Hobos. Sie mögen keine Yuppies, schon gar nicht, wenn die in ›ihren‹ Zügen mitfahren. Wer nicht bereit ist, seinen Lebensstil total zu verändern und sich ihnen anzupassen, der soll gefälligst draußen bleiben.«

Die *Los Angeles Times* hat die FTRA als »geheimnisvolle Bruderschaft« bezeichnet, die in den Drogenhandel verwickelt sei. Andere Zeitungen und Websites halten die lose Gemeinschaft herumziehender Obdachloser für eine rassistische Bande, die für eine Unzahl von Morden innerhalb der USA verantwortlich sein soll und enge Verbindungen zu »White-Power«-Neonaziorganisationen und den berüchtigten rechtsradikalen Milizen unterhalten soll. Ihre Treffpunkte sind an Graffiti zu erkennen, in deren Nähe sich stets auch verdächtige Hakenkreuze und SS-Runen befinden.

FTRA-Mitglied Hugh »Dog Man Tony« Ross alias John Stanley Boris, ein Mann mit über fünfzehn Pseudonymen (in einem Interview sagte er einmal, er verwende deshalb so viele Namen, weil ihn täglich Polizisten nach seinen Personalien fragten), soll ebenfalls für mehrere Morde an Landstreichern verantwortlich sein. Der »Dog Man«, der angeblich jahrelang mit dem Serienkiller Silveria unterwegs war und von diesem sogar einmal der Mittäterschaft beschuldigt wurde, wurde 1992 in Spokane County wegen bewaffneten Raubüberfalls zu 41 Monaten Gefängnis verurteilt und kam im März 1995 wieder frei. Nach dem Auftritt eines FTRA-Experten in der Fahndungssendung *America's Most Wanted*, wo Ross wegen Verdacht des Mordes an zwei Nichtsesshaften in Texas gesucht wurde, wurde der Hobo in La Crosse, Wisconsin, verhaftet. (Interessanterweise befand er sich zum Zeitpunkt einer der Mordtaten nachgewiesenermaßen hinter Gittern.) Nach 27 Tagen wurde er aus dem Gefängnis entlassen, weil sich weder texanische noch andere Gesetzeshüter nach La Crosse bemühen wollten, um ihn in Gewahrsam zu nehmen. Schuld daran war wahrscheinlich, dass der einzige Zeuge einige Tage zuvor von einem Zug gerädert worden war …

Wer in die FTRA – deren Mitgliederzahl auf zwischen achthundert und über zweitausend geschätzt wird – aufgenommen werden will, muss angeblich ein Initiationsritual über sich ergehen lassen, das neben dem Genuss von Alkohol und Amphetaminen auch Verprügeln, Vergewaltigung und gemeinschaftliches Urinieren auf das Halstuch des neuen Mitglieds beinhaltet. Die FTRA soll sich in mehrere Untergruppen aufteilen, die sich durch die Farbe ihrer mit silbernen Sattelringen befestigten Halstücher unterscheiden. Ein aus hartgesottenen Gewaltverbrechern bestehender Vollstreckertrupp, bewaffnet mit »Goon« oder »Goonie Sticks«, mit Blei beschwerten Axtstielen, ist angeblich auf die Ermordung und Beraubung anderer Obdachloser spezialisiert. Eine andere Untergruppe aus schwer drogensüchtigen Hobos nennt sich dem Vernehmen nach »Stone Tramp People« (STP; wobei das Kürzel auch für »Start the Party« steht). Außerdem soll es noch die »Wrecking Crew« geben, die darauf spezialisiert ist, anderen Eisenbahn-Tramps Kleidung und Nahrungsvorräte zu rauben.

Der Großteil dieser »Informationen« ist auf die Aktivitäten des mittlerweile pensionierten Polizeibeamten Robert Grandinetti zurückzuführen, der in Spokane im Bundesstaat Washington, wo sich ein zentraler Verschubbahnhof befindet, im Office of Special Police Problems tätig war.

Grandinetti hat die FTRA zu seinem Hobby und seiner Berufung gemacht. »Wenn Eisenbahnschienen durch Ihre Heimatstadt führen«, erzählt er jedem, der es wissen will, »dann ist auch die Wahrscheinlichkeit groß, dass Mitglieder der FTRA in der Nähe sind.« Als Grandinetti noch im aktiven Dienst war, begann er bereits, angebliche FTRA-Mitglieder zu katalogisieren, sich über die Hierarchie innerhalb der Gang Gedanken zu machen, unter Eisenbahnbrücken und durch »hobo jungles« zu patrouillieren, Tramps zu verhaften, einschlägige Vorträge vor Kommissionen und anderen Polizeidienststellen zu halten und im Fernsehen zur Jagd auf des Mordes verdächtige Hobos zu blasen.

»Mitte der 80er Jahre ereignete sich entlang der High-Line-Bahnstrecke zwischen Cheyney, Washington, und Sandpoint, Idaho, eine Serie bisher ungelöster Morde«, beschrieb der Expolizist bereits zahlreichen Journalisten den Beginn seiner FTRA-Besessenheit. »Alle Opfer waren Hobos, denen man den Schädel eingeschlagen hatte; bei sämtlichen Leichen waren Jacke und Hemd über den Kopf gezogen und die Hose heruntergelassen worden. Bei ein oder zwei Toten hätte man ja noch von Unfällen sprechen können, aber nach dem sechsten war mir klar, dass dahinter etwas anderes stecken musste.«

Laut Grandinetti gibt es Jahr für Jahr vier- bis fünfhundert Todesfälle auf Eisenbahnbesitz, und nur ein Teil davon lässt sich auf Unfälle zurückführen – beim Rest handelt es sich um Mord, auch wenn sich eine direkte Verwicklung der FTRA nicht immer nachweisen lässt. Immerhin soll die illegale Organisation in den neunziger Jahren dreihundert Morde im ganzen Land begangen haben, zehn davon allein in Spokane. Die Hauptaktivitäten der brutalen Gang spielen sich angeblich auf einigen Bahnstrecken im Süden der USA, zwischen Texas und Kalifornien, im mittleren Westen und auf den so genannten »high lines« zwischen Minnesota und Nordkalifornien ab.

»Meistens kümmert sich niemand um diese Mordfälle, weil sie so schwer zu lösen sind«, meint Grandinetti. »Aber diese Bande existiert, das steht fest. Ihre Mitglieder werden nur kaum je zur Verantwortung gezogen, weil sie ihre Verbrechen begehen und dann verschwunden sind. Wenn man schwarz oder spanischstämmig ist und auf einen Zug aufspringt, in dem ein FTRA-Mitglied unterwegs ist, kommt man nicht lebendig wieder hinunter. Es gibt nichts, wozu diese Leute nicht fähig wären.«

Ein Kritiker dieser Thesen bringt seine Zweifel auf den Punkt: »Meistens können sich zwei Hobos nicht einmal darauf einigen, welches Bier sie kaufen wollen. Wie sollen diese Leute es schaffen, sich im organisierten Verbrechen zu betätigen?«

Die Bahngesellschaften und ihre privat finanzierten Polizeiorganisationen zweifeln ebenfalls an der angeblichen Mitgliederzahl, dem Einfluss und den kriminellen Aktivitäten der FTRA. Ihrer Erfahrung nach handelt es sich bei den Straftaten, mit denen Hobos in den meisten Fällen in Verbindung gebracht werden, um relativ belanglose Delikte, wie unbefugtes Betreten, Störung der öffentlichen Ordnung und Bagatelldiebstahl.

Jim Sabourin, Pressesprecher der Northern-Santa-Fe-Linie, meinte beispielsweise in einem Interview: »Wir wissen, dass diese Organisation existiert, aber wir hatten bisher kaum mit Leuten zu tun, die behauptet haben, ihr anzugehören. Eigentlich haben wir in erster Linie Gerüchte über die FTRA gehört und kaum mit ihr selbst zu tun gehabt.«

Ed Trandahl von Union Pacific geht sogar noch weiter: »Wir können Mr. Grandinettis Theorien keineswegs bestätigen. Unsere Detektive haben Hunderte von Fällen untersucht und dabei nichts gefunden, das darauf hinweist, dass die FTRA eine so große und gefährliche Organisation ist, wie er behauptet.«

Als die Medienberichte über den Serienmörder Robert Silveria und seine angebliche Zugehörigkeit zu den Freight Train Riders of America (oder »Framing Tramps with Ridiculous Accusations«, wie sie auf ihrer Website zynisch anmerken) auch in Hobo-Kreisen bekannt wurden, legten viele angebliche FTRA-Mitglieder ihre Halstücher ab, um weniger aufzufallen – während geltungssüchtige Nichtmitglieder sich erst recht Halstücher zulegten.

Die FTRA nimmt im Internet direkt zu den Vorwürfen Stellung: »Kann man ermordet werden, wenn man in Güterwaggons durchs Land fährt? Darauf können Sie wetten. Wer das Leben einer Prostituierten, eines Landstreichers, eines Obdachlosen oder eines Säufers lebt, wird automatisch zur Zielscheibe für Serienmörder. Man hat die FTRA – übrigens ohne jeden Beweis – beschuldigt, in den letzten zehn Jahren mindestens dreihundert Menschen ermordet zu haben. Fest steht, dass irgendjemand all diese Tramps umbringt, aber bis auf wenige Ausnahmen gibt es keine Hinweise dafür, dass der Killer ein und dieselbe Person ist. Abgesehen davon ist der typische Serienmörder ein männlicher Weißer aus der oberen Mittelschicht und kein Tramp.«

Die FTRA-Hobos sind – ebenfalls laut ihrer Eigenpropaganda im Netz – nichts als Vietnamveteranen, die für ein freies Amerika gekämpft haben und jetzt nur in Ruhe ihre eigene Freiheit genießen wollen. Dass sie nicht rassistisch seien, könnten die schwarzen Mitglieder der Organisation bezeugen. – Wer sich gegen sie wendet, steht automatisch dem alten Feind nahe; das heißt, er ist zweifelsohne Kommunist oder Schlimmeres. »Echte

Hobos versuchen niemanden von ihrer Lebensweise zu überzeugen« heißt es auf der Website der FTRA. »Wir wollen keine langhaarigen Prediger, die uns vorschreiben, wie wir zu leben haben, und wir schreiben auch niemand anderem etwas Derartiges vor.«

»Seien wir doch ehrlich: Den meisten Leuten ist es völlig egal, wenn ein Hobo ums Leben kommt. Das Rechtssystem ist wunderbar, wenn man reich ist – aber vergessen Sie es, wenn Sie ein Niemand sind«, sagt Mike Quakenbush. »Für uns Ermittler ist das größte Problem, dass weder Opfer noch Täter einen festen Wohnsitz haben. Wenn die Leiche eines Ermordeten, eventuell erst nach mehreren Wochen, irgendwo auftaucht, kann der Täter schon zwanzig Bundesstaaten entfernt sein. Das Opfer ist mobil, der Killer ist mobil, und oft ist sogar der Tatort mobil.« Die meisten Polizeibehörden legen Fälle, bei denen Hobos und Obdachlose ums Leben kommen, unter der Rubrik »N-I-H« – »no humans involved« – ab. Quakenbush war jedoch fest entschlossen, niemanden mit einem Mord davonkommen zu lassen; er ermittelte auch nach Robert Silverias Verhaftung noch weiter, ob es irgendwelche ungeklärten Fälle gab, auf die das Tatmuster des Killers passte.

Silveria bekannte sich im Jänner 1998 vor einem Gericht in Oregon des vorsätzlichen Mordes für schuldig und wurde zu zweimal lebenslänglich verurteilt, weil er zwei Nichtsesshafte (William Pettit und Michael Clites) getötet hatte. In Kansas wurde er wegen des Mordes an Charles Randall Boyd, der im Juli 1995 erschlagen aufgefunden worden war, zu darauf folgenden fünfundzwanzig Jahren Gefängnis verurteilt. Beim Prozess wurde als erschwerender Umstand festgehalten, dass der Mörder seinen Opfern die Kleidung und ihre wenigen Personaldokumente geraubt hatte, um zeitweilig ihre Identität anzunehmen. Auf diese Art konnte er die Wohlfahrtseinrichtungen der USA in verschiedenen Bundesstaaten unter verschiedenen Namen in Anspruch nehmen.

Im Juni 1998 wurde Silveria schließlich vor einem Gericht in Tallahassee, Florida, der Ermordung von Willie Clark schuldig gesprochen. Es gibt zahlreiche Indizien, die ihn mit weiteren Hobo-Morden in Oregon, Kalifornien, Montana und Utah in Verbindung bringen. Quakenbush ist der Ansicht, dass der Hobo-Mörder noch für eine Reihe anderer Tötungsdelikte – mindestens vierzehn – verantwortlich ist; seinem Onkel soll Silveria 47 Morde gestanden haben, die er »aus reiner Wut« begangen haben wollte. In einem Brief an einen Bekannten bezeichnete er sich als »Führer der Heimatlosen-Nation« und meinte: »Ich hätte andere aus deiner Welt quälen können, aber ich habe beschlossen, stattdessen meine Welt zu quälen, weil ich die Schwachen zu meiner Beute machte.« Später widerrief Silveria allerdings sämtliche Geständnisse und behauptete, von der Polizei dazu genötigt worden zu sein.

Police Detective Mike Quakenbush betont jedoch, dass Silveria bei mehreren Verhören festgehalten haben wollte, dass seine Taten nichts mit der FTRA zu tun hätten.

Blut auf den Schienen
»ANGEL EYES« RESENDEZ UND DER
AMERIKANISCHE TRAUM

Im September 1979 wurde der junge Mexikaner zum ersten Mal in eine amerikanische Strafanstalt eingeliefert. Als die Türen des Staatsgefängnisses von Florida in Starke sich für ihn öffneten, hatte der zwanzigjährige, zierliche Bursche, den die meisten Leute höchstens für siebzehn hielten, noch keine Ahnung, welche Hölle ihn dort erwartete.

Amerikanische Gefängnisse – zahlreichen Berichten nach vor allem solche in den Südstaaten – sind dafür berüchtigt, kaum einen ihrer Insassen rehabilitiert zu entlassen. In den Zellen, Werkstätten, Höfen, Gemeinschaftsräumen und Duschen der Anstalten herrschen Gewalt, sexueller Missbrauch und Korruption; Drogen und selbst gebrannter Alkohol sind auf dem gefängnisinternen Schwarzmarkt kaum schwerer zu bekommen als »draußen«; rassistische Gangs teilen die Macht über einzelne Blocks unter sich auf und haben meist auch die schlecht bezahlten Wärter in der Tasche.

In einer Umgebung wie dieser, wo einzig und allein das Recht des Stärkeren herrscht, war Angel Maturino Resendez, der von einem Gericht in Miami zu zwanzig Jahren Haft verurteilt worden war (wegen Einbruchs, tätlichen Angriffs und Autodiebstahls), vom ersten Augenblick an ein Opfer. Vor allem die ersten sechs Monate seiner Haftstrafe überstand er nur mit Hilfe der Antidepressiva und Beruhigungsmittel, die von der Gefängnisapotheke ohne viele Fragen ausgegeben wurden. Trotzdem setzte ihm seine Situation unter den mehr als dreitausend Sträflingen in Starke – darunter viele Lebenslängliche, die ohnehin nichts mehr zu verlieren hatten – psychisch derart zu, dass er sich mehrmals mit ernsthaften Selbstmordgedanken trug.

Später erzählte er seinen Verwandten in Mexiko, dass er wirklich versucht hatte, ein vorbildlicher Gefangener zu sein und sich an die Regeln zu halten – aber diese hätten eben nicht für alle gegolten. Immer wieder sei er Zeuge geworden, wie Häftlinge einander mit selbst gebastelten Waffen getötet hätten; zudem sei es auch regelmäßig vorgekommen, dass Wärter eine Zelle stürmten und deren Insassen ohne jeden Grund brutal zusammenschlugen. Meist habe er auch unter Schlaflosigkeit gelitten, da im Gefängnis jede Nacht eine Kakophonie aus Schreien, Flüchen und Stöhnen geherrscht habe.

Am schlimmsten, so gestand er seinen engsten Freunden, seien jedoch die sexuellen Übergriffe gewesen. Angel, der in Starke sofort als »hübscher Junge« eingestuft worden war, war fast täglich vergewaltigt oder zu Sex im Austausch für Gefälligkeiten genötigt worden, und zwar nicht nur von seinen Mithäftlingen, sondern auch von dem einen oder anderen Wachebeamten.

Resendez musste versuchen, sich irgendeiner Gruppe anzuschließen. Da ihn die machistischen Latino-Gangs ablehnten, weil sie ihn für einen Homosexuellen hielten, freundete er sich mit Mitgliedern von Rocker- und Neonazibanden (wie der berüchtigten Aryan Brotherhood) an, die es amüsant fanden, sich einen mexikanischen Sklaven zu halten. Aber wenigstens beschützten sie ihn …

Um sich von seiner schrecklichen Lage abzulenken, begann Angel seine Englischkenntnisse aufzubessern, viel zu lesen und sich mit Politik zu befassen. Absurderweise weckten vor allem der Faschismus und Adolf Hitler sein reges Interesse. Im Gefängnis konnte er täglich beobachten, wie »schamlos« sich die schwarzen und spanischstämmigen Häftlinge verhielten; da zog er es doch vor, einer Herrenrasse anzugehören – und wenn er sie sich selbst erfinden musste.

Einige Jahre später, kurz vor seiner Entlassung, würde Resendez sich ein weiteres Vorbild zulegen: Richard Ramirez. Dieser unter dem Namen »Night Stalker« bekannte Serienkiller terrorisierte im Jahr 1985 ganz Los Angeles, als er in mehrere Häuser einbrach und deren Bewohner beraubte, vergewaltigte und ermordete. Ramirez hinterließ an einigen der Tatorte mit Blut gezeichnete Pentagramme und andere schwarzmagische Symbole an den Wänden. Als man ihn gefasst hatte, zeigte er vor Gericht keine Reue, sondern meinte nur, er habe seine Morde für Satan begangen.

Resendez las die Berichte über den »Night Stalker« voller Faszination. Er wollte am liebsten sofort nach dem Ende seiner Haft damit beginnen, sich in ähnlicher Weise an Amerika und seinen Bürgern zu rächen – für den Rassismus, mit dem er seit Jahren immer wieder konfrontiert wurde, für die Ausbeutung seiner mexikanischen Mitbürger und für all das, was man ihm hinter Gittern angetan hatte. Niemand würde mehr vor ihm sicher sein – und wie den Nachtjäger würde man auch ihn erst zu fassen kriegen, wenn er den USA gezeigt hatte, wozu er fähig war.

Am 3. September 1985 – nach sechs Jahren Haft – wurde Angel Maturino Resendez auf Bewährung entlassen und sofort nach Mexiko deportiert. Dort sollte er jedoch nicht lange bleiben.

Angel Leoncio Reyes Resendez kam am 1. August 1959 als drittes Kind der fünfundzwanzigjährigen Virginia Reyes Resendez in Izucar de Matamoros im mexikanischen Bundesstaat Puebla zur Welt. Sein Vater Juan Reyes, ein notorischer Trinker, hatte sich bereits vor der Geburt des Sohnes empfohlen. Virginia lebte in einer wackligen Holzhütte in einem der Slumviertel von Puebla und brachte sich und ihre Familie mehr schlecht als recht mit Putzarbeiten durch. Dennoch war sie viel zu stolz, ihrem Mann nachzulaufen oder gar ihre Familie um finanzielle Unterstützung zu bitten. Sie war fest entschlossen, es allein zu schaffen und aus ihren Kindern anständige Menschen zu machen. Und sie ließ ihren Sohn auf den Namen Angel taufen, weil sie ihn für ein Geschenk Gottes hielt.

Da seine Mutter bald nach der Geburt wieder arbeiten gehen musste, wuchs der kleine Angel, so wie sein Bruder und seine Schwester, zum Teil bei einer Tante auf, die im selben Armenviertel wohnte wie Virginia – so wie auch fünfzehn andere seiner Verwandten. Wie die meisten Kinder der Gegend lebte er in einem Kistenverschlag ohne fließendes Wasser, ohne elektrischen Strom, ohne Kühlschrank; natürlich konnten sich die Menschen dort auch kaum Spielzeug für ihren Nachwuchs leisten.

So war es kein Wunder, dass der Junge bald auf der Straße landete, wo er sich einer der vielen Banden anschloss, die begeistert Fußball spielten oder fremde Kinder verprügelten und ihres Taschengelds beraubten. Da Angel größenmäßig stets hinter seinen Altersgenossen zurückgeblieben war und auch nicht besonders gut Fußball spielte, wurde er von den anderen oft verspottet und schikaniert; es waren vor allem sein großer Bruder und ein paar Cousins, die ihn davor bewahrten, dauernd zum Opfer der Stärkeren zu werden.

Schon im Vorschulalter entwickelte sich Angel zu einem Meisterdieb. Er stahl Obst aus Hinterhöfen und Konservendosen aus Lebensmittelgeschäften, um sie dann an Straßenhändler weiterzuverkaufen. Da er wieselflink und unauffällig war, wurde er nur selten erwischt; aus diesem Grund schwänzte er nach Erreichen seines sechsten Lebensjahrs auch lieber die Schule, um sich als Kleinkrimineller auf der Straße herumzutreiben.

Eine der Hauptattraktionen für die mittellosen Kinder von Izucar de Matamoros war die Eisenbahnlinie, die quer durch die Stadt verlief und die Slums mit den Vierteln der Wohlhabenden verband. Täglich schleppten sich endlos lange Güterzüge über die Geleise – und es dauerte nicht lange, bis Angel und seine Freunde lernten, sich am Wochenende an die Waggons anzuklammern und ins Stadtzentrum befördern zu lassen, wo sie bettelten, schnorrten und sich als Taschendiebe versuchten.

In der Vorstellungswelt des Buben wurde die Bahn bereits damals zum einzigen Ausweg aus der Armut, zumal die Schienen ja auch ins »Land der unbegrenzten Möglichkeiten« führten, wo so viele Mexikaner auf legale und illegale Weise Arbeit zu finden versuchten. Vielleicht würde Angel ja in den USA sein Glück machen und sich und seine Familie anständig ernähren können. Seine eigene Familie, wohlgemerkt – denn seine Mutter hatte ihn bitter enttäuscht, als sie einen gewissen Luis Maturino geheiratet und Angel bald darauf in die Obhut ihres Bruders Rafael Resendez-Ramirez gegeben hatte, um Streitereien zwischen Sohn und neuem Ehemann zu vermeiden. – Der Name seines Onkels wurde Jahre später übrigens zu einem von Angels vielen Pseudonymen – dem Alias, unter dem er 1999 vom FBI gesucht wurde.

Es war eine heiße Sommernacht, in der Christopher Maier, ein zweiundzwanzigjähriger Student, und seine Freundin an den Bahngeleisen entlangspazierten, die ganz in der Nähe des Universitätsgeländes der University of Kentucky in Lexington verliefen. Sie kamen gerade von einer Party, die von ein paar Kommilitonen veranstaltet worden war, und waren auf dem Weg zum nächsten Studentenfest. Plötzlich glaubte das Mädchen aus den Büschen am Wegrand ein Geräusch zu hören, aber Maier beruhigte sie und ging unbesorgt weiter.

Damit war sein Schicksal besiegelt – denn der Mann, der im Unterholz lauerte, war Angel Resendez, der wenige Minuten zuvor in dieser Nacht des 27. August 1997 von einem Güterzug abgesprungen war. Auf der langen Fahrt in einem leeren Waggon hatte er eine Menge Alkohol und Drogen konsumiert und nun wollte er in Ruhe nach einem Haus suchen, in das sich ein Einbruch lohnen würde, als er plötzlich von den jungen Leuten in seinen Überlegungen gestört wurde. Resendez nahm das Paar genauer in Augenschein und sah sich dann schnell nach anderen Passanten um, die seine Pläne möglicherweise stören könnten. Aber um diese Uhrzeit war er mit seinen prospektiven Opfern ganz allein.

Angel sprang aus dem Gebüsch und ging sofort auf die jungen Leute los. Er hielt einen bedrohlich aussehenden Gegenstand in der Hand, den er gegen Maiers Körper presste.

»Gebt mir euer Geld«, forderte der Angreifer mit spanischem Akzent.

»Wir haben nichts bei uns«, bekam er zur Antwort.

Daraufhin wurde Resendez wütend und begann die Studenten wild zu beschimpfen und zu verfluchen. Er befahl den beiden, sich vor die Büsche zu setzen, und kramte dann in seiner Sporttasche herum, bis er ein Stück Seil fand.

»Ich kann Geld holen«, sagte Christopher Maier in vergeblichem Bemühen, die Lage zu entschärfen. »Sie können mein Auto haben – alles, was Sie wollen. Bitte, tun Sie nur meiner Freundin nichts.«

Als Resendez das hörte, wurde er noch zorniger. Plötzlich schlug er mit einem stumpfen Gegenstand auf den Kopf des jungen Mannes ein, bis dieser zusammenbrach und an seinem eigenen Blut erstickte. Dann ging er auf das Mädchen zu, das ihn weinend anflehte, ihrem Freund zu helfen. Angel blickte noch einmal zu seinem ersten Opfer zurück und sagte dann mit einem Achselzucken: »Um den brauchst du dir keine Sorgen mehr zu machen.«

Als wäre seine Wut neu entfacht, begann der Angreifer nun Maiers Freundin so heftig mit den Fäusten ins Gesicht zu schlagen, dass sie ohnmächtig zusammenbrach. Anschließend vergewaltigte er sie und zerrte ihren reglosen Körper zu den Büschen, wo er die Studenten – im Glauben, beide wären tot – mit ein paar abgerissenen Zweigen zudeckte.

Wenige Minuten später hatte Resendez bereits den nächsten Güterzug bestiegen, der ihn weit von Lexington wegbringen würde, bevor man seine Opfer entdeckte. Erstaunlicherweise erwachte das schwer verletzte, traumatisierte Mädchen einige Stunden später aus seiner Ohnmacht und konnte gerettet werden. Sie hatte die erste nachgewiesene Mordtat des Mannes überlebt, der später als »Railway Killer« in ganz Amerika bekannt werden sollte – und sie sollte auch die einzige lebende Zeugin bleiben.

Dem jungen Angel Maturino Resendez erschienen die – damals noch von Dampfloks betriebenen – Güterzüge, die aus seiner Heimatstadt ins kühle mexikanische Hochland fuhren, mehr und mehr als einziger Ausweg aus dem Elend seiner Umgebung. Er brauchte nur auf einen der Waggons aufzuspringen, und schon konnte er Gegenden bereisen, die er sonst vielleicht nie sehen würde. Mit zehn war er gelegentlich ganze zwei Tage unterwegs, bevor er nach Hause zurückkehrte. Und mit zwölf Jahren, im Frühjahr 1972, verließ er die Hütte seines Onkels und kam nie wieder.

Seine Verwandten vermuteten, dass Angel in Richtung USA aufgebrochen war, wo er wie so viele seiner Landsleute Arbeit suchen wollte. Die Wahrheit sah anders aus: Der Junge war immer noch in der Stadt, wo er sich einer Jugendbande angeschlossen hatte, die von Kleindiebstählen, Raubüberfällen und

Prostitution ganz gut lebte. Für Letzteres war Angel zwar noch zu jung, aber es dauerte nicht lange, bis er von zwei älteren Gang-Mitgliedern eines Nachts mit Gewalt in die Materie eingeführt wurde. Um seine Lebenssituation besser verkraften zu können, berauschte sich Angel danach mit Alkohol, Tabletten und jeder verfügbaren Droge, sooft es ging.

Angels Mutter war in der Zwischenzeit in die Grenzstadt Ciudad Juarez im Bundesstaat Chihuahua umgezogen, die in jeder Hinsicht von ihrer Nähe zu den USA lebte. Einerseits brachen sowohl legale als auch illegale mexikanische Wanderarbeiter gern von hier auf, um Jobs im reichen Nachbarland zu finden; andererseits strömten zahllose amerikanische Touristen allabendlich in die mexikanische Stadt, um hier ungehindert diversen Lastern zu frönen. Angel versöhnte sich mit seiner Mutter und zog nach Ciudad Juarez, wo er von den Einheimischen alle Tricks erfuhr, wie man ungesehen über die Grenze kam. Auch seine Mutter Virginia ließ sich gelegentlich von einem »mule« (= Schlepper) für fünf bis zwanzig Dollar in die Vereinigten Staaten bringen, um dort Arbeit zu finden; gelegentlich watete sie auch ohne fremde Hilfe über den Rio Grande.

Mit vierzehn fühlte sich Angel alt genug, die USA selbst kennen zu lernen. Er ließ sich von einem »mule« in die texanische Stadt El Paso bringen, wo er schon bei seinen ersten Besuchen Bekanntschaft mit härteren Drogen schloss und Marihuana zu schmuggeln begann. Auch in seiner neuen Heimatstadt hatte er sich nämlich relativ bald einer Bande jugendlicher Kleinkrimineller angeschlossen, die gelegentlich auch im Auftrag eines der Gangsterbosse der Stadt handelten. Angel nahm einen Job als Mechaniker bei einem der größten Autodiebe von Ciudad Juarez an. Als Folge seiner Ausbildung stahl er bald Autos in El Paso, übergab sie noch in den Staaten einem Mittelsmann und kassierte dafür eine Provision. Auf diese Art wurde ihm immer bewusster, dass sich bei den Amerikanern mehr Geld verdienen ließ als zu Hause – und die drei Bahnlinien, die Mexiko mit den USA verbanden, waren sein bevorzugter Weg ins Land der Träume.

Seine Reisen auf den Güterzügen Nordamerikas wurden von Mal zu Mal länger und führten den mittlerweile Fünfzehnjährigen immer weiter aus dem Grenzgebiet weg, in Orte, wo er gelegentlich sogar auf »ehrliche« Weise (d. h. durch Arbeit, wenn auch als illegaler Einwanderer) Geld verdiente. Im August 1976 wurde Angel erstmals von Beamten der Immigration and Naturalization Border Patrol in einem Güterwaggon aufgegriffen. Als man ihn nach seinem Namen fragte, gab er diesen als »Rafael Resendez-Ramirez« an; daraufhin wurde er ohne viel Aufhebens, ohne Anzeige und ohne Gefängnisaufenthalt an die Grenze zurückgebracht und nach Mexiko geschickt.

Damit waren ihm zwei Dinge klar geworden: Zum einen war die Wahrscheinlichkeit groß, dass ihm nichts passieren würde, wenn man ihn als Illegalen in den USA aufgriff; zum anderen war es kein Problem, mit einem falschen Namen durchzukommen – wenn man nur bei seiner Geschichte blieb. Resendez legte sich im Laufe der nächsten Jahre Dutzende verschiedener Pseudonyme zu; auf einige dieser falschen Namen bekam er von amerikanischen Behörden sogar offizielle Personaldokumente ausgestellt.

Kein Wunder, dass Angel im Laufe der Jahre immer wagemutiger wurde. Bei seinen ausgedehnten Reisen als Hobo stellte er fest, wie häufig die Güterzüge im Schritttempo durch Dörfer oder städtische Wohngebiete fuhren. Dies gab ihm die Gelegenheit, amerikanische Familien durch die Fenster ihrer Häuser beim Essen, beim Sex oder bei sonstigen alltäglichen Handlungen zu beobachten (eine Aktivität, von der er zunehmend besessen war); außerdem konnte er natürlich Objekte ausspionieren, in denen es etwas für ihn zu holen gab. Mit der Zeit fasste er genug Mut, um auf den Langsamfahrstrecken aus dem Zug zu springen, in eines oder mehrere dieser Häuser (anfangs meist in Georgia oder Florida) einzubrechen, Schmuck und andere wertvolle Gegenstände zu stehlen und mit dem nächsten – manchmal sogar auch demselben Zug – die Stadt wieder zu verlassen, bevor jemand das Verbrechen bemerkte.

Mit der Zeit wurde der junge Mann, der von seinen Ausflügen in die USA immer Schmuck, Uhren und sogar Autos mitbrachte, zum gern gesehenen Gast bei den Hehlern von Ciudad Juarez. Was er nicht verkaufte und sofort in Drogen und Alkohol umsetzte, versteckte Angel in drei Schließfächern am Busbahnhof, wo er neben Geld und Schmuck auch einen Revolver vom Kaliber .38 aufbewahrte, der ihm bei einem seiner Beutezüge in die

Hände gefallen war. Im Juli 1979 trampte Resendez im Güterzug bis in einen der Außenbezirke von Miami. Dort brach er in ein Haus ein, wobei er von dessen Bewohnerin überrascht wurde. Er attackierte die Frau tätlich, wurde aber von ihr abgewehrt und ergriff die Flucht – im Auto der Überfallenen. Zwei Stunden später wurde er hundert Meilen weiter nördlich angehalten und verhaftet. Diese Tat brachte ihm 1979 seine erste, schwer traumatisierende Gefängnisstrafe ein.

4. Oktober 1998. Die Ermordung des Studenten Christopher Maier in Kentucky lag zu diesem Zeitpunkt bereits fast vierzehn Monate zurück – für besagten Zeitraum kann Resendez zwar keine weitere Mordtat nachgewiesen werden; fest steht jedoch, dass er auf den Geschmack gekommen sein dürfte. Am Abend dieses Herbsttags drang er durch ein Fenster in das Haus der 87-jährigen Leafie Mason in der texanischen Ortschaft Hughes Springs ein, das nur wenige Meter von den Geleisen der Southern Rail Line entfernt stand. Er erschlug die alte Frau mit einem Wagenheber und stahl Schmuck und Bargeld, die er im Haus vorfand. Als die Leiche einige Tage später entdeckt wurde, stellten die Experten von der Spurensicherung fest, dass der Mörder nach seiner Tat noch ein wenig »mit der Toten herumgespielt« haben musste (so drückte man sich wenigstens den Journalisten gegenüber aus); dann hatte er sich anscheinend in aller Ruhe Essen aus dem Kühlschrank genommen und einen kleinen nächtlichen Imbiss verzehrt.

Am 17. Dezember 1998, eine Woche vor Weihnachten, sprang Angel Resendez wieder von einem Güterzug; diesmal in West University Place, einem Vorort von Houston, Texas. Schon vom Zug aus hatte er das relativ luxuriöse Haus erspäht, das er diesmal ausrauben wollte. Er schaffte es ohne Probleme, in die Garage und von dort aus in den Wohnbereich einzudringen, wo er Schmuck, Geld und einen CD-Player an sich raffte. Genau um diese Zeit kam jedoch die 39-jährige Dr. Claudia Benton vom Baylor College of Medicine nach Hause. Resendez überfiel sie noch im Eingangsbereich und schleppte sie die Stufen hinauf in ihr Schlafzimmer, wo er sie mit ihrem eigenen Küchenmesser erstach, mit einem stumpfen Gegenstand auf sie einschlug und sie vergewaltigte. Dann stahl er ihren Jeep Cherokee aus der Garage und fuhr damit weg.

Es dauerte fast zwei Wochen, bis die Polizei die Fingerabdrücke am Lenkradschloss des gestohlenen Wagens als die des behördlich bekannten »Rafael Resendez-Ramirez« identifizierte und eine Fahndung wegen Einbruchsdiebstahls nach ihm ausschrieb – allerdings nicht wegen des Mordes, da es dafür zu wenig schlüssige Beweise gab. Und die ersten beiden Bluttaten wurden – wegen mangelnder Vernetzung der Polizeicomputersysteme – nach wie vor nicht mit Angel in Zusammenhang gebracht.

Nach Ende seiner ersten Haftstrafe in Florida wurde Angel nach Mexiko deportiert, fing aber umgehend wieder mit seinen Reisen in die USA an; diesmal legte er viel weitere Fahrten zurück, die ihn bis nach Oklahoma führten. Selbst wenn er gelegentlich von Beamten des INS (Immigration and Naturalization Service) oder Bahnsicherheitsleuten aufgegriffen und auf Grund seiner Fingerabdrücke identifiziert wurde, passierte nicht viel mehr, als dass er wieder über die Grenze zurückbefördert wurde. Erst als die amerikanische Regierung 1986 eine »Aktion scharf« gegen illegale Einwanderer startete, gestaltete sich die Einreise für ihn und viele andere etwas schwieriger. Am 1. Juni 1986 wurde Resendez von Grenzschutzbeamten in der texanischen Stadt Laredo festgenommen; er gab sich – wieder unter einem anderen Namen – als amerikanischer Staatsbürger aus und wies sogar eine Sozialversicherungskarte vor.

Doch selbst diese geschickte Tarnung nützte ihm nichts: Wegen Anmaßung der US-Staatsbürgerschaft wurde er zu achtzehn Monaten Haft verurteilt (obwohl die Behörden keinen Zusammenhang zwischen seinem jetzigen Delikt und der früheren Haftstrafe herstellen konnten.) Die Monate im Gefängnis von San Antonio empfand er als so schlimm, dass er beschloss, fortan ein anständiges Leben zu führen.

Kaum entlassen, schwang er sich auf den nächsten Güterzug, fuhr nach Kentucky und verdingte sich dort bei der Tabakernte. Doch trotz solch legaler Gelegenheitsjobs konnte er das Vagabundieren nicht lassen. Immer wieder trieb er sich als Zugtramp in den amerikanischen Südstaaten herum und beging dabei nach bewährter Methode Einbrüche. Den Großteil des so verdienten Geldes gab er für Alkohol und Drogen aus – und wenn er zwischen seinen Rauschphasen über sein verpfuschtes Leben nachdachte, verfiel er häufig in Depressionen und Selbstmordabsichten. Einmal verletzte er sich beim Abspringen von einem Güterzug am Knie; sein Hinken sollte später zum charakteristischen Bestandteil der FBI-Personenbeschreibung von Angel Resendez werden.

Irgendwann erkannte der nun fast dreißigjährige Mann, dass sich in Ciudad Juarez an seinem traurigen Leben wohl nie etwas ändern würde. Also holte er einen Teil seiner Reichtümer aus den Schließfächern, fuhr etwa fünfhundert Kilometer Richtung Südosten und landete in einer abgelegenen kleinen Stadt namens Rodeo. In Verbrecherkreisen war Rodeo dafür bekannt, dass fast alle arbeitsfähigen Männer der Gemeinde regelmäßig in den USA ihren diversen Tätigkeiten (vor allem Autodiebstahl und Marihuanaschmuggel) nachgingen, dass nicht gefragt wurde, woher jemand sein Geld hatte, und dass ein paar mafiaartig organisierte »Familien« die Stadt beherrschten.

Angel erwarb in Rodeo ein kleines Häuschen und machte sich bei den neuen Nachbarn durch seine stets freundliche und höfliche Art, seine relativ guten Englischkenntnisse und nicht zuletzt seinen finanziellen Status beliebt. Eine Zeitlang arbeitete er sogar als Englischlehrer in einer Klosterschule, aber dann ging ihm im Spätsommer 1988 das Geld aus, und er machte sich wieder auf den Weg in die USA.

Diesmal hatte er jedoch sofort Pech. Als er in St. Louis, Missouri, versuchte, eine Sozialversicherungsnummer für eine seiner vielen Identitäten zu bekommen, flog der Schwindel auf. Ein Gericht verurteilte Resendez, der bei seiner Verhaftung auch noch eine Pistole dabeigehabt hatte, zu dreißig Monaten unbedingter Haft. Danach wurde er nach Miami überstellt, wo er wegen seines Verstosses gegen die Bewährungsauflagen für weitere fünf Monate ins Gefängnis musste.

Sein Hass auf die amerikanische Gesellschaft wurde mit jeder Verurteilung größer, und auch der Alkohol, die Drogen und die von den Gefängnisärzten verabreichten Psychopharmaka zeigten ihre Wirkung; Angel wurde von Tag zu Tag unberechenbarer. Weitere Haftstrafen im Jahr 1992 (New Mexico) und 1993 (Texas) verschlimmerten seinen psychischen Zustand nur noch. Kaum war er draußen, ging er wieder auf seine Einbruchstouren, die ihn an den Schienensträngen entlang quer durch die Vereinigten Staaten führten.

Sobald er nach Rodeo zurückkam, lebte er jedoch ein anderes Leben. Dort hatte er 1995 eine junge Labortechnikerin namens Julieta Dominguez Reyes kennen gelernt, mit der er bei seinen seltenen Besuchen daheim zusammenlebte und die er zwischendurch mit Geld versorgte. Sie ahnte kaum etwas von seinem Doppelleben, seinen Gefängnisstrafen und seinen Dutzenden Pseudonymen und Masken; das einzige, was für Julieta zählte, war Angels freundliche Art und die Tatsache, dass er sie gut versorgte. Sie hatte – so erzählte sie zumindest später – keine Ahnung davon, dass ihr Geliebter Einbruchsdiebstähle beging und dabei in letzter Zeit sogar eine geladene Waffe mitführte. Im Herbst 1998 verkündete Julieta ihrem Lebensgefährten, dass sie von ihm schwanger war. Angel freute sich über diese Nachricht. Er versprach Julieta, von nun an mehr Zeit in Rodeo zu verbringen und dafür zu sorgen, dass es seiner kleinen Familie gut gehen würde. Und obwohl er seine Hobo-Reisen durch die USA nicht aufgab, schaffte er es tatsächlich Monat für Monat, Julieta per Postanweisung Geld zu schicken. Woher er seine Reichtümer hatte, das wollte sie lieber nicht so genau wissen …

Im Mai 1999 setzte der Mann mit den vielen Namen seine Mordserie in der kleinen texanischen Ortschaft Weimar fort. Der Priester der nahe der dortigen Eisenbahnlinie gelegenen United Church of Christ, Norman J. »Skip« Sirnic, und seine Frau Karen hatten gerade mit ihren Eltern beziehungsweise Schwiegereltern telefoniert, als ein Eindringling das Fliegengitter an der Hintertür durchschnitt, auf sie losstürmte und beide mit einem Vorschlaghammer erschlug. Kurz darauf machte sich der Täter samt seiner Beute – unter anderem eine Videospielkonsole, Schmuck und ein Videorecorder – im Mazda der Familie davon.

Erst zwei Tage später wurden die Toten von einem Gemeindemitglied entdeckt; und nur wenige Tage danach gab die Polizei bekannt, dass Rafael Resendez-Ramirez sowohl im Fall der ermordeten Ärztin Dr. Claudia Benton als auch bei diesem Doppelmord der Hauptverdächtige war. Schön langsam begriffen die Behörden und die Medien, dass sie es mit einem Serienmörder zu tun hatten, der von den Zeitungen gleich mit dem Spitznamen »Railway Killer« bedacht wurde.

Am 2. Juni wurde Resendez dabei geschnappt, als er bei El Paso die Grenze überqueren wollte. Die Beamten des INS überprüften seine Personalien, ließen sich aber wahrscheinlich von einem seiner vielen Pseudonyme irreführen – und schoben ihn unglaublicherweise wieder über die Grenze ab. Später wurde dem Immigration and Naturalization Service von mehreren Seiten grobe Fahrlässigkeit vorgeworfen, da die Agentur eigentlich vom Haftbefehl gegen Resendez gewusst sowie Fingerabdrücke und Photos des Verdächtigen gehabt haben musste. Der INS rechtfertigte sich damit, dass sein Computersystem zu diesem Zeitpunkt nicht mit dem der anderen Behörden des Landes verbunden gewesen sei und die Beamten daher keine Ahnung gehabt hätten, mit wem sie es zu tun hatten. Wie sich herausstellte, sollte dieser Fehler tödliche Konsequenzen haben.

Kurz nach seiner Deportation, in der Nacht vom 3. auf den 4. Juni, schlug der »Railway Killer« nämlich bereits zum sechsten Mal zu: Die sechsundzwanzigjährige Lehrerin Noemi Dominguez, die in Houston keine hundert Meter von den Geleisen der Bahnlinie entfernt wohnte, hatte den Abend in Ruhe zu Hause verbracht, als sie plötzlich von einem Einbrecher attackiert und erschlagen wurde. Die Spurensicherung stellte später fest, dass Resendez nach dem Mord noch eine Stunde in der Wohnung der Lehrerin verbrachte, fasziniert mit der Leiche seines Opfers »herumspielte«, noch in aller Ruhe aß und trank, einige Wertsachen einsteckte, sich anschließend die Hände wusch und schließlich im Honda Civic von Noemi Dominguez das Weite suchte.

Angel fuhr einige Stunden lang Richtung Süden, bis er zum Haus der 73-jährigen Rentnerin Josephine Konvicka kam, die nur wenige Kilometer von der Ortschaft Weimar entfernt wohnte, wo der Mörder erst wenige Wochen zuvor zugeschlagen hatte. Die Frau wurde in den frühen Morgenstunden des 4. Juni in ihrem Bett erschlagen; bei der Mordwaffe dürfte es sich um ein Gartenwerkzeug gehandelt haben. Resendez versuchte im Auto seines neuesten Opfers zu fliehen, konnte aber die Schlüssel nicht finden.

Die Bewohner der betroffenen Ortschaften und aller anderen Wohngegenden, die in der Nähe von Bahngeleisen lagen, gerieten in Panik. Wer war dieser Mann mit dem Durchschnittsgesicht, dieser Rafael Resendez-Ramirez, der sich da wie ein Phantom in ihre friedlichen Gemeinden einschlich und ungesehen raubte und mordete, um dann wieder nach Mexiko zurückzukehren, wo ihm scheinbar niemand etwas anhaben konnte?

Am 9. Juni schaltete sich das FBI offiziell in den Fall ein und startete die mit großem Medienecho begrüßte »Operation Stop Train«. Ein aus Vertretern mehrerer Behörden zusammengesetztes Sonderkommando sollte nach dem Mörder – laut FBI-Profil ein »intelligenter, methodisch vorgehender Mann, der das Töten seiner Opfer genießt« – fahnden. Abgesehen davon, dass die Beamten des Federal Bureau of Investigation nicht einmal den wahren Namen des Täters kannten, war auch diese Beschreibung ziemlich irreführend.

John Douglas, ein ehemaliger »Profiler« für das Violent Criminal Apprehension Program (VICAP) des FBI sowie erfolgreicher Autor, lieferte den Medien eine ganz andere Interpretation der bisher erhobenen Indizien: »Der so genannte ›Railway Killer‹ ist ein schlampiger, stümperhafter Gauner«, führte er in einem Interview aus. »Er hat wahrscheinlich zu morden begonnen, als er noch keine dreißig war. Seine ersten Opfer waren möglicherweise Leute, die ein ähnliches Leben führten wie er selbst – Unterstandslose und Hobos männlichen Geschlechts. Menschen wie er werden meistens durch irgendein Ereignis in ihrem Leben zu ihren Taten getrieben, seien dies nun Geldprobleme oder die Zurückweisung durch Frauen. Je älter sie werden, desto frustrierter und wütender werden sie, und irgendwann lassen sie ihre Wut an anderen aus. Er hat ein Stadium erreicht, in dem er ein absoluter Niemand ist, mit dem keiner zu tun haben will, und nun lässt er seinen Zorn an der ganzen Welt aus. Er sucht sich seine Opfer aus, weil er etwas von ihnen braucht – einen Ort, wo er die Nacht verbringen kann, Geld, Alkohol und Drogen. Manchmal hat er zwar Frauen vergewaltigt, aber diese sexuellen Handlungen spielen nur eine sekundäre Rolle.«

Am 12. Juni erfuhr Angel in Rodeo, dass bereits nach ihm gefahndet wurde und eine Belohnung von 125.000 Dollar auf ihn ausgesetzt war. Er gestand seiner Freundin Julieta, dass er ein Problem habe, umarmte sie und seine kleine Tochter noch einmal und verließ das Haus, bevor amerikanische Polizisten und Kopfgeldjäger auf seine Spur kommen konnten.

Drei Tage später schlug er in Gorham, Illinois, ein weiteres Mal zu. Er brach in ein Wohnmobil ein, das etwa hundert Meter von den Bahngeleisen der Stadt entfernt stand, schoss den achtzigjährigen Besitzer George Morber mit dessen eigener Schrotflinte in den Kopf und erschlug dann Carolyn Frederick, die 52-jährige Tochter des Mannes, bevor er sich an ihrem Leichnam sexuell verging. Nach mehreren Stunden Aufenthalt in dem Wohnmobil bestieg er schließlich den roten Kleinlaster Morbers und verschwand wie immer spurlos in die Nacht.

Nach dieser neuerlichen Greueltat lief die Fahndung nach Angel auf Hochtouren – doch weder das FBI noch lokale Polizeidienststellen hatten Erfolg. Es schien, als wäre Resendez einfach nicht zu fassen, so geschickt war sein Netz aus falschen Identitäten und Zufluchtsorten gewoben. Erst ein Vertreter der Texas Rangers, einer angesehenen, wenn auch von vielen als altmodisch betrachteten Organisation von Gesetzeshütern, kam auf die richtige Idee. Der Ranger Drew Carter kontaktierte Resendez' Verwandte in Mexiko und den USA.

Zuerst fuhr er nach Rodeo und konfrontierte Julieta mit den Aussagen und Indizien gegen ihren Lebensgefährten. Die Frau wollte anfangs nichts davon wissen, ließ sich aber überzeugen, als sie gemeinsam mit dem Ranger feststellen musste, dass einige Stücke ihrer Schmuckkollektion mit den bei den Morden gestohlenen Wertgegenständen identisch waren. Julieta war entsetzt und versprach dem Beamten, ihrem Freund bei nächster Gelegenheit zuzureden, dass er sich stellen solle. Außerdem wies sie Carter auf Angels Schwester Manuela Maturinos hin, die jenseits der Grenze in Albuquerque lebte. Der Texas Ranger nahm auch mit ihr Kontakt auf und ersuchte sie, auf ihren Bruder einzuwirken; er garantiere dafür, dass ihm nichts passieren würde, wenn er sich stellte.

Tatsächlich hatte diese ehrliche, an die mythische Zeit des Wilden Westens erinnernde Methode mehr Erfolg als die FBI-Großfahndung nach »Rafael Resendez-Ramirez«, der mittlerweile auf Platz eins der »Ten Most Wanted«-Liste gelandet war. Am 11. Juli 1999, einem Sonntag, erhielt Drew Carter einen überraschenden Anruf von Manuela Maturino. »Ich muss mich mit Ihnen treffen«, sagte sie nervös. »Ich habe mit einem von Angels Freunden gesprochen und bin überzeugt, dass er sich stellen wird.« Carter suchte die Schwester des Flüchtigen auf und handelte die Bedingungen für die Aufgabe aus. Resendez wollte sich bereits am folgenden Tag stellen, und zwar nur dem Texas Ranger persönlich. Dieser musste Angels Familie dafür garantieren, dass er anfangs nur des Einbruchsdiebstahls im Falle Claudia Benton angeklagt würde, dass man ihn anständig behandeln und einer psychologischen Analyse unterziehen würde.

Am Morgen des nächsten Tages stand Carter mit seiner Mannschaft am mexikanischen Ende der Yselta-Brücke, die den Rio Grande überquerte und El Paso mit der mexikanischen Stadt Zaragosa verband. Eine Gestalt hinkte unsicher auf ihn zu, und je näher der Mann kam, desto sicherer war der Ranger, dass es sich um den Gesuchten handelte. Als der Mörder den Polizisten mit dem weißen Cowboyhut erreichte, schüttelte er ihm die Hand und ließ sich widerstandslos von ihm verhaften. Es war zwar niemandem ganz klar, warum Angel sich ausgerechnet den texanischen – statt den mexikanischen – Behörden gestellt hatte, wo doch allgemein bekannt war, dass die Todesstrafe in diesem US-

Bundesstaat besonders gnadenlos vollstreckt wurde; aber immerhin saß er endlich hinter Gittern.

■■■

Im Untersuchungsgefängnis zeigte sich Resendez gesprächig, doch den Polizisten und Beamten der Staatsanwaltschaft wurde bald klar, dass er nichts über die Morde sagen würde. Stattdessen unterhielt er sich mit den Verhörbeamten über die Gründe, warum er Anti-Abtreibungs- und Homosexuellen-Vereinen beigetreten war, zog über amerikanische Rassisten her und verlangte koscheres Essen (das ihm übrigens verweigert wurde). Dabei wollten Ermittler aus dem ganzen Land nichts dringender, als mit ihm über ihre ungeklärten Mordfälle – insgesamt etwa zweihundert – reden, in die er ihrer Ansicht nach verwickelt sein konnte.

Im Mai 2000 fand in Houston der erste Prozess gegen Resendez statt – wegen der Vergewaltigung und Ermordung von Dr. Claudia Benton. Der Angeklagte gestand die Bluttat (und alle acht anderen, die man ihm zweifelsfrei nachgewiesen hatte) zwar, ließ seine Anwälte aber wegen angeblicher Unzurechnungsfähigkeit auf unschuldig plädieren. »Wir wissen nicht, was Resendez zugestoßen ist, damit er so werden konnte, wie er heute ist«, sagte sein Verteidiger Allen Tanner. »Wir wissen nicht, woher sein Hass stammt. Wir wissen nur, dass er von seiner paranoiden Schizophrenie angetrieben wurde und sich einbildete, er sei halb Engel, halb Mensch. Sein Verstand ist völlig verdreht – er ist ein sehr kranker Mann.«

Der Anwalt warf den Behörden außerdem vor, Resendez mit dem Versprechen zur Aufgabe bewegt zu haben, dass man nicht die Todesstrafe gegen ihn fordern würde; Texas Ranger Drew Carter, das FBI und alle anderen Beteiligten wiesen diese Anschuldigung jedoch zurück. Am 18. Mai sprachen die Geschworenen Resendez nach eintägiger Beratung des vorsätzlichen Mordes schuldig. Noch bevor es zur Beratung über das Urteil kam, sagte Angel dem Richter, dass er die Hinrichtung einer lebenslänglichen Gefängnisstrafe vorziehe.

Er sollte seinen Wunsch erfüllt bekommen. Am 22. Mai verurteilten die Geschworenen Angel Resendez zur Exekution per

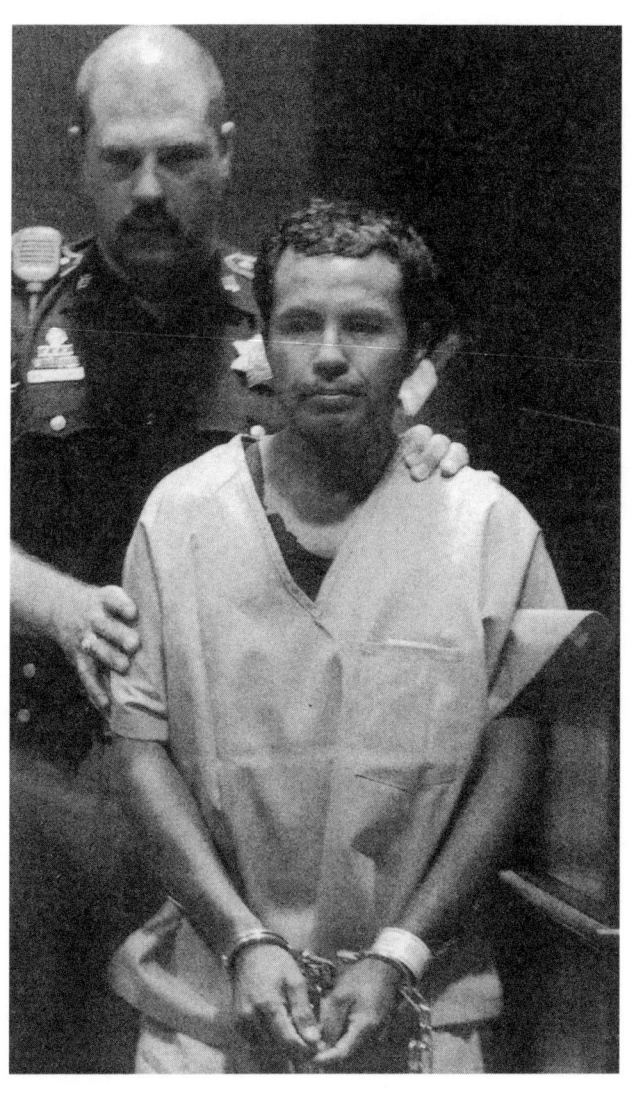

Sheriff J. Holden führt den Serienmörder Angel Maturino Resendez
vor das Gericht in Harris County. Pressefoto

Todesspritze. Derzeit wartet der »Railway Killer« im Todestrakt auf weitere Prozesse, die Ergebnisse seiner gesetzlich vorgeschriebenen Berufungsverhandlungen und den letzten Gang Richtung Todeszelle. Er ist endlich wieder an dem Ort gelandet, der ihn zu seinem unersättlichen Hass auf die amerikanische Gesellschaft getrieben hatte.

»Nicht denken, nur notieren«
EXKURS: SPURENSICHERUNG BEI EISENBAHNANSCHLÄGEN

Die Attentate Sylvester Matuskas (siehe Kapitel »Zugkatastrophe in Bia-Torbágy«) hatten schließlich auch die Polizei gezwungen, sich wieder mit der Eisenbahn als Tatort oder Objekt des Verbrechens auseinander zu setzen. In der maßgeblichen Zeitschrift, den *Kriminalistischen Monatsheften*, erschien im September 1931, unmittelbar nach dem Attentat von Jüterbog, ein Aufsatz von Kriminalkommissar Dost aus Stettin über die Motive der »Eisenbahn-Transportgefährdung«. In der unmittelbaren Nachkriegszeit waren es vor allem Eigentumsdelikte – Diebstahl aus Güterwaggons in Bahnhöfen, Diebstahl an Fahrgästen oder Entwendungen von »bahneigenen beweglichen Gütern« –, die, neben den banalen »Kinderei, Unfug, Trunkenheit, Neugier und Irresein«, Gründe für Verbrechen an und in der Eisenbahn waren.

Dost konstatierte aber auch eine Zunahme politisch motivierter Eisenbahnverbrechen, die in seiner Statistik bereits fünfzehn Prozent aller ermittelten Fälle ausmachten. Der Bahnwaggon der von den Friedensverhandlungen in Versailles heimkehrenden Politiker war z. B. vom Publikum mit einem »Hagel an Steinwürfen« begrüßt worden – eine politische Willenserklärung und Bahnfrevel zugleich. Matuska hatte also nur eine bestehende Konjunktur genützt, wenn er seine Lustattentate mit politischen Motiven zu tarnen suchte.

Zwei frühere Eisenbahnunfälle – bei Leiferde 1926 und bei Schneidemühl – konnten erst nach längeren Ermittlungen als Attentate erkannt werden; beide Male waren Schwellenschrauben entfernt worden. Für die Kriminalpolizei ergab sich daraus ein wesentliches Problem: die Unterscheidung von Eisenbahnunfällen und geplanten Attentaten. Kriminalkommissar Dost veröffentlichte 1933 noch eine eingehende Anleitung zur »Spurensicherung bei Eisenbahnunfällen und -attentaten«:

»Bei der Erforschung des Sachverhalts strafbarer Handlungen und von Unfällen, bei denen ein strafbares Verschulden nicht ausgeschlossen ist, bildet der objektive Tatbefund mehr denn je die Grundlage für den Strafprozess. Zeugenaussagen sind mehr oder weniger subjektiv gefärbt, Menschen irren sich nicht selten. Es ist allgemein bekannt, wie wenig zuverlässig oft Aussagen aus dem Gedächtnis gerade über Verkehrsunfälle im täglichen Straßenleben sind. Versuche über die Glaubwürdigkeit von Personen, die eigentlich nach Beruf und geistiger Veranlagung die denkbar besten Zeugen sein müssten, haben ein überraschend ungünstiges Ergebnis gezeigt. Bei Eisenbahnunfällen mit ihren verwickelten technischen Begleitumständen, die von zahlreichen Zufallsmöglichkeiten abhängen, ist die Wahrscheinlichkeit einer einwandfreien Beobachtung durch Reisende etc. meist noch geringer. Die Eisenbahnbeamten, die imstande sind, eine sachgemäße Darstellung zu geben, scheiden als unbeteiligte Zeugen dann aus, wenn sie Beschuldigte sind, so dass als das einzige zuverlässige Mittel der Wahrheitsfindung nur die Spurensicherung übrig bleibt.

Wie bei allen gemeingefährlichen Verbrechen und Vergehen, bei denen Naturelemente wie Feuer, Wasser, Dampf usw. eine Rolle spielen, wird die Spurensicherung durch Vernichtung vieler wertvoller Anhaltspunkte während oder nach der Katastrophe sehr erschwert. So zermalmt die rohe Kraft einer irre geleiteten Schnellzugslokomotive alles, was ihr in den Weg kommt.

Nicht jede Entgleisung ist auf böswilliges Handeln zurückzuführen; in den weitaus meisten Fällen ist ein vorhergegangener Unfall die Ursache. Den Unfalltrümmern ist natürlich ohne weiteres nicht anzusehen, ob ein Verbrechen, Nachlässigkeit oder höhere Gewalt die Ursache waren, dafür sind die Anhaltspunkte meist zu spärlich. Umso wichtiger ist es aber, dass der zur Spurensicherung berufene Beamte es versteht, aus diesen geringen Anhaltspunkten bestimmte Schlüsse zu ziehen. Hier kommen in erster Linie in Frage: die Eisenbahnbetriebs-Beamten, die Beamten, die den verunglückten oder den betroffenen Zug begleitet haben, dann Bahnwärter und Bahnmeister sowie schließlich Polizei- und Eisenbahnfahndungsbeamte. Die Arbeit wird ihnen aber deshalb erschwert, weil ein durch den Unfall entstandenes Hindernis, Trümmerhaufen usw., im Interesse des Verkehrs meist sofort beseitigt werden muss. Die Beamten müssen also in der Lage sein, in verhältnismäßig kurzer Zeit alle wichtigen Feststellungen zu treffen. Etwaige Versäumnisse auf diesem Gebiete können sich später bitter rächen; denn oft entstehen dann bei den Gerichtsverhandlungen Zweifelsfragen, die nicht beantwortet werden können, aber zur Beurteilung des Falles von ausschlaggebender Bedeutung sind.

Der Ermittlungsbeamte muss selbstverständlich systematisch vorgehen und zunächst die Lage des Unfall- oder Tatortes genau feststellen. Er muss die Strecke, das Gleis, den nächsten Kilometerstein, das Ortsgebiet, den Amts- und Landgerichtsbezirk u. a. m. genau bezeichnen. Dazu gehört ferner die Angabe des nächsten Zufahrtsweges oder Überfahrtsweges mit der Entfernung vom Tatort, Beschreibung der Umgebung, insbesondere die Art des Geländes, Bodenbeschaffenheit, Bebauung usw.

Man sollte bei dem Absuchen der Entgleisungsstelle und der Umgebung alles notieren, was man an ›unnatürlichen‹ Gegenständen oder natürlichen in veränderter Lage findet, da man nicht wissen kann, welche Rolle sie einmal noch spielen können. Überhaupt kann als Richtschnur dienen, während der Spurensicherung – etwas übertrieben ausgedrückt – n i c h t z u d e n k e n, sondern nur in sich aufzunehmen und zu notieren, was man sieht. Denken führt zur Kritik, und diese ist hier noch nicht angebracht. Vorgefundene Schrauben und sonstige Oberbauteile, die auf Schwellen liegen, umrandet man am besten mit Kreide zur leichteren Erkennbarkeit und notiert sich genau ihre Lage, ebenso die Entgleisungsstelle und Riffelungen in der Schienenoberfläche.

Hat ein Attentat noch nicht zum Unfall geführt, ist die Tatortaufnahme wesentlich leichter. Außer dem Finder sind keine anderen Personen als die Täter am Tatort gewesen. Bei der hohen Bedeutung der Strafverfolgung müssen seitens der Bahnen auch einmal betriebliche Gesichtspunkte hintan gestellt werden, wenn es sich darum handelt, Spuren zu sichern. So sollte man sich –

was immer noch häufig der Fall ist – nicht scheuen, einen erwarteten Zug anzuhalten, bis das kriminalistisch Erforderliche veranlasst ist. Auch ist in einem solchen Falle die Umgebung genau abzusuchen; weiterzugehen würde schon in das Gebiet der Ermittelungen hineinfallen. Lichtbilder sollen außer der Tat selbst auch die Umgebung des Tatortes zeigen.

In der Regel darf nicht mit A b r ä u m e n begonnen werden, bevor die Spurensicherung nicht abgeschlossen ist. Verändert darf nur werden, was zur Bergung der Opfer notwendig ist. Der zuerst eintreffende Hilfsbeamte oder Angehörige der Staatsanwaltschaft hat die gesamte Unfallstelle zu beschlagnahmen. Notwendig ist Klarheit der diesbezüglichen Anordnungen, die daher am besten von dem Leiter der Ermittelungsarbeiten an den Leiter der Aufräumungsarbeiten zu geben sind.«

Die Redaktion der Zeitschrift hatte zwar noch angekündigt, ausführliche Berichte zu Jüterbog und zu Matuska zu veröffentlichen, hielt ihr Versprechen aber nicht. Für die Nationalsozialisten war – wie für viele Diktaturen – der Eisenbahnbetrieb, da strategisch wichtig und anfällig, ein Objekt der inneren Sicherheit und damit der Geheimhaltungspflicht unterworfen; andererseits benützte das Regime Eisenbahnanschläge durchaus selbst als Mittel der Sabotage im illegalen Kampf, besonders zwischen 1934 und 1938 in Österreich.

Quellenverzeichnis, Bildnachweis

»Mord im Fahrpreis inbegriffen«

Christie, Agatha: Mord im Orient-Express. Murder on the Orient Express. Dtsch. v. Otto Bayer, Bern 1999.
Christie, Agatha: 16 Uhr 50 ab Paddington. 4.50 from Paddington. Dtsch. v. K. Hellwig. Bern 1999.
Japrisot, Sébastien: Mord im Fahrpreis inbegriffen. Compartiment tueurs. Dtsch. v. Margaret Carroux. Reinbek 1964.
Newton, Michael: Still at large. A Casebook of 20th Century serial Killers who eluded Justice. Port Townsend 1999.
Émile Zola: Das Tier im Menschen. La Bete Humaine. Dtsch. v. Gerhard Krüger. Berlin 1977.
Émile Zola: Frankreich. Mosaik einer Gesellschaft. Hrsg. v. Henri Mitterand. Dtsch. v. Brigitte Pätzold. Wien 1990.
Reah, Danuta: Only Darkness. London 1999.

Il serial killer

Corriere della Sera, La Repubblica, 13. 4.–16. 5. 1998; April 2000.
Claudia di Giorgio: Il serial Killer, Intervista psicoanalista Romulo Bossi, 12.4.2000.

»Haltlose Reisende«

Simmons, Jack: The Railways of Britain. London 1986.
Barret, André: L'Aventure des Chemins de Fer. Paris 1978.
Heinersdorff, Richard: Die k.u.k. privilegierten Eisenbahnen, 1828–1914. Wien 1975.
Heinersdorff, Richard: K.u.k. Eisenbahn-Album. Wien 1995.
Eisenbahnbegriffe der Gründerjahre. Hrsg. v. Eberhard Heinze. Berlin 1989.
Abb.: Geoffry O.: Album descriptive et photographique du Materiel du chemin du Fer du Nord. Paris 1858. © Sotheby's. Photographic Images and related Material. 31. Oct. 1986; S. 40, Bild 154.

22 Uhr 10 ab Hackney

Der Prozess Müller. Englische Gerechtigkeit gegen einen deutschen

Schneidergesellen. In: Criminal-Bibliothek. Merkwürdige Criminal-
prozesse aller Nationen. Hrsg. v. J. D. H. Temme. 1. Bd. Berlin 1870,
S. 259 ff.
Irving, H. B.: The Trial of Franz Muller. London 1911.
Sellwood, Arthur u. Mary: Victorian Railway Murders. London 1979.
Abb. S. 41: Anonyme Fotografie, um 1860.
Abb. S. 43: © Criminal-Bibliothek, Hrsg. v. Temme. Bd. 1, 1870, S. 265.

Die Angst des Reisenden im Abteil
Gaute, J. H. H. u. Robin Odell: The Murderer's Who's Who. 150 Years of
Notorious Cases. London 1979.
Sellwood, Arthur u. Mary: Victorian Railway Murders.
Abb.: Gaute, J.H.H. u. Robin Odell: The Murderers Who's Who. London
1979.

Die Leiche in Waterloo Station
Sellwood, Arthur u. Mary: Victorian Railway Murders.

Zugfahrt des Schreckens
Sellwood, Arthur u. Mary: Victorian Railway Murders.
Abb.: © Mary Evans Picture Library.

Aus dem Leben eines Taugenichts
Friedländer, Hugo: Interessante Kriminal-Prozesse. Eingeleitet v.
Justizrat Dr. Sello (1. Bd.). Berlin 1910.
Abb.: Wiener Bilder, 12. Dezember 1906.

Milch und Blut
Parry, Edward: The Mystery of Merstham Tunnel. London 1924.
Wilkes, Roger (Ed.): The Mammoth Book of Unsolved Crimes.
London 1999.
Wilson, Colin u. Pat Pitman: Encyclopaedia of Murder. London 1961.

Der Eisenbahner war doch der Mörder
Weimann, Waldemar: Diagnose Mord. Die Memoiren eines Gerichts-
mediziners. Aufgezeichnet von Gerhard Jaeckel. Rastatt 1962.
Bosetzky, Horst (-ky): Wie ein Tier. Der S-Bahn-Mörder. Dokumen-
tarischer Roman. Berlin 1995.
Abb. (beide): Weimann, Waldemar: Diagnose Mord. Bayreuth 1964.

Tod im Ferienzug
Zitzmann, Otto und Rudolf Gut: Der Triebverbrecher und Raubmörder
R. In: Kriminalistik, 15. Jg. 1961, Heft 2–5.
Gundolf, Hubert: Verbrecher von A–Z. Hamburg 1966.
Abb.: Polizeifoto.

Das Phantom im Nachtexpress
Paris Match: Dezember 1999–Februar 2000; La Voix du Nord, 1.7.2000;
Le Bien Public, 30.6.2000.
Abb.: Porträt aus dem Steckbrief. © Paris Match, 30.12.1999, S. 51.

»Die neuen Kathedralen«
Barret, André: L'Aventure des Chemins de Fer. Paris 1978.
Heinersdorff, Richard: Die k.u.k. prov. Eisenbahnen.
Abb.: Anonyme Fotografie, um 1905.

Koffermorde
Gaute, J. H. H. u. Robin Odell: The Murderer's Who's Who.
Wilson, Colin u. Pat Pitman: Encyclopaedia of Murder.
Edelbacher, Max u. Harald Seyerl: Wiener Kriminalchronik. Wien 1993.
Der Raubmörder Johann Schmidt. Nach amtlichen Quellen. Wien 1861.
Friedländer, Hugo: Interessante Kriminal-Prozesse, Bd. 1, S. 57–60.
Der österreichische Bundes-Kriminalbeamte. Hrsg. v. Oskar Daranyi.
Wien 1934, S. 264.
Abb. S. 123: Kupferstich aus: J. Ernst: Abschied des Verbrechers J.Sch.
aus Wien. Wien o.J.
Abb. S. 129: © Der österreichische Bundes-Kriminalbeamte. S. 264.

Der Tod des Eisenbahndirektors
Schreiber, Mark: Shocking Crimes of Postwar Japan. Tokyo 1996.

Von Todesbrücken und verhexten Tunnels
Dost, Paul: Die Motive zur Eisenbahn-Transportgefährdung.
Kriminalistische Monatshefte, September 1931.
Gay, William: Communications and Crime. The Nature and Extent
of Transport Crime. The Police Journal, July–Sept. 1973.
Gay, William: The Origin and Development of the British Transport
Police. The Police Journal, April 1973.
Abb.: Sturholm, Larry u. John Howard: All for Nothing.
Portland o.J., S. 91.

Scotland Yard und die Superhirne
Gosling, John & Dennis Craig: The Great Train Robbery. The Incredible
Story of a Masterpiece of Modern Crime. Indianapolis, Kansas City,
New York 1965.
Delano, Anthony: Slip-Up. Fleet Street, Scotland Yard and The Great
Train Robbery. New York 1975.
Biggs, Ronald: Odd Man Out. My Life on the Loose and the Truth About
The Great Train Robbery. London 1994.
Abb. S. 161: © AP/Wide World Photo.
Abb. S. 163: © Mirrorpic.

Postraub im Wienerwald
Edelbacher, Max u. Harald Seyerl: Wiener Kriminalchronik.
Neue Kronen Zeitung, April 1990, 1993.
Abb. S. 175: © Neue Kronen Zeitung, 11.4.1990, S. 6.
Abb. S. 177: © Neue Kronen Zeitung, 11.4.1990, S. 9.

Der seltsame Monsieur X
Bühler, Fritz: Monsieur X. In: Kriminalistik, 23. Jg. 1979, Oktober,
November.
Lanzenauer, Haeling v.: Kriminalistische Kleinarbeit, MX, Tl. 3.
In: Kriminalistik, 23. Jg. 1979, Dezember.
Abb.: © Kriminalistik, Oktober 1979, S. 447.

Zwei fahrende Gesellen
Mönkemöller, Dr. N.: Zur Psychologie des Eisenbahnattentates.
In: Archiv für Kriminologie, Bd. 83, 1928, S. 21–65.
Langmann, Hans: Fritz Opitz und seine Schüler. In: Kriminalistik,
10. Jg. 1956, April, S. 117–119.

Böse Streiche mit Todesfolge
Schraepel, Kriminalrat: Der Fall Opitz. In: Archiv für Kriminologie,
Bd. 103, S. 1–18, 125–149, 165–186; Bd. 104, S. 31–55.
Langmann, Hans: Fritz Opitz und seine Schüler.
Vogel, Otto: Eisenbahnattentate. In: Handwörterbuch der Kriminologie.
Leipzig 1934, Bd. 1.
Abb.: © Archiv für Kriminologie, Ba. 104, S. 35.

Zugkatastrophe in Bia-Torbágy
Illustrierte Kronen-Zeitung, Jänner, Feber, September 1931.
Habe, Hans: Meine Herren Geschworenen. Zehn große Gerichtsfälle aus
der Geschichte des Verbrechens. Zürich 1964.
Kudrnowsky, Wolfgang: Marek, Matuschka & Co. Kriminalfälle der
Ersten Republik. Wien 1989.
Abb. S. 211: © Kriminalistische Monatshefte 9/31.
Abb. S. 213: © Der österreichische Bundes-Kriminalbeamte. S. 260.
Abb. S. 215: © Österr. Institut f. Zeitgeschichte, Wien, Bildarchiv.
Abb. S. 217: © Österr. Institut f. Zeitgeschichte, Wien, Bildarchiv.
Abb. S. 225: © Österr. Institut f. Zeitgeschichte, Wien, Bildarchiv.

Sabotage in Oftering
Illustrierte Kronen-Zeitung, April 1934.
Lengauer, Josef: Das Verbrechen lohnt sich nicht. In: Kriminalistik,
21. Jg. 1967, Jänner.
Abb.: © Neue Ill. Kronen Zeitung, 1934. Vermerkt als Künstler: Klein.

Outlaws & Desperados
Patterson, Richard: The Train Robbery Era. An Encyclopedic History.
Boulder 1991.
Abb. S. 243: © National Portrait Gallery, Smithsonian Institution.
Abb. S. 247: © Kansas State Historical Society, Topeka.

Vagabunden der Schiene
Flynt, Josiah: Auf der Fahrt mit Landstreichern. Berlin 1904.

Fuck The Reagan Administration
Shepard, Lucius: Attack of the Freight Train-Riding Crazed Vietnam Vet
Psycho Killer Hobo Mafia. Or Not. In: SPIN Magazine, 1998.
Websites:
http://www.ftra.org
http://www.deadtrainbums.com

Blut auf den Schienen
Clarkson, Wesley: The Railroad Killer. Tracking Down One of the Most
Brutal Serial Killers in History. New York 1999.
Informationen aus dem Internet, z. B. bei APBnews
(http://www.apbnews.com).
Abb.: © AP/Wide World Photo.

»Nicht denken, nur notieren«
Dost, Paul: Die Spurensicherung bei Eisenbahnunfällen und
Eisenbahnattentaten. Kriminalistische Monatshefte, 1933.
Ders.: Kleine Eisenbahnkunde für Kriminalisten. Kriminalistik, August
1960.

Fotomechanische Wiedergabe bzw. Vervielfältigung, Abdruck,
Verbreitung durch Funk, Film oder Fernsehen sowie Speicherung
auf Ton- oder Datenträger, auch auszugsweise,
nur mit Genehmigung des Verlags.
Lektorat: Regina Moshammer
Gestaltung, Produktion: Ekkehard Wolf
Umschlaggestaltung: Robert Hollinger
Umschlagfoto: © Mary Evans Picture Library
Druck: Wiener Verlag, Himberg
Printed in Austria
ISBN 3-216-30550-3